普通高等教育会展经济与管理专业规划教材

会展运营与管理

姜仁良　编著

机 械 工 业 出 版 社

本书包括4个方面的内容：第一，会展运营与管理基础篇，介绍会展活动发展史、发展趋势，辨识会展产业与相关产业的关系，阐述会展运行机制和管理模式以及会展企业组织结构设计的基本概念、基本原理（第一章至第三章）；第二，展览运营与管理篇，介绍展览活动立项、筹备、招展招商、宣传推广、现场管理、评估与总结等方面的实际工作原则、方法和技巧（第四章至第九章）；第三，会议运营与管理篇，介绍会议的策划、准备、现场服务、会后管理（第十章、第十一章）；第四，会展运营专项管理篇，介绍会展运营管理中的两大核心管理内容，即会展人力资源管理和会展客户关系管理（第十二章、第十三章）。

本书紧密结合会展行业的特点，注重科学性、实践性、可操作性以及适度的超前性。内容编排具有针对性，突出实用性。每一章均配有本章提要、学习目标、拓展阅读、本章小结、复习思考题和案例分析，便于读者系统地学习和掌握各章内容。

本书不仅可以用作高等院校会展经济与管理专业及相关专业的本科生、研究生教材，也可作为从事会展运营与管理实践的人员获取和更新知识的重要读本。

图书在版编目（CIP）数据

会展运营与管理/姜仁良编著. —北京：机械工业出版社，2014.8（2025.7重印）

普通高等教育会展经济与管理专业规划教材

ISBN 978-7-111-47384-8

Ⅰ.①会… Ⅱ.①姜… Ⅲ.①展览会-经营管理-高等学校-教材 Ⅳ.①G245

中国版本图书馆CIP数据核字（2014）第160191号

机械工业出版社（北京市百万庄大街22号 邮政编码100037）
策划编辑：曹俊玲 责任编辑：曹俊玲 及美玲
版式设计：赵颖喆 责任校对：黄兴伟
封面设计：路恩中 责任印制：张 博
北京建宏印刷有限公司印刷
2025年7月第1版第7次印刷
184mm×245mm · 17.25印张 · 386千字
标准书号：ISBN 978-7-111-47384-8
定价：49.00元

电话服务
客服电话：010-88361066
010-88379833
010-68326294

网络服务
机 工 官 网：www.cmpbook.com
机 工 官 博：weibo.com/cmp1952
金 书 网：www.golden-book.com
机工教育服务网：www.cmpedu.com

前言

本书立足于当前会展产业快速发展的现实，着眼于会展企业的角度，以现代会展项目整体运作的客观规律为对象，来研究会展的运营与管理。比较全面、系统地论述、介绍了会展运营与管理的基本理论和基本知识技能。全书包括 4 个方面的内容：第一，会展运营与管理基础篇，介绍会展活动发展史、发展趋势，辨识会展产业与相关产业的关系，阐述会展运行机制和管理模式以及会展企业组织结构设计的基本概念、基本原理（第一章至第三章）；第二，展览运营与管理篇，介绍展览活动立项、筹备、招展招商、宣传推广、现场管理、评估与总结等方面的实际工作原则、方法和技巧（第四章至第九章）；第三，会议运营与管理篇，介绍会议的策划、准备、现场服务、会后管理（第十章、第十一章）；第四，会展运营专项管理篇，介绍会展运营管理中的两大核心管理内容，即会展人力资源管理和会展客户关系管理（第十二章、第十三章）。

本书特别注重会展活动流程中主要环节的运转内容和工作细节的阐述，突出对学生解决实际问题能力的培养。其具体特点可以归纳为以下 4 个方面：

第一，结构清晰，内容完整。本书紧密结合会展运营与管理实务的操作要求，按照会展运营与管理的前期立项和准备、现场服务和管理以及展后的总结评估这三个主要的时间段，力图严谨、精练、通俗易懂地介绍会展前、会展中、会展后涉及的主要环节的基本内容。

第二，追踪前沿。本书力求反映国内外会展运营与管理领域的最新研究成果，为会展业界的教育者、学生、实际工作者提供本领域的最新信息、资料及多视角的思考方式，既有对国外经验的介绍，也有对我国会展实践情况的总结。

第三，强调理论价值与应用价值并具。本书既重视对理论知识的概括和提升，又重视应用性，根据高等院校会展经济与管理专业教育的特点，注重对学生实际应用能力的培养，并且书中每章均提供了案例分析，部分章节提供了拓展阅读材料，供学习者思考、探讨之用，本书既可作为高等院校会展经济与管理专业教材，又可作为会展实践领域的管理者及员工的参阅文本。

第四，方便读者学习。在每章前均有本章提要、学习目标提示，每章后列有本章小结和复习思考题，这些内容是每一章的理论核心，有利于读者了解各章的重点、熟悉背景与线索以及全面掌握学习内容，做到“纲举目张”。

在本书撰写过程中，参阅和借鉴了国内外学者的相关论著、教材、论文和研究报告等文献和案例资料，在此谨向这些文献的作者表示诚挚的谢意！

我们根据多年的教学经验，制作了与本书配套的电子课件，凡使用本书作为教材的教师，可登录机械工业出版社教育服务网（www. cmpedu. com）注册后下册。

会展产业迅猛发展的现实大背景下，会展运营与管理的新理论、新方法将不断涌现，加之作者学识和经验的局限性，本书在内容写作中难免存在不当之处，敬请广大读者和同行专家不吝赐教，使得本书能够不断日臻完善。

姜仁良

目录

前言

第一部分　会展运营与管理基础篇

第二部分　展览运营与管理篇

第四部分　会展运营专项管理篇

第一部分

会展运营与管理基础篇

第一章

会展概述

本章提要

作为概述性章节，本章是全书其他章节知识的基础。第一节阐述会展的概念及范畴，分析会展学科的基本架构，明确会展业的概念范畴。第二节系统梳理会展活动的起源与发展历史。第三节全面辨析会展业与相关产业的关系。第四节阐述会展业发展的国际经验和国际会展业的发展趋势。第五节从2012年中国会展业发展基本特征入手，深入分析中国会展业发展面临的障碍及前景展望。第六节对本课程的研究对象及学习方法等内容作详细介绍和说明。

学习目标

1. 掌握会展的概念界定及范畴。
2. 了解会展学科的基本架构。
3. 掌握会展业的界定。
4. 了解会展活动的起源与发展历史。
5. 熟悉会展产业链以及会展业与相关产业的关系。
6. 理解会展业发展的国际经验和国际会展业的发展趋势。
7. 掌握中国会展业发展面临的障碍及前景展望。
8. 了解本书的研究对象和学习方法。

第一节　会展与会展业的界定

一、会展的概念界定及范畴

国外对会展的界定有很多种，有纯会议类（Convention 或 Meeting），主要研究会议的筹办运营管理；纯展览类（Exhibition），主要研究展览搭建、招展、营销、人力资源、项目管理、物流等；会议与展览类（Convention & Exhibition 或 Meeting & Exhibition），即“CE”或“ME”，把会议和展览纳为研究对象，以欧洲为代表；事件类（Event），分为大事件和节事两类；MICE 类，即公司业务会议（Meeting）、奖励旅游（Incentive）、大会（Convention）、展览（Exhibition），以美国为代表，这类会展在国际上认同度较高，在西方已发展成为一个规模巨大的专门产业。

国内学者也有多种界定，例如，会展是会议、展览、展销、体育等集体性活动的简称，是指在一定地域空间，由许多人在一起形成的、定期或不定期的、制度或非制度的、传递和交流信息的群众性社会活动，包括各种类型的大型会议、展览展销活动、体育竞技运动、大规模商品交易活动等，诸如各种展览会、博览会、体育运动会、大型国内外会议和交易会等，其中展览业是会展的重要组成部分（刘松萍等，2004）。会展可分狭义和广义两种，狭义会展是指“CE”或“ME”，广义会展是指“MICE”。E 是指“Event”，即各种事件活动，包括各种类型的专业会议、博览交易会（展览会、交易会、招商会、发布会、专业与专题会、颁奖会、研讨会等）、奖励旅游及各种事件活动，如庆典活动、节庆活动、文化活动、科技活动、体育活动等（马勇等，2004）。

本书所研究的会展是指在一定的地域范围内，由一群人为了某个目的聚集在一起，依托一定的场所（展览场馆、会议中心、酒店等），以传递和交流信息及展示物品为主要方式的一种综合性活动，主要包括会议和展览两大块（ME），其中会议包含政府、事业单位及公司的各种会议、专业研讨会、各种大型会议；展览包含展览展销活动、大规模商品交易活动等商业性展览会。因此，以下重点分析展览、会议的相关特征、类别及作用。

（一）展览的基本特征、类别及作用

在相关的中文词典中，“展”表示“陈列，展现”，如《左传·襄公三十一年》中记载：“百官之属，各展其物。”“览”表示“看，阅”，如《说文》中记载：“览，观也。”“展览”表示“展示实物、图片，以供观览、欣赏”。英文中，Display 具有陈列、显示、展出等含义，与中文的概念在内涵上基本一致。《辞海》将展览定义为“用固定或巡回的方式，公开展出工农业产品、手工业制品、艺术作品、图书、图片以及各种重要实物、标本、模型等供群众参观、欣赏的一种临时性组织”。美国《大百科全书》将展览定义为“一种具有一定规模，定期在固定场所举办的，来自不同地区的有组织的商人聚会”。全球展览业协会（The Global Association of the Exhibition Industry，原国际展览联盟）认为展览“是一种市场活动，在特定时间内，众多厂商聚集于特定场地陈列产品，从而推销其最新产品或服务”。

上述关于展览的表述虽各有差异，但总的来说，作为一个展览必须包括举办时间、地点、参与主体、展示内容等基本要素。对于一个展览最根本的参与者就是参展商和观众，当然任何与展览有关的利益相关者都是参与者，如展览组织机构、场馆、媒体、行业协会、展览所在城市政府以及与展览有关的各配套服务业等；而展览的展示内容主要是通过实物或产品展示，向观众传播产品功能、组织形象等各种信息。因此，我们可以这样定义：展览是一种具有一定规模和相对固定的举办日期，以产品或图片展示为主要载体，最终达到展示组织良好形象，扩大社会影响，促成贸易成交，传播文化，促进产品、服务的推广和信息、技术交流的社会活动。

1. 展览的基本特征

（1）直观、形象、生动的传播媒介。展览通过将实物产品面对面地呈现在观众面前，并且以文字资料、图片、幻灯、视频、音频等方式展示，并配以现场操作表演，观众能够用感官直接感受到产品的外观特征，亲自验证产品的基本性能。参展商通过有效和生动的语言介绍产品的概况，既能使观众获取相关产品的信息、技术知识，还能极大地吸引观众对产品的兴趣，真正达到给观众一种“耳听为虚，眼见为实”的宣传效果，有助于让观众对展示的产品留下深刻的印象。

（2）为参展商和观众搭建双向沟通的平台。展览现场参展商和观众之间通过讲解、咨询、洽谈、产品演示、宣传片等各种方式实现有效互动，既可以让参展商全方位地展示产品及企业，还能有效地收集观众的建议和意见。参展商和观众之间可以就某些重点问题面对面地进行恳谈交流，为实现双方合作共赢构建畅通的沟通渠道。展览既能够为参展商提供展示自己的市场空间，又能够吸引观众前来观摩、交流学习、挖掘商机。展览已成为无可替代的集产品交易、信息交流、经贸研讨、合作沟通的综合平台。

（3）信息高度集中、高度透明的场所。专业展览因参与展会活动的传播者与受传者目的明确，使得专业展览成为信息的高度聚集区和高度透明的商品营销的重要场所。首先，展览是产业信息和同类产品在时间与空间上的集聚，正是因为各种商品在特定区域的高度汇集，参展商、观众能够便捷地获取诸如产品质量、价格、性能、区域分布等各方面的信息，对于参展商来说可以进行横向的全面比较，对于观众来说可以“货比三家”；其次，参展产品的类目、品牌、标准、品质特点、现场效果等在展览现场一览无余，因此展览成为展品全方位、立体化的展示场所。

（4）极富科技、时尚和前瞻性。现代展览是行业发展的“晴雨表”，紧随时代前进的步伐，具有科技、时尚和前瞻的基本特征。第一，展览是新产品、新技术展示的舞台。伴随现代科技的发展，产品成为科技的结晶。在展览上商家都把反映当今最新科技水平的成果与产品进行展示亮相、向外界推介。展览充分折射了科技引领产业发展的趋势。第二，展览具有展示时尚、引领时尚的功能。时尚是一种潮流，反映人们对社会某项事物一时的崇尚。展览应引领产业发展的潮流，展示更多符合社会潮流的产品。世界上很多符合世界发展潮流的新产品都是通过展览这一平台被人们熟知，然后占领世界市场的。因此，在某种程度上可以说“展会经济是时尚经济”。第三，展览要始终走在参展行业发展的最前沿，成为行业发展的风向标，在一定程度上代表产业发展的方向，对未来产业走向具有预见性。只有时刻体察参展商和观众的需要，注重展览的引领性，才能获得更高的声誉和可信度。因此，在某种程度上可以说“展览业是一个前端性的产业”。

2. 展览的类别

展览是一个涵盖范围相当广泛的概念，包含的内容非常庞杂。随着展览行业的深入发展和日益规范，为提高对展览的运营效率和服务要求，要对展览进行具体划分。同时，展览的具体类别划分也是办好一次展览的基本要求。根据展览的性质、内容、规模、时间、场地位置等方面的不同标准，可以将展览具体划分为如下类别。

（1）展览按性质可划分为贸易型展览和消费型展览。所谓贸易型展览，是指为产业即制造业、商业等行业举办的展览。所谓消费型展览，是指直接为消费者购买消费品提供平台服务的展览。贸易型展览是企业与企业间的交流，消费型展览是企业与消费者之间的交流。以食品展为例，贸易型展览是原料供应商与食品生产商，食品生产商与食品批发商之间的展览。而消费型展览是食品生产商、食品批发商或食品零售商直接面对消费者的展览。

（2）展览按内容可划分为综合型展览和专业型展览。所谓综合型展览，是指包括全行业或数个行业的展览，比如机械工业展、世界博览会等。国内比较有影响的综合型展览当属"中国进出口商品交易会"（简称广交会）。所谓专业型展览，是指仅展示某一行业甚至某一项产品的展览，比如自行车展、移动电源展、世界园艺博览会等。专业型展览因其专业性、针对性强，能为参展商与专业观众之间建立有效对接，能吸引参展商和专业观众参展、观展的积极性。在第二次世界大战后，各国都开始重视经济社会的发展以及科技的创新，产品更新速度加快，社会分工也越来越细，国际展览呈现出专业化发展的趋势。

（3）展览按规模可划分为国际、国家、地区、地方展览以及单个公司的独家展览。展览中规模有多个参数变量，既可以指参展商和观众所代表的区域范围，也可以指展览场地的大小，还可以指参展商和观众的数据等。这里所指的规模，是指参展商和观众所代表的区域规模。因此，展览可按规模划分为国际、国家、地区、地方展览以及单个公司的独家展览。一般来说，参与的国家和地区越多越好。很显然，国际型展览的社会影响更大，商业机会更多，对主办地扩大国际交往、提高国际声望以及将产品推介到国际市场是一个重要渠道，因此，展览组织机构和主办地都非常重视相关活动的组织与管理，努力提高展览的服务质量和水平。

（4）展览按时间可划分为定期展览和不定期展览。定期展览是指具有比较稳定的举办时间，以及相邻两届展览举办的时间间隔比较稳定的展览，一般有一年四次、一年两次、一年一次、两年一次、四年一次等。一般来说，产品更新速度比较快的展览间隔的时间相对短些，而产品更新速度比较慢的，如重型机械展，间隔时间相对长些。不定期展览则没有固定的举办时间，举办展览的时间间隔根据需要而定。从目前举办展览的发展实践来看，定期展览是主流。但是，定期展览和不定期展览不是一成不变的，两者可能相互转换。一些展览在举办初期由于资金、知名度等原因可能不定期举办，在成熟之后就会从不定期举办转变成定期举办。而一些展览可能由于行业衰退、经营不善等原因，逐渐从定期举办转变成不定期举办。

（5）展览按场地位置可划分为室内展览和室外展览。室内展览是指在场馆内展出展品的展览，如日用消费品展、珠宝展等。室外展览是指由于产品特别大或根据需要只能在场馆外举行的展览，如直升机博览会、重型机械展。室内展览不受时间、气候等外在因素的影响，通过展位精美设计与搭建、展品有序陈列及现场布置能营造正规、隆重而有档次的展览氛围，而且能够安全防盗、不易受损；缺点是展出地点受限，布展的费用相对较高。而室外展不受空间限制，展品可大可小，可多可少，一般不需要复杂的布展，费用相对较低，缺点是受天气等自然条件影响较大，并且极易使展品丢失或受损。

3. 展览的作用

（1）展示最新成果，交流市场信息。随着科技发展和社会进步，人类传播信息的载体千变万化，既有传统媒体，如报刊、广播、电视，又有现代新媒体，如数字杂志、数字报纸、数字广播、手机短信、网络、桌面视窗、数字电视、数字电影、触摸媒体等。虽然有这么多的传播手段，但是作为展览这种面对面的传播平台始终不可代替。展览在参展商、观众之间构筑了一座畅通的信息桥梁，参展商可以将自己最新的产品、最新的技术进行宣传展示，同时也可以进行横向比较，了解同行业同类产品的最新发展状况；对观众而言，可以货比三家，了解市场行情，获取最适合自己的产品和资讯。

（2）树立企业形象，赢得销售市场。展览存在的基本价值之一就是参展企业以产品为载体通过综合的手段展示企业整体，提升参展企业的知名度，扩大参展企业的影响力，为参展商带来经济效益。可以说参加一次展览就是一次介绍企业、宣传企业、展示企业或团队形象的绝佳机会。精心搭建的参展企业的展台可以看作企业形象的自然延伸。展览是一种非常有效、直接的宣传公关活动，并且这种宣传公关与企业整体形象的树立是有机结合在一起的。参展企业良好形象的树立，能够给参展企业带来价值，赢得客户，扩展参展商与客户的交易链，提高产品销售率，获得订单，扩大市场份额。

（3）结交新老朋友，扩大国际交往。参加展览的不仅有国内外的行业同仁，还有政界精英。展览是一个连接外界的窗口和桥梁。“结识新朋友，不忘老朋友，让我们到处都有好朋友。”在展览上既会遇到老客户，又会结识新客户。在展览上“他乡遇故知”，会进一步加深相互之间的情感，为相互之间的深入合作增加情感筹码。展览是增加新客户的重要途径。营销教父科特勒说，营销就是创造客户。展览是一种重要的营销方式。在这里还会结识新朋友，赢得新资源，这为开启新的合作机会带来了契机，会给参展商和观众都带来新的收获。对于一个国际性展览，还提供了扩大国际交往的渠道，开拓国际市场，同时还可以学习国际先进经验等。

（4）促成贸易成交，吸引外部投资。展览的直接目的或潜在效果是促进贸易或增加投资项目，这是不言而喻的。各种展览的名称，如交易会、订货会、贸易洽谈会、投资项目洽谈会等直言不讳，其直接目的就在于现场成交、洽谈订货、签订投资合同等。而像博览会、展览、交流会等名称则比较含蓄，不是急功近利，而是志在长远，先展示成果，树立形象，以后达到促进贸易、合作投资的目的。重点不同，各有侧重，殊途同归。中国进出口商品交易会（广交会）创办于1957年春季，每年春秋两季在广州举办，是中国目前历史最长、层次最高、规模最大、商品种类最全、到会采购商最多且分布国别地区最广、成交效果最好、信誉最佳的综合性国际贸易盛会，为中国有形商品出口作出了不可磨灭的贡献，成为展会促进商品交易方面的典范。

（5）拉动地区经济发展，彰显人类文明进步。展览业发展具有很强的关联带动效应。有关资料表明，国际展览业的产业带动系数为1:9，即展览场馆的收入如果是1，住宿、餐饮、运输、通信、旅游、贸易等相关收入将达到9。因此，各国政府都非常重视展览业的发展。展览的成功举办不仅具有上述直接作用，它还具有除产品贸易、洽谈之外的衍生作用，例如，优化地区产业结构，提升举办地知名度，加快举办地基础设施建设，促进举办地现代服务业的发展，扩大就业率等。所以，展览对激活地区经济、带动服务业发展、促进社会文明进步具有十分重要的作用。

◆［拓展阅读1-1］

昆明世博会的成功举办取得了巨大的社会效益

1999年昆明世界园艺博览会（简称世博会）的顺利召开和圆满成功，大大地加速了昆明城市的建设和云南省的经济发展。1998年，由于世博会工程及相关的交通、城建、环保工程的建设，云南省完成固定投资705亿元，拉动全省经济增长6.3个百分点。其中，建筑业比1997年增长了28.8%，支撑全省增长1.4个百分点；昆明两年内共筹集资金30亿元，完成了城市路网建设，比原计划足足提前了10年。世博会为云南留下了珍贵的固定资产，包括：占地$21hm^2$、荟萃了中外园林精品的世博会，新建的138家星级饭店，改建的69条街道，新建的19座立交桥，建成的占地$274hm^2$的6个城市绿地广场，云南省改造和扩建的9个民用机场，建成的昆明玉溪高速公路、大理——丽江的汽车专用公路，以及全省现代化通信网等。

（资料来源：杨春兰. 会展概论［M］. 上海：上海财经大学出版社，2006。）

（二）会议的基本特征、类别及作用

在我国的古书《尚书·周书·周官》中，有“议事以制，政乃不迷”的记载。恩格斯在其《家庭、私有制和国家的起源》一书中指出“氏族有议事会，它是氏族的一切成年男女享有平等表决权的民主集会”。美国学者纳德勒1987年对会议的定义是“人们怀着各种不同的目的聚集在一起的活动”。澳大利亚联邦旅游部关于会议的定义是“所有的聚会，包括集会、大会、协调会、研究会、讨论会和座谈会，都是人们为了一个共同的目标——共享信息聚到一起”。北京市政府关于会议的界定为“会议是指三人或三人以上参与的、有组织、有目的的一种短时间聚集的集体活动方式”。

综上所述，可以将会议定义为：会议是指三人以上的群体为了研究问题、交流信息、获取知识、统一思想等目的中的一个或数个，而在特定的时间聚集在特定的地点、围绕一定的主题、按照一定的规则所进行的演讲、发言、讲解、讨论、商议、交流等行为，从而集思广益、达成一定结论的活动。

1. 会议的基本特征

（1）目的性。会议是为了某一明确的目的而开展的活动。无论在远古蒙昧时代，还是在当今国际经济一体化社会，举行任何一种形式的会议都有明确的目的，有的会议是布置任

务、落实措施，有的是贯彻政策、互通信息，有的是总结工作、交流经验，还有的是为了宣传教育、表彰先进。

（2）群体沟通性。会议是一种至少有 3 人以上参加的群体沟通活动。随着科技的发展，人们沟通的方式越来越多，但是面对面的群体沟通，即会议这种方式，是其他任何沟通方式都难以替代的，因为这种方式最直接、最直观，也最符合人类原本的沟通习惯。

（3）集聚性。会议是因会而聚，特指多人在一定时空（包括时间、地点、场所）内集聚的一种短期的集体活动。会议这种集体活动，主要是通过参会者的流动进一步带动信息、物品、资金的流动和积聚。虽然会议活动是一种短期性的行为，但会议通过将时空、人员、信息等要素聚合在一起，能汇集具有相当价值的信息量。

2. 会议的类别

根据不同的划分标准，会议可分为不同的类型。

（1）按照会议的组织形式划分。按会议的组织形式，可划分为大会或年会、专门会议、代表会议、论坛、专题学术讨论会、研讨会、座谈会等。

1）大会或年会。大会或年会是会议领域最常用的字眼，是指就某一特定的议题展开讨论的聚会，议题可以涉及政治、贸易、科学或技术等领域。

2）专门会议。专门会议是指某些专业、文化、宗教等群体召开的、派正式代表参加的定期会议。

3）代表会议。代表会议一词最常被欧洲人和国际性会议使用，这一词在美国被用来指立法机构。在性质上，代表会议是和专门会议相类似的活动。

4）论坛。论坛是指为了对共同有兴趣的某一或某些主题而举办的进行公开讨论的研讨会。论坛的特点是反复深入地讨论，一般由小组组长或演讲者来主持。

5）专题学术讨论会。专题学术讨论会是由某一领域内的专家构成的集会，就某一特定主题请专家发表论文，共同就问题加以讨论并作出建议。

6）研讨会。研讨会是指一群具有不同技术但有共同特定兴趣的专家，借由一次或一系列的集会，为达到训练或学习的目的而聚集在一起所召开的会议。

7）座谈会。座谈会是指有一位专门的主持人主持，由一小群专家为小组成员针对专门课题提出其观点再进行座谈。小组成员之间、主要发言人与组员之间都要进行讨论。

（2）按照会议的举办主体划分。按会议的举办主体来划分，可分为公司会议、协会会议和非营利性组织会议。

1）公司会议。由于业务需要，不论是大公司还是小公司都经常举办各种不同规模和层次的会议。公司可以为自己的雇员和其他与组织相关的人举行会议，如客户、股东、代理、分销商和总代理等。在欧洲，公司举办的会议占整个会议市场的90%。《会议杂志》曾把公司举办的会议分成九种类型：管理会议、区域销售会议、新产品介绍会议、全国销售会议、培训研讨会、奖励旅行、专业技术会议、股东会议和其他会议。

2）协会会议。协会会议是由具有共同兴趣和利益的专业人员或机构组成，通过它来交流、协商、研讨或解决本行业的最新发展、市场策略以及存在的问题的会议。协会因人数和性质的不同而互不相同。它们的规模从小型、中型地区性组织到全国性协会乃至国际性协会不等。协会有行业协会、专业和科学协会、教育协会、技术协会等几种大的分类。例如，国际大会和会议协会（ICCA）、国际展览管理者协会（IAEM）以及我国的中国记者协会、中国外商投资企业协会等。

3）许多不属于公司、协会的非营利组织，如政党、政府部门、社会团体，也经常举办各类会议。非营利性组织举办的会议市场份额虽不大，但也是会议产业市场的一个细分市场。

（3）按照会议参加者的国别划分。按照会议参加者的国别划分，可分为国际会议和国内会议。

1）国际会议。关于国际会议的界定，世界上目前尚无统一的标准，但一些重要的国际组织对国际会议的统计制定了自己的标准。

ICCA（the International Congress & Convention Association，国际大会和会议协会，创建于1963年，是全球国际会议最主要的机构组织之一）统计国际会议的标准：固定性会议；至少3个国家轮流举行；与会人数至少50人。

UIA（Union of International Associations，国际协会联盟，创建于1907年，是全球国际性社团组织最主要的机构组织）标准：与会人数至少300人；国外人士占与会人数40%；与会者来自至少5个国家；会期至少3天。

按我国有关文件的规定，我国关于国际会议的标准如下，即国际会议是指来自3个或3个以上国家和地区（不含中国港澳台地区）的代表参加，以交流为主要目的的研讨会、报告会、交流会、论坛以及国际组织的行政会议，而对参加会议的国外代表人数和时间的长短没有具体要求。这可以认为是我国衡量国际会议的标准。

2）国内会议。凡是不符合上述国际会议标准的，在我国境内举办的会议均属国内会议。

3. 会议的作用

（1）会议可以传递、交流并创造信息。会议可以传递信息，人们可以在会议上进行信息交流，而且在会议讨论、争论和辩论的过程中通过观点、意见的碰撞“擦出智慧的火花”，从而产生新的思想、观念，这些新的思想、观念就成为新的信息，并通过会议传播开来。

（2）会议给所在城市或国家的会议产业带来直接效益。召开会议需要会议场所和会议服务，需要会议主办者及会议公司（PCO）的组织安排，会议宾馆或会议中心从会议接待服务中得到会议场地及会议设施设备的使用费和会议服务费，会议主办者获得与会者缴纳的注册费或购买的门票收入和企业支持的赞助收入，会议公司从会议组织安排中获得佣金和其他收入。

（3）会议为所在城市或国家的旅游业、商业等服务业带来间接收益。会议组织者需要作广告宣传、要订购会议礼品，与会者需要饮食、交通等，与会的外地（国）人还需要住宿、旅行、游览、参观、购物、打电话、上网、娱乐、买保险等，这些活动给所在城市或国家的旅游、商场、金融、广告、媒体、交通、电信、娱乐、保险等服务业带来间接收益。

（4）会议可以提升会议目的地的知名度。会议在进行宣传、促销的时候肯定要提到会议的目的地，顺带把会议的目的地推向了全国（世界）各地，提升了其知名度。来自外地（国）的与会者对会议所在城市（国家）有了感性认识，他们又把这些感性认识传播开去，也提高了会议目的地的知名度。

（5）会议可以促进会议目的地的建设和经济发展。举办高规格的会议，尤其是高规格的国际会议，是促进会议目的地建设和经济发展的“助推器”。高规格的会议一般都要提前数年确定举办地，各申办地为了竞办会议，都要对本地的建设提出美化计划。取得举办权的申办地为迎接会议的召开，要进行高标准的市政工程建设，因而可以进一步拉动当地或所在国的建筑、钢铁、水泥、装修等行业的发展。

◆［拓展阅读1-2］

众说“会展是什么？”

预言家说：会展是充满活力、前途无量的朝阳产业。

哲学家说：会展是企业经营理念的展示，是步入市场经济后理性成熟的表现。

建筑家说：会展场馆规模宏大、气派，是城市标志性建筑。

美术家说：会展是生活中又一道五彩斑斓、丰富亮丽的色彩。

IT总裁说：会展是各种信息交流、碰撞、传递与嬗变的信息加工器。

组展商说：会展是特殊的服务行业，核心本质是服务。

搭建商说：会展是奢华，一掷千金三、五天，是最短命的装饰工程。

参展商说：会展是最经济、最实惠、最有效的立体营销广告。

老百姓说：会展是购买物美价廉、货真价实物品的好去处。

展览公司说：会展“展示别人即展示自己”。

环保专家说：会展是不冒烟的工厂，是无污染的绿色产业。

学者说：会展是智者的峰会，是传播新思想、新观念的论坛。

模特说：靓女靠打扮，产品靠会展。会展梳妆台，企业争先来。

大学生说：会展是外语练习与社会实践的市场实习基地。

快餐店老板说：会展是“城市面包”、是“蛋糕”，带动、促进、繁荣第三产业。

软件小摊贩说：会展是视窗，打开之后，不乏也有盗版存在。

投机招展商说：展不在好，能办则赢；展不在精，能捞则灵。

居委会老大妈说：会展是“摆在家门口的大集市”。

武侠小说爱好者说：会展像“葵花宝典”，有些最终成了碎片，随风而散。

便食店老板说：会展是遍地设灶、新鲜出炉。

德国慕尼黑展览公司总裁门图特先生说：如果在一个城市开一次会议，就好像开着飞机在城市上空撒钱。

二、会展学科的基本架构

1. 会展学科是一门综合性交叉学科

会展活动是一个庞大的系统工程，涉及的相关学科内容多。有人曾经戏说："一个成功的从事会展运营的员工，首先须把自己塑造成一个'杂家'"。这里所说的杂家就是指从事会展运营与管理的人员要知识广博，与会展运营与管理相关的学科内容都需要懂一些，因为会展活动的运营与管理涉及信息学、管理学、经济学、旅游学、建筑学、运输学、广告学、艺术学、环境科学、安全科学、传播学、社会学、文化学、人类学、政治学、公共关系学、心理学等众多学科。会展学科的内容应是通过对这些相关学科内容的有机整合，对会展这一研究对象有关的现象进行研究，以揭示会展运营与管理的基本规律为基本使命。由此可见，会展学科应是上述诸多学科围绕会展运营与管理而形成的综合性交叉学科。

2. 会展学科既是理论学科又是应用学科

理论来源于实践，最终又服务于实践。任何一个学科理论都来源于人们的社会实践，是对人类社会实践的高度总结和提炼，是人类实践的又一次升华。会展学科内容也不例外，也是人类在从组展至展位、展台搭建、申请邀请函、签证服务、运输、展出等一条龙服务中对会展方法规律的深刻认识。所以，一方面，会展学科是理论学科，要将会展运营与管理中的规律性、知识性的内容体系化，深入总结会展运营与管理中所固有的根本属性，弄清相互之间的内在必然联系；另一方面，会展学科又是应用学科，主要体现在它必须解决会展运营与管理实践中的具体问题，如展位搭建、人员配置与调度、交通与物流等。会展学科是一个实践性非常强的领域，仅凭理论知识和文字资料去学习很难取得理想的效果，必须深入实践前沿，亲身体会实践和动手参与。

3. 会展学科体系的构建

（1）会展基础学科：研究会展的基本理论和方法，以会展运营与管理的普遍性规律作为自己的研究对象。主要包括会展运营与管理的特征、作用、目标、基本原则、发展历史等基础内容。具体学科包括会展原理、会展史、会展经济等。

（2）会展应用学科：研究会展运营与管理的运作方式和方法。主要包括会展策划、会展营销管理、参展商管理、会展场馆管理、会展风险管理、会展财务管理、会展人力资源管理、会展搭建与设计、会展美学等。

（3）会展专题学科：对特殊会展问题作专门研究，如虚拟展会（网络展会）研究、会展涉及产业潮流资讯、前沿时尚专题研究。

三、会展业的界定

（一）产业的概念及划分

为了分析和研究现代经济的运动形成，产业这个概念已成为一个极其重要的分析角度。产业不仅仅指工业，而泛指国民经济的各行各业，大至部门，小至行业，从生产到流通、服务，以至文化、教育等，均可称为产业。产业经济学认为，产业是一些具有相同特征的经济活动的集合或系统。为便于后续章节相关内容学习，这里再简要介绍一下关于产业的其他主要概念，分别是主导产业、支柱产业、瓶颈产业和基础产业。所谓主导产业，一般是指在产业结构系统中处于带头地位的产业，它在很大程度上决定了该产业结构系统未来的发展方向和模式。所谓支柱产业，一般是指在产业系统的总产出中占较大份额的产业。由于其在总产出中占据了较大份额，因而支柱产业一般都成为一国经济的主要“支柱”。所谓瓶颈产业，一般是指在产业结构系统中的短线产业，由于它的存在，使产业结构系统的综合产出能力受到了极大的限制。所谓基础产业，一般是指在产业结构系统中为其他产业的发展提供基本条件的产业。由于它是其他产业发展的基础，因而基础产业一般要求得到先行的发展；否则，它将可能成为整个经济进一步发展的瓶颈。

我国关于产业划分的范围如下，第一产业为农业，包括农、林、牧、渔各业；第二产业为工业，包括采掘、制造、自来水、电力、蒸汽、热水、煤气和建筑各业；第三产业分流通和服务两部分，共4个层次：①流通部门，包括交通运输、邮电通信、商业、饮食、物资供销和仓储等；②为生产和生活服务的部门，包括金融、保险、地质普查、房地产、公用事业、居民服务、旅游、咨询信息服务和各类技术服务等；③为提高科学文化水平和居民素质服务的部门，包括教育、文化、广播、电视、科学研究、卫生、体育和社会福利等；④为社会公共需要服务的部门，包括国家机关、政党机关、社会团体以及军队和警察等。

（二）会展业的内涵

会展业是指现代城市以必要的会展公司和会展场馆为核心，以完善的基础设施和配套服务为支撑，通过举办各种形式的会展活动，吸引大批参展商、贸易商及专业观众、普通观众、会议参加者等前来进行经贸洽谈、文化交流和旅游观光，以此带动城市相关产业发展的一种综合性产业。会展业从产业划分上应属于第三产业中的服务部门，即属于服务业。所谓服务业，是指生产或提供各种服务的经济部门或企业的集合，其生产的基本特征是以服务的形式提供满足社会生产需要和人们消费需要的各种使用价值。

根据上述分析，应从以下几个方面来理解会展业的基本内涵：①会展业是一种产业，并且属于第三产业；②会展业是以策划、组织、运营会展活动为主要内容；③会展业的发展离不开相关配套产业的大力支撑，如餐饮、住宿、交通、旅游、商业购物、娱乐、金融、保险、建筑、广告等；④会展业是服务业的重要组成部分，并能带动其他相关服务业的发展；⑤会展业是综合性产业，这进一步说明会展学科是一个综合性学科，会展业涵盖的内容相当广泛。

第二节　会展活动的起源与发展历史

一、会展的古代阶段：集市（奴隶社会～17世纪）

集市是一种定期聚集或在固定地点进行商品交易活动的重要形式。在集市上买卖的商品通常是农产品、农副土特产品、日用消费品等。集市包括市、集、庙会等多种市场交换形式。“市”是指集中买卖货物的场所，即把货物的买主和卖主正式组织在一起进行交易的地方。《说文》云：“市，买卖之所也。”与市相比，“集”的特点是地点固定，举行时间具有明显的周期性，即每隔一定时间举行一次，不具有连续性，参加者主要是农民和手工业者，他们之间的买卖活动是生产者向消费者直接出售，彼此之间的交易活动实质上是生产者之间的产品流通，这些特点已经构成了会展活动的雏形。“庙会”，亦称“庙市”“节场”，其产生源于宗教活动的开展，设在寺庙里边或附近，在节日或规定的日子举行，除了传统的产品交换，还包括宗教仪式、文化娱乐等。《妙香室丛话》记载：“京师隆福寺，每月九日，百货云集，谓之庙会。”明朝有南京夫子庙会、北京城隍庙市等。

欧美会展界普遍认为会展起源于集市。欧洲古代集市起源于古希腊的奴隶市场，其产生时间比中国稍晚，但它在发展过程中表现出明显的规模性和规范性。早在中世纪时代，欧洲一些城市就定期或不定期地在人口集中、商业较为发达的市区举行贸易集市，这就是会展的前身。但那时的集市规模不大，往往是在教堂的周围举行。法国的香槟集市是欧洲中世纪时期规模最大、最为完善和著名的国际性集市。

具有商业性质的集市最早出现在中国古代的奴隶社会。在我国，集市作为会展的主导形式一直持续到19世纪末。集市交易在我国有较长的历史，但在漫长的封建社会里，我国长期处于自给自足的自然经济状态，社会分工不明显。农耕文明制约了商品交易的充分发展，历代封建王朝大多采用重农抑商政策，使以商品交易活动为主要基础的会展活动发展缓慢。当然，在现今的中国农村，作为农村商品交换重要平台之一的集市仍然广泛存在。它通过促进农村商品流通，繁荣了农村经济，对加速农村城镇化进程发挥了不可替代的作用。

二、会展的近代阶段：工业展览（1667年~19世纪）

1667年，第一个艺术展览在法国举行。这次展览与以往的自然、松散、市场性很强的展览不同，具有较强的组织性和展示性。该次法国艺术展主要展示绘画和其他艺术品，无商业性，是一次纯展示性的展览。这种新的展览形式对展览的发展产生了深远的影响。有些学者认为，后来的工业展览起源于艺术展，而法国因为这次艺术展而成为会展的发源地。

1756年，英国组织了第一次介于艺术和手工业之间的展览。这个展览引入了竞争条例和奖励政策，因而发明性展品，特别是机械或机械模型等的比重不断增大，最终发展成为发明博览会。工业展览起源于艺术展，但发明博览会被认为是工业展览的真正开端。之后，随着1789年的瑞士日内瓦工业展、1790年的德国汉堡工业展、1791年的匈牙利布拉格工业展的举办，欧洲的工业展览不断发展。

1798年，在内务部长德纳夫沙托的提议下，法国举办了世界上第一个由政府组织的工业产品大众展。尽管在此之前欧洲也出现过一些工业展览，但规模普遍较小且未连续举办，因而西方学者倾向于把这次展览作为近代工业展览的开端。此后的近50年时间里，许多国家都模仿法国举办过工业展览，但是由于当时保护主义盛行，这些工业展基本没有外国参展商。

1851年，英国在伦敦举办了“万国工业大展览”。这届展览是世界上第一个真正具有国际规模的展览，不仅吸引了来自各地的大批展览者和观众，更重要的是对展览方式和宣传手段等方面进行了改革和创新。如按国别和专业划分展台，便于贸易谈判与成交。这种方式引起了展览界的高度重视，欧洲各地的展览纷纷效仿，展览从此进入了全新的发展阶段。这次展览便是后来的世界博览会的前身，西方展览界把其看作第一个世界博览会。

中国的近代展览活动应从20世纪初算起，一直持续到20世纪70年代末这段时间。中国的近代展览活动既包括20世纪初举办的几次展览和博览会、抗战时期的展览，也包括新中国成立后到20世纪70年代末中国所举办的一批展览，如全国农业成就展览、上海工业展览、广州中国出口商品交易会等。总的来说，这些展览的主要目的是宣传展示，恰似近代欧洲的工业展览。

三、会展的现代阶段：贸易展览和博览会（1894年至今）

传统的集市虽然具有市场功能，但由于规模过小且组织手段落后，所以无法满足大批量流通的需要。工业展览则强调宣传展示，但缺乏市场功能。这种尴尬的局面急切呼唤新型展览形式的出现。1894年，德国莱比锡样品博览会的举办，兼具集市的市场性和工业展的展示性，因而被认为是现代贸易展览和博览会的最初形式。19世纪末至第一次世界大战前，贸易展览和博览会成为强国争夺世界市场的重要阵地。为适应市场需求，贸易展览和博览会改变了过去单纯的商品展示方式，采用了样品展示、邀请专业贸易人士前来参展、进行期货贸易等新的办展方式。第二次世界大战结束后，一批因战争而停办的贸易展览和博览会重新开办，为世界经济复苏注入了勃勃生机。当时世界著名的米兰博览会、莱比锡博览会、巴黎博览会被誉为连接世界各国贸易的三大桥梁。世界上经济发达的国家和地区，如德国、法国、美国、新加坡、中国香港等，其展览业市场一般发展较快和相对成熟，形成了一批知名的展览集团公司和展览品牌，为推动本国、本地区经济发展作出了重要贡献。

在中国，从20世纪80年初至今，应属于现代展览活动时期。伴随中国改革开放的步伐和中国经济的快速发展，现代贸易展览和博览会在我国获得了空前的发展。中国会展市场规模在不断扩展，逐步建立一批知名的品牌展会，如广交会、京交会、上交会、投洽会、东盟博览会、亚欧博览会、哈洽会、东北亚博览会、西部博览会、中阿博览会等；同时，一些国外知名的会展活动也纷纷落户中国，如世界最负盛名的LINEAPELLE（琳琅沛丽）皮革展，在意大利本土举办四十届后，2003年11月27~29日首次走出本土到广州举办，还有德国的CeBIT-Asia，Electronic China，美国的Comdex China以及更专业化的Nepcon、Semicon等国外知名品牌展会移师中国，而且像汉诺威、法兰克福、科隆等展览集团公司都选择在北京或上海开设分部，这极大地推动了中国展览业市场的迅猛发展。根据有关专家测算，近年来中国展览业的年均增长速度达到了20%，由此可见，中国展览业市场是一个潜力巨大的市场。2012年全国举办展会7000多个，展览面积达8000多万平方米。

第三节 会展业与其他产业的关系

一、会展产业链

产业链是产业间衔接联动的链条式关联关系形态。在产业链环上位于前向、后向关联或上下游不同节点的部门，因给最终消费者提供产品及服务这一共同目标而建立起相互依存、互为作用的关系。会展产业链是以会展活动而展开的由会展活动承办方（如会展公司、承办单位）、会展场馆部门、会展活动关联服务部门（包括旅游、餐饮、设计、制作、搭建、租赁、运输等企业）以及会展产业发展的决策、支持部门（包括政府、行业协会、研究机构、教育机构等）等关联性和支持性强的部门共同构成的协作互补的结构形态。会展活动的实施需要多个部门在不同产业链阶段协同生产。

综上可知，首先，会展产业的核心构成部门是会展公司和会展场馆，它们是为会展活动提供核心产品的部门，如会展活动的策划、运营、资源配置、场馆服务等；其次，会展活动关联服务企业是重要的支撑部门，没有这些部门高质量的协作很难提供高质量的会展产品，这也进一步说明会展活动是一个庞大的系统工程，任何一个参与环节都需要保证质量，否则会影响到整体服务效果；第三，会展产业发展的决策、支持部门为会展产业的良性运营提供政策保障、理论创新和人才培养等，是推动会展产业又好又快发展不可或缺的重要条件。通过图 1-1 可知会展业与相关产业、支持产业的基本关系。

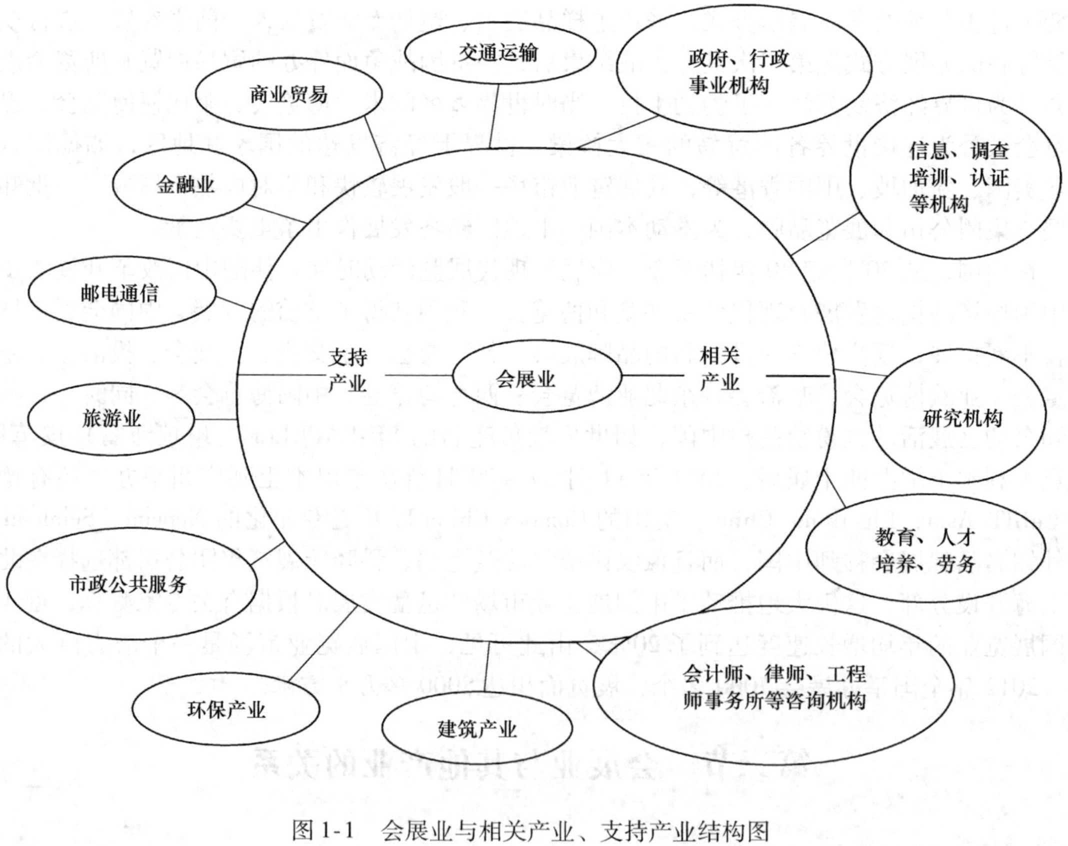

图 1-1　会展业与相关产业、支持产业结构图

二、会展业的发展有利于促进第三产业的发展

会展业的产品就是为参展商和观众（当然也包括其他服务对象，如赞助商等）提供展前、展中、展后的各种服务。这里的服务是一个综合性的概念，它不仅包括会展承办方和会展场馆直接提供给参展商和观众的服务，还包括相关配套服务业所提供的与会展密切相关的服务，以及会展活动延伸或派生的服务。会展业具有很强的辐射影响力、带动力和关联效应。作为第三产业重要组成部分的会展业，与其他第三产业分工协作、紧密呼应。会展业的快速发展，不仅能直接给会展承办方、会展场馆带来一定的策划运营管理费用、场馆租赁费用等直接收入，而且能带动商业购物、餐饮、住宿、娱乐、交通、通信、金融、保险、广告、旅游、印刷、房地产、法律咨询机构等第三产业的发展，能为这些第三产业带来直接或间接的经济效益和社会效益。会展业与其他相关第三产业能产生良性的互动、双赢、叠加、极化效应。会展业的发展能直接拉动和增加相关第三产业的“消费链”。因此，有学者将会展业视为现代服务业的“火车头”。伴随经济社会的发展，会展业迅速成长，已成为我国具有较大发展潜力的朝阳产业。很多区域都将会展业作为第三产业的“先导行业”“新兴支柱行业”进行重点培育。

三、会展业的发展有利于促进第一、第二产业的发展

1. 会展业的发展有利于第一、第二产业增加产品供给量

会展业的发展不仅能刺激和拉动第三产业发展，更重要的是会展业的发展还能对第一、第二产业中的实体生产部门的发展提出要求，明确供给方向，增加供给量。我们知道，在会展上生产商（参展商）既要推广、宣传产品，同时又通过展示产品来寻求买家的建议和要求，实际上每一件产品（特别是刚出炉的新产品）都需要接受专业买家的“横挑鼻子竖挑眼”，以便“透过市场表面发现产品发展的局限和前景”，这也是生产商（参展商）最需要的。一个有长远眼光的生产商（参展商）都希望自己的产品以及新推出的产品能获得一些符合市场需要的消费意见，以期使推出的产品能真正贴近市场需求。因为，只有符合市场需求的产品才能真正增加生产部门的有效供给。同时，会展将各种第一、第二产业的实体生产部门的产品集中起来进行推广营销，能够大大降低生产商（参展商）产品供给的运输成本、营销成本、交易成本，也拉近了供给产品与市场的空间与时间距离，能够让生产商（参展商）零距离地了解市场需求，为增加产品供给创造了机会。

2. 会展业的发展有利于第一、第二产业产品价值实现

会展业是专业化的营销平台。虽然人们赋予了会展不同的功能，比如越来越多的企业（包括生产型企业和销售型企业）都希望借助会展这个平台来实现从推广产品、扩大产品销售、获取最新的产品动态到发展潜在客户、挖掘更多贸易机会、扩大企业影响等，但是企业参展还是从有利于产品销售这一最终目的出发。会展成为企业产品价值实现的非常有效的交易载体。企业决定参展是因为会展能够为他们提供价值，还能为他们完成价值交易链的传递。企业生产的产品再好，如果不能寻找到买家，不能完成市场交易，那么这个产品就不能

实现其价值，企业生产的目的亦不能实现。而会展能为产品的生产者（供给者）提供通过社会化和市场化的方式全面展示产品性能的绝佳机会。事实上，成熟的参展商都非常明白，相对其他的营销手段来说，通过会展这种营销方式是实现产品价值传递的非常具有针对性的方式，它为产品价值实现提供了机会。

3. 会展业的发展有利于第一、第二产业改善投资结构

会展业的发展状况直接体现经济发展的活跃程度。会展是行业生产商、经销商、贸易商、消费者之间交流沟通的重要场所。某个行业成功的会展就是该行业发展水平的缩影。它不仅能够刺激需求、活跃市场，更重要的是它通过了解和激发人们的产品消费需求、产品消费预期，从而向生产商、投资商传递产品投资预期、投资决策。任何一个生产商进行生产前都必须根据对消费者的需求调查和预期来决定是否进行产品投资和生产。以市场需求为基点去决定实体生产部门产品的投资方向和结构，也能够进一步实现对现有实体生产部门的产业结构进行重新整合与优化配置。会展活动的成功举办，不仅能对会展所涉及行业领域的资源进行有效整合和提升，还能加强行业产品上下游之间的信息和价值的沟通与协调，并且通过预测客户需求决定资金重点投资领域，即建立基于客户需求导向的产品投资决策和产品开发决策，这既为优化行业产品投资结构提供了重要决策参考，又为将来增强行业产品的市场竞争力奠定了良好的基础。

第四节　会展业发展的国际经验和国际会展业的发展趋势

一、会展业发展的国际经验

1. 设立权威的行业管理机构

作为国家经济和国际贸易发展战略中的一个重要环节，会展业受到了各国政府的高度重视，几乎所有发达国家都设有单一的国家级的会展管理机构。例如，德国的AUMA（德国经济展览和博览会委员会）、法国的CFME-ACTIM（法国海外展览委员会技术、工业和经济合作署），意大利、西班牙、日本等国则把展览管理机构设在国家的贸易促进机构中，如ICE（意大利对外贸易协会）、ICEX（西班牙对外贸易协会）、JETERO（日本贸易振兴会）等。这些展览管理机构的职责可能会有差异，但都有几个共同的特点，即唯一性、全国性和权威性。这些机构在国家法律的指导下行使着管理职能，从发展国际贸易、提升城市知名度等宏观角度制订了一整套扶持、服务、规范、协调和发展的计划。

2. 建立健全会展业规范发展的法律法规

发达国家在长期的会展业发展过程中制定了一整套完整的会展法规，保证了发达国家的会展业健康有序地发展。比如德国政府的展览机构——德国展览委员会（AUMA）对展览制定了各种措施，如对展览名称给予类似商标的保护，以制止展览雷同和撞车，保护名牌会展。在英国会展市场，英国各类会展服务单位，包括会展组织、展馆场地和配套服务公司，都有统一的配套的行为规范。

3. 政府对会展业实施宏观管理和政策支持，重视会展业基础设施建设

会展业发达的国家在会展业实践中非常注重政府职能的准确定位，它们通过出台一些促进会展业发展的政策措施等对会展业实施宏观管理。如美国联邦政府和州政府在会展业发展中的主要职能是编制产业规划、开展行业统计、制定政策法规和提供配套服务。通过实行“贸易展认证”计划和实施“国际购买商项目”等措施，实现对展会质量和展会组织水平的监控。德国、新加坡等国家会展业基础设施，包括会展场馆及其配备的通信等设施都非常先进，为会展项目的品牌化提供了重要支撑。

4. 提供周到的会展配套服务

会展项目的运营离不开相关配套服务业的支持。会展业发达国家的一个成功经验就是它们都有非常成熟的配套服务业，为参展商、专业观众和其他的与会人员提供非常周到的服务，这为会展项目的良性运行提供了重要保证，为会展项目赢得良好的口碑。会展业的发展不可能一枝独秀。会展业发达国家非常重视与会展业密切相关的服务业的建设与服务质量的提升。

5. 会展项目市场化运作

遵循会展市场发展的规律举办会展项目，可以最大限度地提高会展运营的效率。如果政府行政力量过多地干预会展项目的运行，不利于形成会展市场“政企分开、企业自主经营”的市场化运作机制。会展业发达的国家或地区一般都遵循市场发展的客观规律举办会展项目，如中国香港的会展活动是完全按照市场化规律运作的，政府基本不参与会展业营运，对会展企业没有任何特别的管制。会展管理机构本身不参与会展的筹办，会展的场地、时段和收费等安排，由会展管理机构按国际惯例和市场机制去协调，政府不参与，甚至香港贸发局在会展排期上也没有优先权。

二、国际会展业的发展趋势

1. 会展内容、运作方式专业化

专业性会展具有很强的针对性，市场定位明确，能够集中反映某一行业的整体状况，对业界的吸引力强。如汉诺威的工业博览会，杜塞尔多夫的国际印刷、包装展，旅游城市纽伦堡的玩具展，中国香港珠宝、玩具展，意大利米兰的国际服装展等。专业性展会已经成为当今世界会展业发展的主流。同时，随着国际会展业向纵深发展，专业性会展企业不断涌现，实力不断壮大，办展主体日趋专业，大大提升了会展专业化运作水平。

2. 会展项目品牌化

《牛津大辞典》将品牌解释为“用来证明所有权，作为质量的标志或其他用途”。会展项目品牌化已成为会展竞争优势的一个重要源泉，它对会展涉及行业具有较强的指导和影响力。品牌化已成为会展项目发展的根本选择。国际上会展业发达的国家和地区都非常重视会展项目的品牌化建设，并且都拥有自己的品牌会展。例如，慕尼黑是德国6大会展城市和世界10大会展城市之一，每年在那里举办的40多个重要会展中，超过一半的是有关行业的领导性会展。

3. 会展产业生态化

会展产业生态化就是将会展产业系统作为自然生态系统的有机构成要素，用自然生态系统运行法则和产业生态学的理论指导会展产业发展实践，最大限度地降低会展活动对自然生态系统的胁迫作用。随着社会发展，生态问题成为制约人类经济社会发展的重要因素。国际会展业在发展的同时非常注重避免或减少对生态的影响，通过会展生态政策法规制定、生态策划、生态营销、生态宣传、生态物流、生态交通、生态场馆、生态搭建、生态展品生产、废料回收各种措施提升会展产业生态化水平。

4. 会展企业经营国际化

会展业发达国家经过近百年的发展，其会展市场接近饱和程度。为了在会展市场能获取更多的收益，占领更大的会展业市场，会展业发达国家的会展企业开始走国际化道路，将目光转向国际会展市场，主要通过采用以下方式：①在国外设立办事处，以了解海外会展信息，发现市场机会；②在国外成立合资公司，与当地同行实现优势互补；③以外资身份投资兴建会展场馆；④将自己的品牌会展移植到海外举办。

5. 会展面积规模化

伴随会展业的快速发展，会展业市场日趋成熟，会展作为商品营销的手段发挥了不可替代的功能，并且会展项目，特别是品牌会展项目的影响力在不断扩大，以及会展国际化进程的加快，使得会展项目的展出面积在不断增加，这直接的结果是加大了会展业对特大会展场馆的需求。上海会展研究院（SMI）编制并发布了2012会展蓝皮书《中外会展业动态评估年度报告》，该报告对近年来世界商展百强做对比研究，发现全球范围内商展呈现规模化发展的趋势。以世界排名居首的商贸类展会为例，德国慕尼黑国际工程机械、建筑机械、矿山机械、工程车辆及设备博览会（简称慕尼黑国际建筑机械博览会），2009年展览面积为54万m^2，2010年上升到65.1万m^2；汉诺威工业博览会，2009年为30.6万m^2，2010年上升到39.4万m^2。

6. 会展设备现代化

随着科学技术的迅速发展，尤其是大量新工艺、新材料的出现，会展设备现代化已成为会展产业发展的基本趋势之一。①参展商、与会者以及观众对展会服务的要求越来越高，如同声传译、宽频上网、电子导游等，会展组织机构为满足展会与会人员的要求必须有现代化的设施设备作支撑；②许多大型会展本身展出的就是高技术含量的产品，这对展馆设备及工作人员的技术水平提出了更高的要求；③电子商务进入会展业也是提升会展功能的重要手段，因此，借助电子商务平台为会展服务或直接开展网上展会是会展产业发展的方向。

第五节　中国会展业发展面临的障碍及前景展望

一、2012年中国会展业发展基本特征

1. 展览会数量稳步增长

2012年全国共举办展出面积5000m^2以上的展览会7189场，较2011年增长5.3%；展

出总面积 8990 万 m^2，较 2011 年增长 10.7%，如图 1-2 所示。

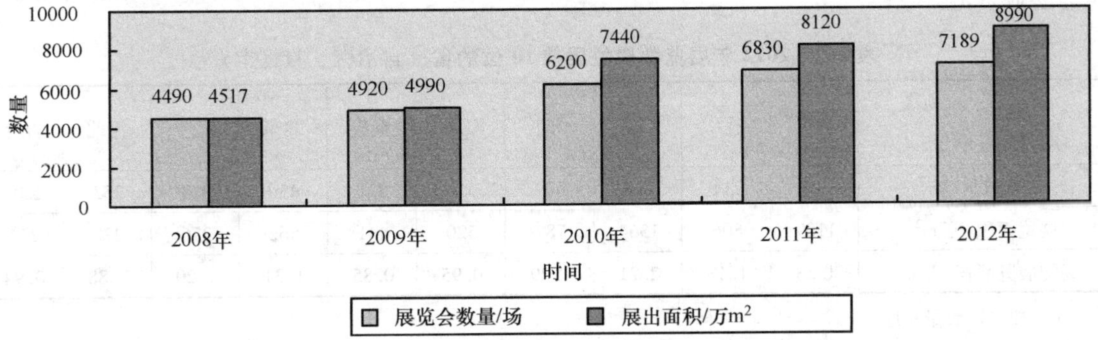

图 1-2 2008～2012 年全国展览会数量及展出面积

以展览会类型来看，经贸类展览会总面积约为 6500 万 m^2，占全国展览会总面积比重超过 70%。以展览会规模来看，规模展览会持续增长，全国展出面积 10 万 m^2 以上的大型展览会已经超过 90 个。此外，品牌展览会发展迅速，截至目前，我国内地共有 58 个国际化专业展览会获得国际展览业协会（UFI）认证，数量位居世界第四。

2. 展馆建设方兴未艾

2012 年我国可供展览面积 5000m^2 以上会展场馆共计 316 个，同比增长 17.6%，可供展览面积 1237 万 m^2。其中，2012 年年初，上海新国际博览中心全面落成，室内外展览面积共计 30 万 m^2，2012 年年底，重庆国际博览中心主体工程建设完工，建筑面积达 60 万 m^2，并于 2013 年 3 月投入使用。同时，商务部分别与上海市、天津市共同建设的大型国家会展中心项目也相继破土动工。

3. 行业地域分布较集中

目前，我国会展业地域分布较为集中。北京、上海、广州三大一线会展中心城市优势明显，2012 年这三个城市共举办展览 1613 场，较 2011 年增长 16.9%，占全国比重约为 22.4%；展览面积合计 2500 万 m^2，与 2011 年持平，占全国展览总面积的 27.8%，如表 1-1 所示。

表 1-1 2012 年北京、上海、广州举办展览会情况

项目＼地区	北 京	上 海	广 州
展览数量/场	430	806	377
展览面积/万 m^2	562	1109	829

按省（自治区、直辖市）分析，2012 年全国展览活动按数量排列，位居前十位的依次是上海 806 场，浙江 711 场，广东 618 场，山东 609 场，江苏 550 场，重庆 521 场，北京 430 场，辽宁 314 场，河北 253 场，吉林 238 场，如表 1-2 所示。这 10 个省（自治区、直辖

市）的展览总数量占全国总量的70%，展出总面积占全国总面积的71%，集聚了全国主要的会展业资源。

表1-2　2012年展览数量位居前10位的省（自治区、直辖市）

项目＼地区	上海	浙江	广东	山东	江苏	重庆	北京	辽宁	河北	吉林
展览数量/场	806	711	618	609	550	521	430	314	253	238
展览面积/万 m^2	1109	806	1364	787	520	441	562	376	222	224
场均展览面积/万 m^2	1.38	1.13	2.21	1.29	0.95	0.85	1.31	1.20	0.88	0.94

注：按展览数量排序。

4. 办展主体多元化

随着我国会展行业结构不断优化调整，目前已形成政府、行业协会、国有企业、民营企业和外资企业等几大办展主体。从2012年的统计数据来看，国内企业组展单位达820家，约占全国组展单位总数量的63%，从数量上看它是最主要的组展单位类型。行业协会、政府和外企组展单位分别占23%、9%和5%，呈现出多元化发展格局。

5. 政府加大对会展业的支持力度

各级政府都在政策、硬件设施、人才培养等方面加大了对会展业的支持。商务部在《关于“十二五”期间促进会展业发展的指导意见》中指出，把会展业培育成我国现代服务业的战略先导性产业；北京、武汉、南京、成都等多个城市均分别出台了“十二五”会展业发展规划和具体行动计划。

二、中国会展业发展面临的障碍

1. 行业管理体制尚未理顺，重复办展现象突出

中国现阶段没有建立专门性的政府会展业行业管理部门，如政府会展局；没有成立全国性的会展业行业协会来实施统一的规划、促销、备案等职能。正因为没有建立规范的行业管理体制，形成了多部门分管不同类型会展的格局，在一定程度上造成重复办展、多头办展，既浪费了办展资源，又降低了会展的质量，最终影响会展市场的规范化。

2. 会展企业整体竞争能力不强

会展企业是会展市场的主体。中国会展市场经过近20年的发展，虽然会展企业数量在不断扩大，但是会展企业规模小，品牌展会少，资本实力不强，真正具有经营实力和竞争实力的会展企业数量少。与国外会展企业相比，国内的会展企业的综合竞争力明显偏弱。

3. 会展配套服务业和基础设施建设需要进一步改善

会展业的发展需要相关配套服务业的鼎力相助，但是，目前的状况是相关配套服务业服务意识不高，服务效率低下，特别是针对参展商、观众等与会人员的服务，如住宿、餐饮、交通、旅游等方面，存在服务质量不高，影响与会人员对会展项目的评价的现象。会展场馆等相关基础设施是会展业健康发展的重要保障。目前，国内在会展基础设施建设上虽然加大

了力度，但仍存在基础设施规划、规模、档次、设施配套等不合理的问题。

4. 缺乏高端运营管理人才

会展业在我国起步晚，导致会展业从业人才培养滞后。目前会展企业从业人员大都是从其他行业领域转来的，属于半路出家，会展专业知识明显不足。“懂专业、知策划、精营销、善管理、通外语、有能力”的复合型高端运营管理人才更是“凤毛麟角”。高端运营管理人才的缺乏严重制约了会展业品牌化建设。

三、中国会展业发展前景展望

1. 会展产业集群竞争能力将大大增强

目前，伴随我国会展产业的迅猛发展，已初步形成了会展企业机构和会展活动区域集聚分布的会展产业集群空间格局，即以上海、杭州为中心的长江三角洲会展产业集群，以北京、天津为中心的环渤海会展产业集群，以广州、香港为中心的珠江三角洲会展产业集群，以武汉、重庆、成都为中心的中西部会展产业集群，以及以哈尔滨和大连为中心的东北边贸会展产业集群。这种会展产业集群空间集聚能大大提高产业集中度，促进关联产业协同发展，它将进一步推进会展产业集群竞争能力提升。

2. 会展项目专业化、国际化程度将进一步提高

（1）中国会展加入国际会展联盟数量增加迅速。根据 UFI 报道，目前为止为 19 个。

（2）国际资本运作加强。德国、英国等国际会展业巨头通过资本运作进入中国会展市场，如德国在上海浦东新国际博览中心投资和运营管理。

（3）展会收购增加。如德国汉诺威会展公司直接收购了上海一个较有名气的地面装饰会展公司。

（4）会展移植。如德国汉诺威会展公司把国际信息和通信技术领域最大的 CeBIT 会展移植到上海举办。

（5）中外联合办展引领中国会展业向国际化、专业化发展。如 2003 年上海汽车展可谓中德合作的国际化、高水平的杰作之一。

3. 会展业市场化程度不断提高

（1）部分政府会展通过重组、拆分、合资、兼并等方式进行市场化运作。

（2）会展企业在现代企业制度中建设，例如，在企业组织结构、经营模式和管理手段、企业信息化改造、人力资源建设能力等方面进行市场化改造。

（3）相关国家部委研究制定切实惠及办展主体、参展企业、专业买家的配套扶持措施及财政支持政策，为会展业进一步营造公开、公平、公正、宽松的市场环境。

4. 会展业从业人才培养逐渐走向专业化、行业化

会展业从业队伍专业化水平的提升是会展业健康、持续发展的动力源泉。伴随中国会展业继续深入发展，从业人员人才培养将走向专业化、行业化。一方面，会展专业化教育体系将进一步完善。会展经济与管理本科专业已于 2012 年正式纳入教育部实施的《普通高等学校本科专业目录》，部分院校开始培养硕士层次的“会展经济与管理”专业人才。我国高等

教育将为会展业持续输送一批批专业化人才。另一方面，会展从业人员执业资格制度将进一步落实。通过实施会展业从业人员持证上岗制度，将会进一步提升从业人员的专业素养。

第六节　研究对象和学习方法

一、研究对象

本书的研究对象是展览和会议。其中，针对展览主要研究商业性展览。根据不同的标准，展览可以分为不同的类型，例如，商业性展览和公益性展览。但不同类型的展览，其承载的功能、运营模式、手段、机制等不尽相同。为使读者能更好地理解书中所述内容，避免将相关知识混用，以及更有针对性地以某一类型展览活动为例掌握运营管理知识，本书关于展览的研究对象仅定位于商业性展览。之所以定位研究商业性展览，还基于以下考虑：①虽然公益性展览是展览活动的有机组成部分，但毕竟所占比例有限，而商业性展览已成为现代世界展览业发展的主流，具有更大的市场空间；②商业性展览对城市经济社会发展的拉动作用更明显，但这里并不排斥公益性展览的价值。

二、本书的学习方法

1. 理论与实践相结合的方法

会展运营与管理是理论性与实践性相统一的学科，因此，一方面要把握它的基本原理和方法，要多读书、勤思考，特别是要广泛收集、整理、阅读有关会展方面的文献资料，包括专著、学术论文、研究报告、重要会议报道、统计资料等；另一方面又要把理论知识同实际联系起来，积极参与会展活动实践，研究具体的会展活动背景，运用理论指导实践活动，通过实践来验证和发展理论，特别是要善于从大量的会展项目实践中总结经验，找出相互之间的联系，从中提炼出有效的做法和一般规则。光背理论条条或只埋头实践，都不可能系统掌握会展运营与管理的学科知识。

2. 调查研究方法

会展活动实践是会展运营与管理理论知识生成和发展的肥沃土壤。到会展活动中进行科学的调查研究，有助于更全面、立体地理解会展运营与管理的知识体系，有助于及时掌握新鲜经验和新的课题，有助于推行会展运营与管理的科学化、现代化。例如，根据研究、学习的需要，在一定范围内进行重点抽样调查，了解会展市场发展状况、会展项目生存发展前景、参展商和专业观众的满意度等，为会展项目的科学设计与实施掌握及时的动态趋势及基本背景。

3. 比较研究方法

有比较才能有鉴别，有鉴别才能有发展。要对国内外会展运营与管理学科理论和实践加以比较研究，通晓其利弊长短，有助于全面深入地掌握会展运营与管理的规律。主要比较研究方法包括：一是国内对比，国内丰富的会展活动实践为比较提供了很好的样本；二是国际对比，将我国与西方会展活动开展得比较成熟的国家，如德国、法国、新加坡等国的实践进行比较，为吸引、借鉴创造良好的条件。

4. 案例分析方法

会展活动案例分析如同医学案例分析，是理论与实践的结合点。通过案例分析，从具体到一般，生动、具体的案例有助于掌握会展运营与管理的基本理论。例如，可选取一些典型的会展项目作为案例研究的对象，对其进行重点解剖，一方面可以提供生动鲜活的事例，有助于对会展相关原理的理解和掌握；另一方面，从这些案例中抽象、提炼出一些成功的经验和做法，以及这些案例给我们的启示，为今后的会展活动提供一些参考。

5. 个人研究与集体研讨相结合的方法

个人研究是基础，在个人研究的基础上进行集体研讨，发挥集体智慧，集思广益，互相启发切磋，有助于全面准确地掌握会展运营与管理的规则、机制、程序、方法等。例如，针对某一会展活动中的研究主题，可以组建一个研究小组。首先，研究小组各位成员可以独自就这一研究主题收集相关资料，形成自己的一些研究心得、收获、感受、体会、认识；之后，再通过研究小组集体议论，从各自不同的角度来认识、解决共同的问题，既分享各自的研究成果，又能激发思想火花，形成一些新的认识和有价值的线索，对于问题的解决和学习的提高效果明显。

本章小结

展览是一种具有一定规模和相对固定的举办日期，以产品或图片展示为主要载体，最终达到展示组织良好形象，扩大社会影响，促进贸易成交，传播文化，促进产品和服务的推广以及信息、技术交流的社会活动。展览具有如下特征：直观、形象、生动的传播媒介；为参展商和观众搭建双向沟通的平台；信息高度集中、高度透明的场所；极富科技、时尚和前瞻性。

根据展览的性质、内容、规模、时间、场地位置等不同标准，可以将展览具体划分为如下类别：按展览性质划分为贸易型展览和消费型展览；按展览内容划分为综合型展览和专业型展览；按展览规模划分为国际、国家、地区、地方展览以及单个公司的独家展览；按展览时间划分为定期展览和不定期展览；按展览场地位置划分为室内展览和室外展览。

展览具有如下作用：展示最新成果，交流市场信息；树立企业形象，赢得销售市场；结交新老朋友，扩大国际交往；促成贸易成交，吸引外部投资；拉动地区经济发展，彰显人类文明进步。

会展学科是一门综合性交叉学科，同时会展学科既是理论学科又是应用学科，因此，会展学科体系包括会展基础学科、会展应用学科以及会展专题学科。

产业经济学认为，产业是一些具有相同特征的经济活动的集合或系统。会展业是指现代城市以必要的会展公司和会展场馆为核心，以完善的基础设施和配套服务为支撑，通过举办各种形式的会展活动，吸引大批参展商、贸易商及专业观众、普通观众、会议参加者等前来进行经贸洽谈、文化交流和旅游观光，以此带动城市相关产业发展的一种综合性产业。

会展活动从时间上划分，可分为三个阶段：会展的古代阶段（奴隶社会 ~ 17 世纪），此阶段以集市为主要特征；会展的近代阶段（1667 年 ~ 19 世纪），此阶段以工业会展为主要特征；会展的现代阶段（1894 年至今），此阶段以贸易展览和博览会为主要特征。

会展产业链是以会展活动为中心而展开的由会展活动承办方（如会展公司、承办单位）、会展场馆部门、会展活动关联服务部门（包括旅游、餐饮、设计、制作、搭建、租赁、运输等企业）以及会展产业发展的决策、支持部门（包括政府、行业协会、研究机构、教育机构等）等关联性和支持性强的部门共同构成的协作互补的结构形态。会展活动的实施需要多个部门在不同产业链阶段协同生产。会展业的发展有利于促进第三产业的发展，为第三产业带来直接或间接的经济效益和社会效益。会展业的发展有利于促进第一、第二产业的发展，体现在会展业的发展有利于第一、第二产业增加产品供给量；有利于第一、第二产业产品价值实现；有利于第一、第二产业改善投资结构。

会展业发展的国际经验有：设立权威的行业管理机构；建立健全会展业规范发展的法律法规；政府对会展业实施宏观管理和政策支持；重视会展业基础设施建设；提供周到的会展配套服务；会展项目市场化运作。国际会展业的发展趋势有：会展内容、运作方式专业化；会展项目品牌化；会展产业生态化；会展企业经营国际化；会展面积规模化；会展设备现代化。

2012 年中国会展业发展的基本特征有：展览数量稳步增长；展馆建设方兴未艾；行业地域分布集中；办展主体多元化；政府加大对展览业的支持力度。中国会展业发展面临的障碍有：行业管理体制尚未理顺，重复办展现象突出；会展企业整体竞争能力不强；会展配套服务业和基础设施建设需要进一步改善；缺乏高端运营管理人才。中国会展业发展前景展望：会展产业集群竞争能力将大大增强；会展项目专业化、国际化程度将进一步提高；会展业市场化程度不断提高；会展业从业人才培养逐渐走向专业化、行业化。

本书的研究对象仅定位于商业性展览及会议。本书的学习方法有：理论与实践相结合的方法；调查研究方法；比较研究方法；案例分析方法；个人研究与集体研讨相结合的方法。

复习思考题

1. 展览、会议各有哪些特征？
2. 根据不同的标准，展览、会议分别可以分为哪些类型？
3. 展览、会议各有哪些作用？
4. 简述会展的发展历史。
5. 会展业与相关产业之间具有怎样的关系？
6. 国外会展业发展有哪些经验？呈现怎样的发展趋势？
7. 我国会展业发展存在哪些障碍？呈现怎样的发展前景？

案例分析

案例分析一　第17届昆交会面向东南亚、南亚的地位进一步凸显

在国家商务部及有关部委和各兄弟省区市及社会各界的关心支持下，通过联办、协办各方的共同努力和富有成效的工作，第17届中国昆明进出口商品交易会（简称昆交会）、第2届南亚国家商品展（简称南亚展）胜利闭幕。第17届昆交会各项外经贸累计成交20.71亿美元，其中：进出口成交10.8亿美元；利用外资签约9.2亿美元；对外经济技术合作合同金额7100万美元。此外，国内经济合作省外合作方投入资金230亿元人民币，生物产业合作签约协议总投资256.58亿元人民币。本届昆交会呈现如下特点：

一、南亚展与昆交会同期举办，昆交会面向东南亚、南亚的地位进一步凸显

经过省委省政府的积极争取，商务部同意在本届昆交会同期举办第二届南亚国家商品展。南亚国家商品展由国家商务部、云南省政府以及南亚7国商务主管部门联合主办，云南省商务厅、南亚7国商务主管部门相关机构共同承办。

云南省地处我国西南边疆，毗邻东南亚、南亚，是连接我国、东南亚和南亚3大市场最便捷的陆上通道。昆交会与南亚展同期在昆明举办，充分显示了云南面向东盟、面向南亚开放的双重优势，两个展会同期举办有利于加强中国与东盟、中国与南亚的经贸合作，也有利于加强东盟与南亚国家间的经贸交流。同时，可使两个活动通过资源整合、客户共享，实现优势互补、相互促进。因此，昆交会与南亚展同期举办是本届展会的最大亮点。

南亚展在云南昆明举办，不仅因为云南具有地缘优势，更得益于云南为对南亚开放所作的充分准备。从2004年起，昆交会就设立了南亚馆。近年来，南亚国家参展企业和客商逐年增多，南亚馆规模逐步扩大。同样是2004年，中国国际贸易促进委员会（简称国家贸促会）和云南省政府在昆明共同举办了首届中国—南亚商务论坛，以后连续两届中国—南亚商务论坛都在昆明举办。2008年，国家贸促会正式决定把中国—南亚商务论坛永久落户昆明，与昆交会同期举办，并把中国—南亚商务论坛秘书处和中国—南亚商务理事会中方秘书处设在昆明。从2008年第16届昆交会起，商务部参与主办昆交会，加强对昆交会的领导和业务指导。这些都为南亚展在昆明举办奠定了坚实的基础。

二、部分展馆展位供不应求，昆交会初现由招商向选商转变

本届昆交会展位数达2334个，创历史最高水平，而且参展的外省企业数量增加，机电馆的外省企业比重超过80%。更为可喜的是，由于专业化、区域化的特色不断增强，昆交会的参展商和采购商不断增加，对展位的需求也不断增加，部分展馆尤其是农特馆和机电馆出现了一位难求的现象，昆交会在历史上首次成为卖方市场。为今后昆交会逐步提高门槛，由招商向选商转变，提高昆交会的水平和档次奠定了基础。

三、展馆设置专业化，综合布展国际化

按照“特色化、专业化、上水平”的总体要求，本届昆交会借鉴国内外成功经验，结

合西南地区产业特色和面向东南亚、南亚的市场定位，根据产业分类布展，使同类产品相对集中，以突出区域性特点。共设置了6个商品专业馆和5个专题馆，安排展位共2334个，其中境外来展（含南亚展）展位达612个，占昆交会展位总数的26.2%，规模创历史新高。

另外，本届昆交会组委会还为南亚馆和境外来展馆提供统一的整体特装。综合布展既体现整体性，又突出区域性和国别特色。南亚展馆对面主通道的7条走廊被装饰成拱门形状，门头上注明相应南亚国家的名称，象征着昆交会打开了通向南亚国家的贸易之门。南亚馆综合洽谈区布置采用简洁明快的玻璃和钢结构，并用灯箱悬挂大幅南亚国家标志性历史建筑，使现代气息和历史厚重感有机结合，境外来展馆GMS展区综合洽谈区放置根雕工艺品和木艺办公家具，突出了GMS国家资源丰富和绿色环保概念。这些综合布展为昆交会和南亚展营造了良好的商务氛围，促进了洽谈成交。

四、业务成交准备充分，成果喜人

本届昆交会和南亚展以促进业务成交为重点，注重在贸易货单准备、投资项目筛选、参展资料准备、信息发布等方面下功夫，项目准备量多、面广，注重实效。参展企业贸易货单准备工作充分，商品种类丰富。联办各方以各种方式与海内外客商进行广泛、深入洽谈。云南省着重在一般贸易、边境贸易业务等方面准备了一批货单，还结合西部大开发战略、中国－东盟自由贸易区的建设，精选了一批招商引资项目，以多种形式向海内外客商和企业推出。尽管受国际金融危机的影响，但本届昆交会和南亚展经贸成交额与上届基本持平，取得了良好的成果。

五、服务保障更加国际化、规范化、人性化

昆交会组委会对综合保障工作高度重视，周密部署，加大各种软硬件投入，进一步完善原有的各项保障体系。除了启动常规的各项保障工作机制如医疗卫生、信息通信、内外宾接待、通关协调、安全保卫等以外，本届昆交会针对境外客商的不同宗教信仰、生活习惯等情况在住宿、餐饮等方面专门作了特殊安排，同时还为国外参展参会的代表团配备了专职联络员，力图达到国际化、规范化、人性化的服务要求，为各代表团和参会客商提供优质、便捷的服务。尤其是在境外企业展样品和参展人员出入境方面，外事、商务等部门给予了积极协调，海关、检验检疫、公安边防等部门提供了最大可能的便利。在境内外重要贵宾和客商接待方面，外事、商务、招商、侨务等部门周密部署，热情服务，确保了第17届昆交会和第2届南亚展的成功举办。

（资料来源：根据 http：//qcyn. sina. com. cn/business/tdm/2012/0516/17301679342. html 报道改写）

案例思考题：

请结合上述案例，谈谈建设品牌展览会的方法和措施。

案例分析二　德国展览业的概况

德国展览业非常发达，相关情况如下：

(1) 目前，德国共有25个大型展览中心，展厅总面积264万m^2，加上室外展览场地100多万m^2，展览总面积达365万m^2。全球5大展览中心中有4家在德国。世界前10家营业额最大的展览公司中有5家位于德国。现代化的会展中心及与其相配套的技术设施，加上发达的交通网络和德国所处欧洲中心的地理位置，为展览会的成功举办创造了良好的条件。

(2) 全球150个世界顶级的行业博览会中有2/3在德国举办。最负盛名的有汉诺威国际计算机通讯技术博览会（CeBIT）、法兰克福消费品博览会、科隆五金展、柏林国际旅游博览会、慕尼黑国际建筑机械博览会、纽伦堡国际玩具博览会等。

(3) 德国举办的国际博览会，外国参展商比例平均超过50%，2003年达52.2%，20%以上的参观者来自国外。德国举办的展览会内容丰富，涵盖了各个行业和门类，能满足国际厂商和专业人士的需要。一些展览会在对公众开放之前专门向采购商、生产厂家、行业工程人员、新闻记者等专业观众开放，从而使参展商和专业观众能够达到充分交流的目的。

（资料来源：www.people.com.cn/GB/paper53/16015/1415654.html）

案例思考题：

根据上述材料，请谈谈德国展览业有哪些特点？

第二章

会展运行管理机制与管理模式

本章提要

本章研究会展运营与管理的基本知识，涉及会展市场的参与机构（哪些机构来参与）、市场参与机制（运行过程是怎么样的）和动力机制（驱动因素有哪些）以及会展运行管理模式。第一节介绍会展运行管理的参与机构、市场参与机制以及动力机制；第二节阐述国外会展运行管理的模式，分析目前中国会展运行管理采取“政府主导模式”的依据。

学习目标

1. 掌握会展运行管理的参与机构。
2. 掌握会展运行管理的市场参与机制。
3. 理解会展运行管理的动力机制。
4. 熟悉国外会展运行管理模式。
5. 了解目前中国会展运行管理采取“政府主导模式”的依据。

第一节　会展运行管理的市场参与机制

一、会展运行管理的参与机构

1. 政府

虽然会展项目的运作需要走市场化的道路，但是会展项目市场化的良性运行也离不开政府的政策引导，也就是说政府在会展运作中扮演着非常重要的角色，特别是会展市场的规范化需要政府出台相关政策进行引导、调控。在会展业发达的国家，政府对会展业的主要职能是管理和服务。前者包括制定行业法规，进行市场管理，控制场馆建设和组织整体促销。后者主要是指提供优惠政策、优化社区环境和开展人才培训等。同时在会展业发达国家，政府内部机构设置有专门的从事会展活动管理、会展经济管理的政府职能机构，一般称为会展局。总之，会展的运作离不开政府。我国也有相应的政府部门负责审批会展活动，各个地方不一样，有的隶属于商务委员会，有的隶属于对外贸易经济委员会。

2. 会展项目计划者

这是会展的供应方、主办方。任何一个法人组织（如政府组织、非营利组织、企业等）都可以成为会展项目的供给方。例如，中国·天津第二十届投资贸易洽谈会暨第九届 PECC 国际贸易投资博览会于 2013 年 5 月 10 日至 5 月 14 日在中国天津举办，其主办单位有中华人民共和国商务部、天津市人民政府、中华全国归国华侨联合会、中国商业联合会、中国外商投资企业协会、中国外经贸企业协会。再如，世界经济论坛是以研究和探索世界经济领域存在的问题，促进国际经济合作与交流为宗旨的非官方的国际性机构，该论坛年会每年都在达沃斯召开，因此也称为达沃斯论坛。该论坛的供应方之一就是世界经济论坛这个非官方的国际组织。

3. 专业会展公司

专业会展公司根据会展项目计划者的要求、委托进行具体策划、组织一项会展项目。专业会展公司是会展活动的具体执行者，为会展活动的策划、营销、运营组织、协调等提供专业化、周到的服务。例如，以 2010 中国旅游产业节为例，其主要活动之一就是国际邮轮、游艇及水上设备展，还有一些相关活动，如会展论坛、研讨会、设备试乘试驾活动等。

4. 目的地管理公司

一个地方性服务机构，因为对所在地区非常了解，具有其他组织不具有的优势，所以对会展可以提供咨询服务，以及会后的组织和管理服务。由于目的地管理公司能够为客户提供专业性很强的服务，所以一些跨区域的会展活动往往请他们作为会展活动在该区域的协助者，甚至是代理者。随着各公司业务朝多元化方向发展，目的地管理公司的职能也在拓展，并且目的地管理公司是相对而言的，如上述的专业会展公司也可以成为一个目的地管理公司。

◆［拓展阅读 2-1］

中国首家目的地管理公司在厦门成立

新华网福州 6 月 29 日电（记者卢志勇） 为顺应国内外会展旅游专业化、细致化发展的需求，京闽东线目的地管理公司 28 日在厦门正式成立。据了解，这是目前国内第一家注册成立的目的地管理公司。

目的地管理公司（简称 DMC）是由英文 Destination Management Company 翻译而来。在国际会展旅游业界，DMC 不同于传统意义上的会议公司、旅行社，它可以为客户提供目的地所需的一切服务，如：策划组织安排国内外会议、会展、奖励旅游及其延伸的观光旅游；策划组织安排国内外专业学术论坛、峰会、培训等活动。

DMC是国际会展业的一个重要成员，国际会展的举办通常都是由国际专业会议组织者和国际专业会展组织者进行组织，在选定会展目的地城市之后，将会展的服务以及会展奖励旅游和主题活动交由DMC公司负责；而DMC则将会议会展所需的资源进行有机整合，为会议会展提供更专业、更全面的服务，弥补了传统的会议公司、旅行社在服务等功能上的缺陷。

京闽东线目的地管理公司将以国内奖励性商务活动为主要市场、以国际专业会议和研修活动作为补充，积极向外拓展，为客户提供国际水准的优质服务。公司筹建期间，以厦门京闽中心酒店为依托，已成功举办了厦门首次会展从业人员培训、最佳西方亚太地区成员酒店营销年会的旅游及主题活动，举办了国际妇女协会烹饪班和国际儿童俱乐部活动，策划和组织了秘书节的主题活动，组织各种形式的奖励旅游活动300多人次，为这项新兴业务的开展打下了基础。

（资料来源：http：//www. fj. xinhuanet. com/jjpd/2004-06/29/content_ 2448060. htm）

5. 会展场馆

会展场馆是举办会展的重要场所，是会展产品展示的载体。对于会展场所来说，一方面要加强自身的硬件建设。硬件主要包括场馆容量及可供展览面积、配套设施、智能化水平、周边环境，场馆品牌等。另一方面要加强软件提升，不断提高服务品质。软件主要包括专业服务和配套服务。对于会展场馆，目前的经营管理模式主要有4种，如表2-1所示。

表2-1　会展场馆经营管理模式

模　式	含　义
国建国营	由地方政府投资建设会展场馆，由指定的国有企业或政府部门所属的事业单位经营管理
国建民营	由政府投资建设会展场馆，产权归政府所有，而场馆的经营管理则由商业性质的场馆管理公司和会展企业负责，完全由市场化的方式经营
民建民营	吸收国内外企业或私人资本参与会展场馆建设，由投资主体选择专业化场馆管理公司，按商业化模式进行经营
中外合建合营	由政府吸收国外会展企业资本共建会展场馆，共同经营或委托专业场馆管理公司经营

6. 参展商和会议代表

参展商就是向会展组织机构租赁展位或场地展示其产品、与观众进行交流和洽谈的单位和个人。参展商接受会展组织者的邀请，通过订立参展协议书，赋予双方特定的权利和义务，保障会展活动有序开展。参展商是会展市场活动中一个特殊的群体，他们既是需求者，也是供给者。他们作为需求者购买会展服务，而参展过程中又作为供给者，其目的是为了推销、宣传、展示自己的产品、服务、技术、信息等，以致能与参展观众达成即时或未来的交易。当然，会展的收入也主要来源于参展商，没有参展商的参与，会展就不可能存在。参展商是否参展是会展能否顺利举办的前提，也是会展赖以生存和发展的原始动力。

对于会议活动而言，会议代表是会议活动的重要参与对象，是构成会议活动的基本要素，并且会议代表参会也是会议得以举行和获得收入的来源。因此，会议主办方、承办方是否选对会议参与对象？参会对象是否进行了参会的各项准备？他们是否愿意积极参与？这都将直接影响到会议的效果和成败。各会议主办方、承办方都非常重视会议代表的邀请和组织。

7. 观众

观众是指那些在会展举办期间进入会展现场参观、参会或与参展企业进行交流信息、洽谈业务的人员。观众可以包括专业观众和普通观众。观众既是会展行为的起点，又是会展活动的终点，因为任何会展的举办，最终目的都是为了满足观众的欣赏、购买和选择的需要，会展效果的好坏最终也是由观众来决定的。不同类型的展会所定位的观众对象是不一样的，作为主办单位、承办单位或会展企业，应根据展会的特点找准观众的定位，有目的地进行观众的邀请和组织工作。

8. 其他相关机构或产业部门

会展业的运行是一个庞大的系统工程。除了上述参与机构之外，还有行业组织、教育机构、配套服务业组织（如餐饮、住宿、交通、旅游、商贸、娱乐、通讯、广告、金融、保险、包装、印刷）等。没有这些组织的积极有效参与，会展活动很难取得成功。会展业的发展离不开各相关产业的配套发展。由此可见，会展业的快速发展，能形成对相关配套服务产业发展的积极带动作用，因此，有专家认为，会展业在现代服务业中居于龙头地位，已经成为现代服务业发展的重要引擎。

二、会展运行管理的市场参与机制

（一）展览市场参与机制

展览运行的市场各主体的参与机制如图 2-1 所示。

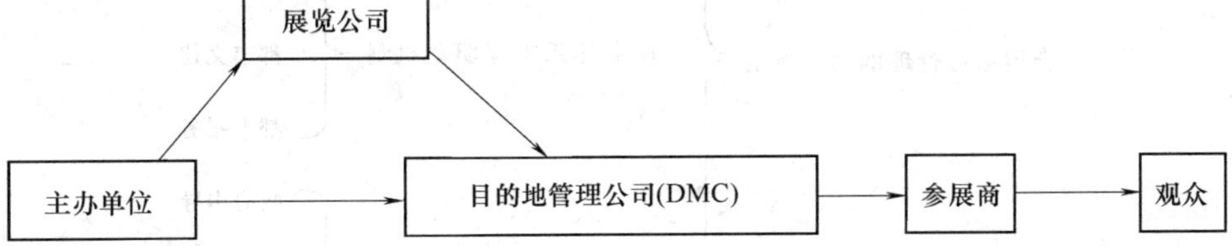

图 2-1　展览运行的市场各主体的参与机制

主办单位将展览产品（创意、主题或品牌）出售或委托给展览公司，展览公司组织参展商（展览的买家）购买产品，为了更好地吸引参展商，还要帮助组织观众，这当中的接待工作交给 DMC 去完成。现在的 DMC 有时也直接与主办单位接触，甚至自行办展，销售展览产品，因此，可以说现在的 DMC 已担当了一部分展览公司的职责。

（二）会议市场参与机制

会议运行的市场各主体的参与机制如图 2-2 所示。

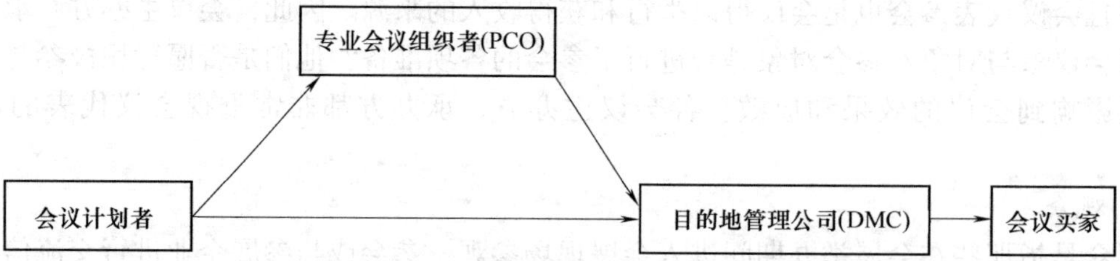

图 2-2　会议运行的市场各主体的参与机制

会议计划者将会议产品出售给 PCO，PCO 组织会议的买家（会议出席者）购买产品，这当中的接待工作交给 DMC 去完成。现在的 DMC 有时也直接与会议的计划者接触，销售会议产品，因此，可以说现在的 DMC 已担当了一部分 PCO 的职责。

三、会展运行管理的动力机制

会展运行管理的动力机制是指诱导、唤起、推动会展又好又快发展的，具有一定稳定性和规律性的一切有利因素。其主要目的在于通过将会展运行所需要的各种资源要素（如优越的地理位置、自然及人文旅游景观、配套服务、场馆资源、产业环境、会展政策等）进行有机整合后转化为优势明显的会展品牌影响力。综合国内外会展运行过程和实践，推动会展良性运行的动力机制主要是社会经济、配套服务和经营管理三个层面，如图 2-3 所示。

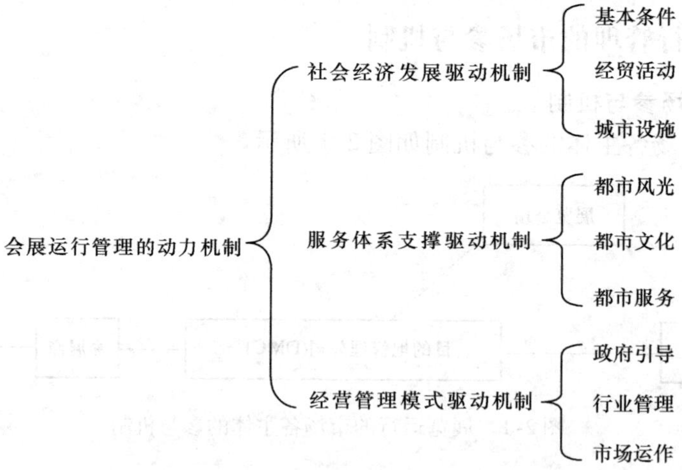

图 2-3　会展运行管理的动力机制

1. 社会经济发展驱动机制

（1）基本条件。会展管理运行的基本条件是指资金、人才和技术，这是会展运行管理的三大法宝。第一，会展的举办前期需要投入一定资金，没有资金前期筹备，运行根本无法实施；第二，会展的运作离不开人才保障，既需要高端策划、运营管理人才，又需要各专业服务人才，如广告、展位搭建等方面的人才；第三，会展的运行需要一定的技术支撑，特别是现代科技日新月异，加之会展又是宣传推介新技术的平台，各种新技术在会展运行管理中将对提高会展运营效率起到重要保障。

（2）经贸活动。会展为参展商和观众之间搭建了交流、交易的媒介。经贸业的繁荣发展为会展的举办提供了契机。繁荣的经贸活动为会展提供了发挥其牵线搭桥功能的舞台，为参展商和采家的经贸配对服务起到了实质性的促进作用。

（3）城市设施。举办地的城市设施状况如何，将直接影响会展的举办效果。这里的城市设施既包括会展场馆，又包括各种交通场地和交通设施等。例如，要举办一个国际会展，如果举办地没有便捷的国际航班将直接影响到国外参展商来参展的意愿。

2. 服务体系支撑驱动机制

（1）都市风光。这里的都市风光是指举办地拥有美丽的城市建筑、引人注目的历史旅游景观、优美的自然风光、良好的生态环境等。这对举办会展的城市能起到很大的推动作用。因为美丽温馨的都市风光会给所有参与会展的人员带来良好的视觉效果，以及有助于他们达到放松身心的目的。

（2）都市文化。都市文化是指城市在长期的发展过程中培育形成的独具特色的共同思想、价值观念、基本信念、城市精神、行为规范等精神财富的总和。都市文化折射出城市的气质和个性特点。特色鲜明的都市文化对提升会展的潜在影响具有十分重要的作用。例如，由世界休闲组织、中国旅游协会、全国休闲标准化技术委员会、中国旅游协会休闲度假分会联合发布的“‘美丽中国·休闲城市’2013 中国休闲城市发展综合评价成果”显示，杭州位居 2013 中国十大最佳休闲城市榜首。杭州精致优雅的城市气质非常适合举办文化类、生活类、旅游休闲类的展会。

（3）都市服务。会展的成功举办需要相关配套服务业的鼎力支持，也就是说，没有相应成熟的配套服务业的积极参与并提供高质量的服务，会展项目品牌根本不可能得以塑造。当然，会展业与配套服务业是相辅相成的，会展业的快速发展能实现对配套服务业的带动，配套服务业的日益成熟能对会展业的高质量发展提供强有力的支撑。

3. 经营管理模式驱动机制

（1）政府引导。政府在会展良性运行、会展市场培育乃至会展业的布局及发展前景等方面具有重要的引领和主导功能。政府可以通过制定相关法规、政策（如税收减免政策）来促进会展业的规范发展，政府还可以通过加快会展基础设施建设、加快会展人才培养、营造良好的会展业发展环境等具体措施来推动会展业的健康发展。

（2）行业管理。会展所涉及产业的行业协会在规范会展市场中发挥十分重要的作用。第一，行业协会可协助政府部门制定规范本行业的会展项目发展的相关政策；第二，行业协会通过审批会展项目能有效避免多头审批、重复办展现象，能大大提升会展举办的效率、效益，避免资源浪费。

（3）市场运作。走市场化道路是会展发展的基本趋势。形成和建立会展市场化运作机制是促进会展持续健康发展的重要条件。即使是政府主导型会展也只有采取市场化的运作模式才能真正提高会展的效益水平。因此，在会展发展中，需要明确政府、行业协会、市场主体各自的职能，真正使各主体各司其职，才能为会展的高效运行提供强有力的保证。

◆［拓展阅读2-2］

天津市人民政府大型会展论坛活动办公室工作职能

一、统一活动审核与方案审定

对全市拟由市人民政府主办或以市人民政府名义举办、承办的大型会展论坛活动（以下简称市大型活动）进行统一收集、沟通、筛选，提出年度计划并报审。对市人民政府确定举办的市大型活动方案逐一进行审核，提出意见并报审。对市领导同志批转审议的市大型活动，组织研究并提出意见。对兄弟省市及有关部门邀请市人民政府协办或组团参加重大活动事宜，协调有关部门研究，并提出意见。

二、统一活动经费的汇总审核

对每年需市财政支持的市大型活动经费，实行统一审核、汇总、申报，并报市政府审定。统筹协调市财政部门每年拨出一定资金用于培育支持新的市大型活动。引导、推动成熟的活动实施市场化运作，不断提升市大型活动的办会水平。

三、统一管理市政府集中购买的活动资源

统一审批、调用由市财政经费购置的用于市大型活动的器材、用品等设备资源。统一管理、使用由市政府集中购置的用于市大型活动的交通、通信等设备资源。统筹安排全市宾馆、饭店、会议场所、安保等用于市大型活动的保障资源。做好市大型活动其他各种资源的统筹协调，力求精简节约，避免重复投入。

四、统一协调、安排市领导同志出席活动和接待国内外贵宾事宜

统一协调、拟定市大型活动中市领导同志出席活动的总体方案。协调市外事、商务等部门做好外宾及港澳贵宾的接待工作。协调市台办做好台湾政商界重要人士的接待工作。组织市政府办公厅接待联络处、会务处做好国内贵宾的接待和有关会务组织工作。对兄弟省市及有关部门邀请市领导同志出席重大活动事宜，协调有关部门研究，并提出意见。

五、统一研究市大型活动举办事宜

建立市大型活动联席会议制度。负责组织联席会议成员单位，定期召开会议，研究审核每年度的市大型活动；统筹协调市大型活动的筹办工作；负责联席会议的日常工作；指导市大型活动承办部门成立相应的组委会，建立工作协调机构（作为联席会议的成员单位），高标准做好各项组织筹备工作。

六、统一规范市大型活动的组织实施

统一研究制定市大型活动组织实施的一系列制度、规范，包括实施细则、内部规章、会议承办方招投标程序等有关工作规范。明确工作流程和工作标准，确保活动组织规范、有序、节约、安全、有效，力争办精、办好、办出水平。

七、统一组织对外宣传交流

会同宣传部门，协调各大新闻媒体，统一市大型活动的对外宣传口径、标识，以及相关宣传材料。不定期组织市大型活动有关机构赴外学习考察，交流办会经验。采取各种有效方式，充分调动全市政府系统各部门举办活动的积极性，形成政府系统办会合力。

八、加强市大型活动的组织领导

加强对市人民政府各部门、各区县人民政府举办各类会展论坛活动的指导，统筹会展资源，层层细化责任，规范办会行为，提升办会水平，繁荣全市会展经济。

（资料来源：http：//www. tjzfxxgk. gov. cn/tjep/ConInfoParticular. jsp？ id＝26306）

第二节　会展运行管理模式分析

《辞海》将模式（Pattern）一词定义为“某种事物的标准形式或使人可以照着做的标准样式”。从本质上说模式就是把解决某类问题的方法总结归纳到理论高度。不同的国家政府针对会展发展的实际、本国的国情所采取的会展运行管理的方法、手段、措施各异，因此形成不同的会展运行管理模式。

一、国外会展运行管理模式分析

（一）以德国、新加坡为代表的会展运行管理政府主导模式

1. 以德国为代表的会展运行管理政府主导模式特征

（1）全国统一的会展管理机构在会展组织和协调中充当了重要的角色。德国贸易会展和会展业联盟（AUMA）是权威的管理协调机构，它由德国政府授权形成。该机构对每年的国内外博览会、会展进行组织和协调，其主要职能包括审定年度展会计划，严格审查和评定展会的名称、内容，监督展会服务，核查展会组织者能力和信誉，统计调查展后的效果，支持中小企业到海外参展等。

（2）会展场馆多为公有性质。德国的会展公司往往拥有自己的大型会展场馆，公司与会展场馆是一体的。会展场馆基本上都是公有性质的，一般由政府出资建设，州、市两级政府一般占会展公司股份的99%左右，会展公司由政府控股，实行企业化管理。例如，法兰克福展览中心，由法兰克福市和黑森州共同拥有，市政府占60%，州政府占40%。

（3）政府重视会展业的发展。德国的会展业的成功主要取决于政府的重视与帮助。德国城市政府在制定经济发展战略和城市发展战略规划时，必定积极考虑会展业发展的需要。联邦政府还在中央财政列出专门预算，为企业出国办展、参展提供经费支持。据AUMA提供的资料，每年德国联邦政府通过特定的组织或机构组织德国企业赴国外参加会展180～

200个。

2. 以新加坡为代表的会展运行管理政府主导模式特征

（1）设立单一的国家级的会展管理机构。由新加坡贸易发展局（STDB）对会展进行统一管理。新加坡贸易发展局从发展国际贸易、提升新加坡区域中心地位等宏观角度，制定一套扶持、服务、规范协调和发展计划；代表国家组团在海外办展和参展。

（2）政府扶持资助政策。新加坡贸易发展局为了扶持和协助会展业，制定了三项政策。第一，特准国际贸易展资格计划。新加坡贸易发展局从会展的质量、规模、参展和参观人数、国际化程度（海外参展及观众比例）等方面进行全面评估，对符合标准的会展授予AIF资格。第二，特准贸易论坛计划。新加坡贸易发展局推出此计划主要是为了推动与国际会展同时举行的商务会议和论坛活动。第三，国际会展发展资助计划。此计划的目的是对一些有潜力成为高质量、高档次会展的新题目、新项目，进行重点扶持和政策倾斜。

（3）新加坡会议会展协会（SACEOS）与政府密切配合，管理本国会展业。该协会与政府一起制定了一套行业道德与行为规范，对于违反有关规定的行为集体讨论并提出制裁措施，维持公平竞争的会展市场秩序；同时，在会展题目、展出时间安排、摊位价格、会展质量水准等方面，在会员单位之间进行协调，维护会员的正当权益。

（二）以美国为代表的会展运行管理市场主导模式

1. 美国不存在会展审批制度

美国是典型的自由主义市场经济国家，拥有众多健全的会展市场主体，而且会展市场主体具有较强的行业自律意识，加上发达的会展信息传递系统，美国对会展项目基本不需要审批，其会展活动完全由市场来主导、协调，也没有专门的政府部门通过行政手段管理会展业，而是由会展业行业协会负责协调和规范会展业的发展。

2. 建立具有唯一性、全国性、权威性的会展行业协会——美国国际会展管理协会

美国国际会展管理协会（IAEM）既是会展企业的代言人，也是贯彻美国政府意图、执行政府政策的可靠助手。该协会以维护会展行业合法权益、协调美国会展行业各会员单位之间的关系、为其会员提供服务、维护会展市场公平竞争、沟通会员与政府之间的关系、促进会展行业的经济发展为宗旨。

3. 会展人才培养制度

美国国际会展管理协会创造了一套系统完整的会展业专业人士职后培训计划，通过课堂学习、工作实践、参与协会活动和考试等方式给予会展业专业人士继续学习和资格认证的机会，每完成一个专业测定后就授予一定的分数，累计到一定分数后，协会将授予会展管理资格证书（Certified in Exhibition Management，CEM）。

（三）综合运作模式——政府引导与市场推动型

以法国、瑞士为代表的“综合动作模式”不像政府主导模式和市场主导模式那样单一，而是在市场的模式下，政府参与管理，政府与市场主体（会展企业）在组建协会的过程中都倾注了大量的精力，很难分清到底是政府还是企业起了主导作用，可以说是企业和政府合力推动的产物。

二、目前中国会展运行管理采取“政府主导模式”的依据

1. 会展运行管理仍然处于初级阶段

中国会展业经过近30年的发展，虽具有一定规模和竞争力，但是与国外相比，中国的会展业仍处于起步阶段。因为中国目前会展的运行管理水平、效益和专业化程度还比较低；会展举办过程中还存在许多不规范、不完善的地方，如展馆配套设施落后、服务措施不规范等一些问题，重复办展等情况时有发生，中国的会展业尚未形成一个完整的、成熟的产业链。鉴于中国会展业当前所处的客观现状，为推动中国会展业尽早驶入有序发展的良性轨道，需要强化政府的会展业管理职能，即会展的运行管理采取政府主导模式。

2. 会展运行管理的市场化程度还比较低

中国会展运行管理还未形成规范、有序的市场体系，市场化水平不高。第一，作为会展市场主体之一的会展企业，虽然数量不少，但规模都不太大，并且缺乏足够的竞争能力，同时作为政府部门、非营利组织等主体也积极参与办展，弱化了会展企业的市场主体地位。第二，会展市场的发展机制不完善，没有真正形成按市场规律去组展、办展，会展市场秩序还较混乱，会展行业服务比较滞后等。第三，会展市场信息沟通不畅，组展商与参展商之间存在明显的信息不对称，造成双方之间容易产生纠纷，给双方特别是参展商带来损失，造成“骗展”现象屡见不鲜。

3. 会展运行管理需要政府进行资源整合和要素重组

会展运行管理乃至会展产业的发展是一个系统工程，需要整合各种资源的协调配合，例如，会展的举办，需要协调海关、公安、交通、卫生、酒店、旅游等外部环境。从本质上讲会展运行管理过程是资源整合的过程。通过整合将会展活动所需要的各种资源进行有机配置，能产生更多的价值增值。同时，整个会展产业的形成、培育也需要进行资源再重组来实现高质量发展。在政府主导模式下，可充分发挥政府对各种社会资源、区域资源、政府职能资源进行系统化配置的优势，来为会展业服务，以及提高会展产业的发展效率。特别是当前，我国的会展产业及会展市场还处于起步发展阶段，市场整合各种会展资源的能力非常有限，在政府主导模式下，政府能够从会展行业管理体制、会展市场有序运行机制、配套服务行业质量提升、区域会展品牌塑造等方面进行会展业科学配置，这对于区域会展产业发展及其演进空间的进一步拓展、完善非常有利。

4. 会展运行管理离不开政府会展产业政策的导向支持

政府会展产业政策具有规范、激励、促进会展市场运行以及弥补会展产业市场缺陷的功能。政府会展产业政策的力量既能有效促进会展产业健康持续发展，又利于会展产业的区域集聚、创新。政府会展产业规划及相应的政策选择，能对会展产业发展产生重要推动力。政府通过出台具有吸引力的会展产业政策，不仅仅可以聚集到会展产业发展所需的资金、技术、人才等要素，更重要的是通过政策导向实现对会展场馆等城市基础设施的更新和改造，以及提升会展配套行业服务水平，培育与优化会展产业链，构建会展产业集群内外机构协调机制，营造公正、公开的会展产业市场、和谐竞争氛围、畅通会展市场主体创新风险的化解渠

道等会展产业集群软环境的建设，特别是会展产业优惠政策（如税收优惠、优先贴息贷款支持、补贴等）的落实更能直接推动会展市场主体自主创新，进而推动会展产业创新发展。

本章小结

会展运行管理的参与机构有：政府；会展项目计划者；专业会展公司；目的地管理公司；会展场馆；参展商和会议代表；观众和其他相关机构。

展览运行的市场参与机制：主办单位将展览产品（创意、主题或品牌）出售或委托给展览公司，展览公司组织参展商（会展的买家）购买产品，为了更好地吸引参展商，还要帮助组织观众，这当中的接待工作交给 DMC 去完成。现在的 DMC 有时也直接与主办单位接触，甚至自行办展，销售会展产品。

会议运行的市场参与机制：会议计划者将会议产品出售给 PCO，PCO 组织会议的买家（会议出席者）购买产品，这当中的接待工作交给 DMC 去完成。现在的 DMC 有时也直接与会议的计划者接触，销售会议产品，因此，可以说现在的 DMC 已担当了一部分 PCO 的职责。

会展运行管理的动力机制包括：第一，社会经济发展驱动机制（包含基本条件、经贸活动和城市设施）；第二，服务体系支撑驱动机制（包含都市风光、都市文化和都市服务）；第三，经营管理模式驱动机制（包含政府引导、行业管理和市场运作）。

国外会展运行管理模式主要有：以德国、新加坡为代表的会展运行管理政府主导模式；以美国为代表的会展运行管理市场主导模式；综合运作模式——政府引导与市场推动型。其中，以德国为代表的会展运行管理政府主导模式的特征有：全国统一的会展管理机构在会展组织和协调中充当了重要的角色；会展场馆多为公有性质；政府重视会展业的发展。以新加坡为代表的会展运行管理政府主导模式的特征有：设立单一的国家级的会展管理机构；政府扶持资助政策；新加坡会议会展协会（SACEOS）与政府密切配合，管理本国会展业。以美国为代表的会展运行管理市场主导模式的特征有：美国不存在会展审批制度；建立具有唯一性、全国性、权威性的会展行业协会——美国国际会展管理协会；会展人才培养制度。

目前，中国会展运行管理采取“政府主导模式”的依据体现在：会展运行管理仍然处于初级阶段；会展运行管理的市场化程度还比较低；会展运行管理需要政府进行资源整合和要素重组；会展运行管理离不开政府会展产业政策的导向支持。

复习思考题

1. 会展运行管理的参与机构有哪些？
2. 简要叙述会展运行的市场参与机制。
3. 会展运行管理的动力机制包括哪些？
4. 国外会展运行管理模式有哪些？各有怎样的特征？
5. 我国当前会展运行管理采取“政府主导模式”的依据是什么？

案例分析

案例分析一 中国展馆扩容 考问行业战略布局

日前，第8届中国国际会展文化节（以下简称会展文化节）在成都闭幕，本届会展文化节以“城市与会展文化”为主题，关注当前中国会展业的现状。在“第4届中国会展场馆经营发展圆桌会议”部分，中国会展经济研究会常务副会长陈泽炎、《中国贸易报》社社长、总编辑范培康应邀作为分论坛的主持人，分别与业界资深人士探讨展馆扩容与经营的难题。

如何优化城市的展会布局，有效发挥各展馆之间的功能互补，提升展馆服务能力，提供一站式办展的有力平台，这些成为业界讨论的焦点话题。国际会展业协会（UFI）2012～2013年度主席陈先进表示，中国展馆扩容的势头方兴未艾，会展业成为很多省市“十二五”规划的重点产业，这种背景下，讨论展馆扩容问题是有现实意义的。此外，中国对外贸易中心主任王志平也提出了关于展馆扩容和同城展馆竞争的一些建议。

一、展馆扩容的思考

陈先进认为，目前，中国展馆规划有滞后的倾向，低层次、重复建设现象比较普遍，难以满足会展业长期发展的需要。在展馆建设上，不妨吸收一些好的经验，加大场馆规划设计的前瞻性及功能的多样性。

陈先进介绍说，根据国际会展协会统计的数据，到2011年，室内面积在5000m^2以上的展馆，全球共有1197个，室内可出租面积达3250万m^2。欧洲、北美洲、亚洲拥有最强大的会展场地。其中，展馆数量上，欧洲占全球总量的41%，北美占33%，亚洲占15%；展馆面积上，欧洲占48%，北美占24%，亚洲占20%。

2006～2011年，展馆面积位居全球前三位的依次是：美国、中国、德国。数据显示，中国展馆面积仅次于美国，位于全球第二位。中国展馆面积增长速度也是全球最快的。过去5年，中国建设展馆的速度增长了48%。从亚太区展馆面积看，中国排名第一位，展馆数量达197个，室内面积达到了440万m^2。第二位是日本，第三位是韩国。

现阶段，中国展馆投资模式和经营管理模式大概有4种：第一种是财政模式，完全由政府列入财政计划，由政府直接拨款，产权也属于政府；第二种是国有企业模式，由政府委托一家或几家国有企业，基本上是100%的国有投资公司或者是国有经营公司，代表政府作为出资人进行投资，产权归国有企业所有；第三种是非国有企业模式，由民营企业或其他性质的非国有企业出资，政府在土地政策上或在其他的一些措施上给予支持；第四种是混合多元模式，由国资、民营、外资等不同所有制组成的投资模式，产权归投资公司所有，如上海浦东国际会展中心，50%的产权属于投资公司。

陈先进指出，不可否认，展馆对会展业发展和对经济社会发展有促进作用。但展馆的建设和超前性，将影响会展业的发展速度。

国际会展业协会指出，要成为世界级的会展中心城市，应符合以下几项标准：首先，这个会展城市人均收入水平要达到世界中等水平以上。其次，这个城市的服务业要占这个城市或者这个地区生产总值比重超过50%。再次，外贸依存度要超过100%，达到200%。最后，行业力量相对较强。

陈先进强调，建设展馆，一是要从会展业发展实际出发，重视场馆在区域经济中的作用，二是与城市发展目标相一致。

二、部分展馆现恶性竞争

王志平介绍说，调研结果显示，国际会展中心向新兴经济体转移的趋势日渐明显。未来，中低端产业以及战略性产业展会将主要向亚洲集中。

当前，中国具备了成为会展中心国家的经济实力。以广州为例，经过10多年的发展，广州“家具展”“建材展”的规模都超过了欧美同类展会，成为全球之最。

根据国际会展业协会的统计，2011年，中国展会净面积为1300万m^2，展品面积达到了486万m^2，均居世界第二位。

王志平认为，随着中国制造业中心地位的稳固，庞大的市场需求、经济结构的转型升级，以及政府对会展业的重视等诸多因素，将为会展业发展提供一个巨大的机遇。但总体而言，中国会展业尚处于大而不强、多而不精的初级阶段。与欧美会展强国相比，中国会展业发展模式尚不清晰，产业规划滞后，资源相对分散，发展方式过于粗放。主要表现为：从制度层面看，缺乏较为完善的制度体制和行业体系；从运作体系看，市场秩序较为混乱，低水平重复办展的现象比较普遍，作为完全开放的领域，应对国际巨头竞争的经验和实力也尚显不足。此外，会展组织主体实力不足，会展产业链配套不完善，会展人才队伍缺乏等，都是造成会展业发展滞后的重要因素。

中国会展业亟须实现转型升级，目前，国际会展业的主流运作模式有两种：政府干预型的德国模式和市场主导型的美国模式。推动会展业转型升级，适合中国国情发展的模式应该是政府看得见的手和市场看不见的手密切配合、分工协作。

此外，对于中国会展模式现存的问题，王志平指出，部分城市会展业发展方向不准确，定位不清楚，重复建设和恶性竞争现象比较严重，建议会展主管部门从战略角度及时出台、逐步完善国家级产业发展规划，进一步指导和推动我国会展业实现科学布局和结构调整，优化会展业发展战略要素，合理配置中央与地方、政府与市场的资源，打造重点突出、合理分布的多层级国家会展中心城市。市场化是中国会展业发展的重要方向，但应以完善的法律法规、健全的诚信体系为前提。因此，应尽快完善法律法规，加快国家及行业组织建设。

（资料来源：http：//www. chinatradenews. com. cn/founder/html/2012-08/21/content_28803. htm? div = -1）

案例思考题：

1. 结合上述案例，你认为导致中国展馆扩容的原因是什么？

2. 结合上述案例和现实状况，你认为中国会展行业发展应选择哪种运行模式？还需要做足哪些准备工作？

案例分析二 展会之根

近日，京正·北京孕婴童用品展在北京中国国际会展中心（新馆）举办。作为极少以公司名称命名的展会，本届京正·北京孕婴童用品展规模超过8万m^2，参展商达1800多家。

京正·孕婴童用品展创办于2003年，时值“非典”肆虐京城，其实处境非常困难，先被迫停办，后仓促恢复，只有40多家参展商参展，会展规模只有2500m^2。10年之后，京正·孕婴童用品展会展规模从第一届的2500m^2发展到现在的8万多平方米，参展商从第一届的40多家增加到现在的1800多家。不仅如此，京正·孕婴童用品展的主办方还将展会移植广州，形成了一南一北、一春一秋、一年两届的京正·孕婴童用品展格局。

展会的成功固然离不开会展人的执着与努力，离不开必要的会展设施与环境的建设。然而，更重要的绝不仅限于此，展会成功的背后是产业、市场的支撑。正是中国婴童产业和市场的发展造就了婴童展。如果说10年前中国婴童产品市场还刚刚起步，那么10年来中国婴童产品市场已快速成长，不断扩大。中国孕婴童研究中心的数据显示，2011年，中国0~12岁的婴童市场总规模约为1.15万亿元。目前，中国已成为仅次于美国的第二大孕婴童产品消费大国，而中国每年逾2000万的新生儿更是将2015年的市场规模预测推高至2万亿元。

市场需要展会，市场成就展会。

正是中国婴童产品市场的高速成长和快速发展催生和成就了孕婴童展。国内有关母亲、儿童题材的会展活动犹如雨后春笋般层出不穷：婴童展、孕婴童展、孕婴童产业博览会、孕婴童用品博览会、婴幼儿用品展、妇女婴幼儿用品展，婴童嘉年华等，不一而足。

展会拓展市场，展会促进发展。

首先，展会本身就是市场，是市场营销途径之一。展会可以将分散的、分布于不同时间和区位的交易机会汇聚到一起。展会促成的交易扩大了市场规模，构成了市场的有效组成部分。展会延伸了市场的概念，丰富了市场内涵，扩展了市场外延，展会拓展了市场。其次，展会可以有效地整合市场资源，成功地将各类市场要素集合起来，将生产厂家、销售渠道和消费群体汇聚到一起，实现面对面的沟通，展会是桥梁，展会是平台，展会可以提高市场交易效率，降低交易成本。最后，展会源于市场，得益于市场，同时，展会也可以回报市场，反哺市场，促进市场的规范和发展，促进产业的壮大和强盛。

只有根植肥沃市场土壤上的展会才会长成参天大树，只有立足产业和市场基础之上的会展活动才会具有生气，才会有活力，才能可持续发展。市场是展会的根本和源泉。会展人在研究会展的同时更应当研究市场、研究产业，把握科技发展、经济转型、产业升级、消费提升带来的会展机会，策划出更多符合市场规律、切合市场需求、具有产业发展前景的会展活动，做大、做强、做实会展经济。

（资料来源：http：//www.chinatradenews.com.cn/html/zhongdianyuedu/2013/0422/1711.html，作者储祥银系中国会展经济研究会理论指导委员会副主任、对外经济贸易大学教授、博士生导师。）

案例思考题：

1. 结合上述案例，你认为展会的成功运营离不开哪些要素的支撑？
2. 结合上述案例，你认为“展会之根”是指什么？

第三章

会展企业组织结构设计

本章提要

合理的组织结构设计是会展企业运行管理的重要保证。第一节阐述会展企业的分类，界定会展企业组织结构设计的内涵，分析会展企业组织设计的原则，透视会展企业组织结构设计的影响因素。第二节介绍常见的会展企业组织结构类型。第三节阐述会展企业的内部部门设置。

学习目标

1. 了解会展企业的分类。
2. 理解会展企业组织结构设计的内涵。
3. 掌握会展企业组织结构设计的原则。
4. 熟悉会展企业组织结构设计的影响因素。
5. 弄清常见的会展企业组织结构类型。
6. 熟悉会展企业的内部部门设置。

第一节　会展企业组织结构设计原则和影响因素

一、会展企业的分类

会展企业是多种类型企业的总称。会展企业一般由为会展提供不同类型服务的各类会展公司组成。按照各企业在会展中承担的职能、分工和作用的不同，将会展企业分为以下4类：

1. 会展策划组织类

会展策划组织类公司是会展的策划、组织和管理的公司，它是会展的核心企业。

2. 会展设计搭建类

会展设计搭建类公司能够为各种国际、国内会展的展商提供企业形象整体策划，特殊展台设计、搭建和维护等服务。

3. 会务服务类

会务服务类公司为会展提供会务服务，如设备租赁、人员服务、会场装饰等。它是会展辅助企业。主要经营范围为：会务服务；会展主场的活动服务；会场的设计施工和搭建；音响视听设备服务、舞台设计；会展期间广告投放；产品新闻发布会的设计与实施；文化活动策划；礼仪服务等相关产品和服务。

4. 会展配套服务类

会展配套服务类公司涵盖物流、广告、印刷、酒店、旅行社等，分别为会展的宣传、推广和展品物流配送、参展商餐饮住宿、商务咨询、企业管理咨询等提供服务，是会展活动中不可或缺的参与者。它们分布在贸易、交通、餐饮、旅游、装潢等行业，辅助会展经营企业实施会展项目，为参展商提供各类服务。

◆[拓展阅读3-1]

励展博览集团大中华区

励展博览集团大中华区是世界领先的会展及会议活动主办机构——励展博览集团的下属公司。励展博览集团大中华区经过20多年的快速发展，如今已成为中国首屈一指的会展主办机构，拥有8家出色的成员公司：励展博览集团中国公司、国药励展会展有限责任公司、励展华博会展（深圳）有限公司、北京励展华群会展有限公司、上海励欣会展有限公司、北京励展光合会展有限公司、励展华百会展（北京）有限公司和河南励展宏达会展有限公司。

目前，励展博览集团大中华区在中国拥有500多名员工，服务于国内11个专业领域，包括：电子制造与装配；机床、金属加工与工业材料；包装；生命科学与医药、保健、美容与化妆品，休闲运动；礼品与家居；汽车后市场；生活方式；博彩；出版；地产与旅游；海洋、能源、石油与天然气。

2013年，励展博览集团大中华区主办的53场展会吸引了85万余名观众以及4.1万余名参会代表出席。在展会上，共有2.7万多家供应商参与展示，其展位面积总计超过130万m^2。

励展博览集团大中华区致力于推动中国会展业可持续发展，并以多种方式来回报中国社会：

（1）培养年轻人才，为员工提供充足的职业持续发展的机会。2008年，推出了首个励展中国大学项目。平均每年有300余名学员参加12项培训课程。通过该项首创性项目，使励展博览集团一直保持着在全球会展行业的领先地位。

(2) 2010年，励展的发展战略组合中加入了励展管理培训生项目（RMAP），旨在为高成长潜力的人才提供享有业内最佳培训资源的机会。从该项目推出至今，已经有28位管理培训生加入了公司，其中数名已被提升到管理层职位。

(3) 2013年，励展启动了青年人才培养项目，以针对毕业不久刚入行的大学生。有10位青年人获得了核心市场营销与销售方面的实践经验和速成学习的机会。

(4) 励展博览集团支持并在展会里践行知识产权保护。

(5) 励展博览集团还拥护展会数据审计及透明化，确保励展展会公布的数据真实有效。

在中国，励展博览集团通过结合全球与本地专业资源，举办内容丰富、高度专业的展会活动，为业务交流互动、行业洞察分享、企业发展和个人职业成长提供机会。

（资料来源：http://www.reedexpo.com.cn/zh-cn/About-Us/Our-Companies/Reed-Exhibitions-China/）

二、会展企业组织结构的内涵

任何企业都是由许多要素、部门、成员，按照一定的联结形式排列组合而成的。一个会展企业，除了有形的物质要素外，在各构成部分之间，实际上还存在着一些相对稳定的关系，即纵向的等级关系及其沟通关系，横向的分工协作关系及其沟通关系。这种关系构成了无形的构造——组织结构，它涉及会展企业的管理幅度的确定、组织层次的划分、组织机构的设置、各单位之间的联系沟通方式等问题。因此，会展企业组织结构也可以理解为一种组织形式，这种形式是由会展企业组织内部的部门划分、权责关系、沟通方向和方式构成的有机整体。会展企业组织结构是会展企业组织内关于职务及权力关系的一套形式化系统，它阐明各项工作如何分配、谁向谁负责以及内部协调的机制，表现会展企业各构成部分排列顺序、空间位置、集聚状态、联系方式等，是会展企业内各成员的互动模式，它是执行管理和经营任务的体制。从会展企业组织结构的概念可以看出，它包含以下几个关键要素：

(1) 管理层次和管理幅度。管理层次是指职权层级的数目，即一个组织内部，从最高管理者到最底层员工的职级、管理权力层次的数量。组织管理层次的多少，表示组织结构的纵向复杂程度。管理幅度是指管理人员有效地监督、管理其直接下属的人数。组织中管理层次的多少，根据组织的任务量、组织规模的大小而定。管理层次与管理幅度这两个因素密切相关，管理层次与管理幅度成反比。也就是说，在组织规模给定的情况下，管理幅度增大，管理层次减少；管理幅度减少，则管理层次增多。这样，管理层次就构成了组织的纵向结构。

(2) 职能部门的组合。部门是指组织中主管人员为完成规定的任务将人员编成其有权管辖的一个特定的领域。各不同部门的组合构成了整个组织的方式。部门划分的目的是要按照某种方式划分业务，以起到最好地实现组织目标的作用。各部门的组合构成了组织的横向结构。

（3）组织的运行机制。对于会展企业来讲，只有基本结构是远远不够的，必须通过运行机制来强化基本结构，来保证基本结构意图的体现。所谓运行机制，是指控制程序、信息系统、奖惩制度以及各种规范化的规章制度等。运行机制的建立和强化有助于更清楚地向员工表明组织对他们的要求和期望是什么。好的运行机制激励员工同心协力，为实现组织的目标而努力。也就是说，运行机制赋予组织基本结构以内容和活力，它确保了组织纵向、横向各有机要素按照统一的要求和标准进行配合和行动。目的在于确定组织中各项任务的分配与责任的归属，以求分工合理、职责分明，有效地达到组织目标。

三、会展企业组织结构设计的内涵

会展企业组织结构设计就是对会展企业开展工作、实现目标所必需的各种资源进行安排，以便在适当的时间、适当的地点把工作所需的各方面力量有效地组合到一起的管理活动过程。会展企业组织结构设计工作包括以下 3 项具体的任务：

1. 职务分析与设计

职务分析与设计是会展企业组织结构设计的最基础工作。它是在对会展企业目标进行逐级分解的基础上，具体确定出会展企业内各项作业和管理活动开展所需设置的职务的类别与数量，以及每个职务所拥有的职责权限和任职人员所应具备的素质。

2. 部门划分和层次设计

根据各个职务所从事工作的性质、内容及职务间的相互联系，采取一定的部门化方式，依照一定的原则，将各个职务组合成被称为“部门”的作业或管理单位。这些部门单位又可以按一定的方式组合成上一层级的更大的部门，这样就形成了组织的“层次”。

3. 组织结构形成

通过职责权限的分配和各种联系手段的设置，使会展企业中的各构成部分（各职务、各部门、各层次）联结成一个有机的整体，使各方面的行动协调配合起来。会展企业组织结构设计工作的结果通常体现在两份书面文件上，即组织结构图和职务说明书。

四、会展企业组织结构设计的原则

会展企业组织结构设计应遵守一定的原则，这样才能保证设计的科学性和合理性。会展企业作为承担会展活动策划、运营管理的组织实体，其组织结构设计应遵循以下基本原则：

1. 目标明确原则

会展企业组织结构的设计和组织形式的选择必须有利于会展企业目标的实现。任何一个会展企业组织结构的设计和建立，都是由它的特定目标决定的，会展企业中的每一部分都应该与既定的会展企业目标有关系，否则，它就没有存在的意义。因此，会展企业组织结构设计必须将会展企业的目标明确化和具体化，即建立起明确的目标体系，使每位会展企业员工都知道自己要干什么、如何干以及个人的行动如何服从会展企业的要求。可以说，明确的目标是会展企业员工活动的动力和指南。

2. 责权对等原则

在进行会展企业组织结构的设计时，既要明确规定每一管理层次和各个部门的职责范围，又要赋予其完成职责所必需的管理权限。职责与职权必须协调一致。只有职责，没有职权，或权限太小，其承担职责的积极性、主动性就会受到束缚，也不可能承担起应有的责任；相反，只有职权而无任何责任，或责任程度小于职权，就会导致滥用权力，产生官僚主义等。因此，在会展企业组织结构设计中应避免这两种倾向。科学的会展企业组织结构设计应将职务、职责和职权形成规范，制定出章程，无论什么人，只要担任某项工作就要有所遵从。

3. 效率原则

任何一个会展企业组织结构的形成，都必须将效率原则放在重要地位。效率原则是衡量会展企业组织结构设计的基础。会展企业在组织结构设计过程中为了体现效率原则，通常采用重视专业分工、控制管理幅度等方法。减少管理层次，精减管理机构和人员，充分发挥会展企业员工的积极性，工作效率才会提高；如果会展企业管理层次繁多，机构臃肿，人浮于事，则势必导致资源的浪费，办事拖拉，效率低下。因此，一个会展企业是否具备高效率的特点，是衡量会展企业组织结构设计是否合理的主要标准之一。

4. 适应环境原则

会展企业要生存和发展，必须有足够的灵活性去适应各种环境的变化。事实上，会展企业运作的内外环境是不断发生变化的，所以有可能会因为环境的改变，使会展企业的计划与现实条件严重背离。有效的会展企业系统应该具备应付这种变化的能力，维护会展企业的正常运转。适应环境的原则要求会展企业在进行组织结构设计时，能够做到保持会展企业的弹性与人员编组的机动性。一个僵硬而缺乏弹性的组织，很难感知到环境的变化，也很难根据环境的变化及时作出适时、适当的调整。

5. 以人为本原则

以人为本，尊重人，重视人，已成为各类组织经营和管理的核心理念。会展企业目标的实现离不开每一位员工的合作努力。会展企业组织结构设计是在人本时代背景下的设计，这种设计要求在会展企业组织结构和运营体系中充分尊重人，倡导以人为本的管理。在会展企业中的人本原则，体现在为员工创造一种使他们愿意在其中任职的组织。为此，要特别注意以下 4 个方面：①工作分工要符合员工的兴趣和特长；②要尊重员工，会展企业内部的层次设置及晋升不可损害员工的自尊；③会展企业要为员工提供学习、培训、晋升的机会；④管理工作要用沟通代替控制监督。

五、会展企业组织结构设计的影响因素

1. 环境因素

任何一个会展企业都是存在于特定的环境当中的，会展企业与环境之间始终存在着互动关系。从系统、权变的观点出发，会展企业组织结构设计，首先应该考虑会展企业所处的环境因素。环境在一段时间内可能是相对稳定的，也可能是处于经常性快速变化当中的。但相

对于会展企业而言，却总是不确定的。在不同的环境中同一个会展企业的组织结构设计也会很不相同。实际上，环境因素不仅影响着一个会展企业的组织结构的设计，就是在同一个会展企业内部，下属各部门的组织结构也会随不同的环境而有所不同。

2. 战略与目标

对于现代会展企业来说，其战略与目标是组织结构设计的基本依据。如果脱离了这个方向，会展企业组织结构设计必然是无效的。具有不同战略和目标的会展企业，其组织结构设计应该是有区别的。就同一个会展企业而言，其战略目标的任何调整和转移，都会引起组织结构设计上的重大改变。例如，一个会展企业，它将战略目标由保持一个比较成功的地区性公司修改为要发展成一个大型的跨国公司，其组织结构设计必然要作出相应的调整。

3. 技术水平

一个会展企业的技术水平对其组织结构设计有极大的影响作用。会展企业所拥有技术的复杂性在一定程度上决定了会展企业组织结构设计的复杂性。从另一方面来看，会展企业的技术进步也能够促使会展企业组织结构设计简单化，使会展企业的纵向层次减少，管理幅度增大。近年来，组织结构的扁平化趋势就是与技术进步密切相关的。因此，会展企业在进行组织结构设计时必须充分考虑其自身所拥有的技术水平状态。

4. 会展企业规模

所谓会展企业规模，是指一个会展企业所具有的人员数量以及这些人员之间的相互作用关系。假定在其他影响因素相同的情况下，会展企业规模对会展企业组织结构设计的影响是最为明显的。一个五人小组和一个万人企业相比，组织结构设计的差别是巨大的。一般来说，会展企业规模与会展企业组织结构设计之间的关系大体为：①会展企业规模越大，工作就越专业化；②会展企业规模越大，标准操作化程序和规章制度就越健全；③会展企业规模越大，分权的程度就越高。当然，会展企业规模对会展企业组织结构设计的影响，在会展企业发展的不同阶段是有差别的。

5. 会展企业员工的社会心理

会展企业的组织结构模式对会展企业员工的态度和行为有相当影响，因而，会展企业组织结构设计就应该考虑到会展企业中员工的社会心理需求。其主要表现为人的满意感、离心力和吸引力。研究表明，专业化和标准化与工作满意感有直接关系，只有适度的专业化和标准化才可能赋予会展企业员工以最大限度的满足感。例如，会展企业内部的分权与集权程度，也将直接影响会展企业员工的责任感和成就感。

第二节 常见的会展企业组织结构类型

会展企业组织结构通常可以用组织结构图来表示。组织结构图是描述有关组织的正式职权和联系网络的图表，是对组织关系的一种静态描述或者说是一种抽象的模型。

一、直线制组织结构

直线制组织结构是一种最简单的集权式组织结构形式，又称军队式结构。其领导关系按垂直系统建立，不设立专门的职能机构，自上而下形成垂直领导与被领导关系，如图 3-1 所示。

直线制组织结构的优点是：结构简单，指挥系统清晰、统一；责权关系明确；横向联系少，内部协调容易；信息沟通迅速，解决问题及时，管理效率比较高。

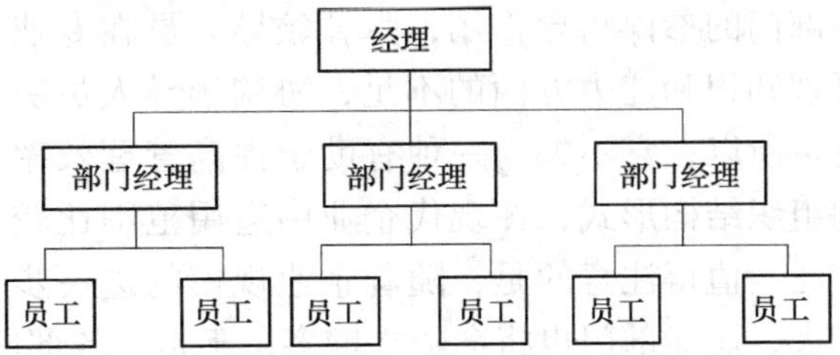

图 3-1 直线制组织结构形式

其缺点是缺乏专业化分工，经营管理事务依赖于少数几个人，要求企业领导人必须是经营管理全才，但这是很难做到的，尤其是在企业规模扩大时，管理工作会超过个人能力所能承受的限度，不利于集中精力研究企业管理的重大问题。因此，直线制组织结构的适用范围是有限的，它只适用于那些规模较小或业务活动简单、稳定的企业。

二、职能制组织结构

职能制组织结构中职能部门在自己的业务范围内，有权向下一管理层次的部门下达命令和指示，如图 3-2 所示。职能制组织结构的优点是管理工作深化，实行了专业化分工，能更好地发挥职能管理人员作用。缺点是下级部门的负责人除了要服从上级行政领导的指挥以外，还要服从上级职能部门的指挥，这样就形成了多头领导，破坏了统一指挥的管理原则，使下属无所适从。

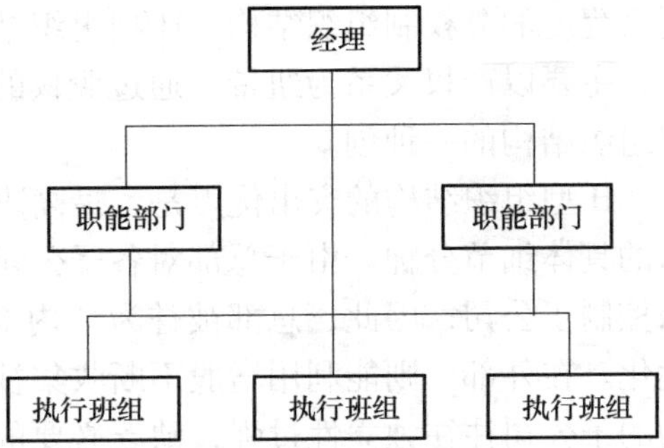

图 3-2 职能制组织结构形式

三、直线职能制组织结构

直线职能制组织结构是一种以直线制结构为基础，在厂长（经理）领导下设置相应的职能部门，实行厂长（经理）统一指挥与职能部门参谋、指导相结合的组织结构形式，如图 3-3 所示。

直线职能制组织结构的特点是：①厂长（经理）对业务和职能部门均实行垂直式领导，各级直线管理人员在职权范围内对直接下属有指挥和命令的权力，并对此承担全部责任；②职能管理部门是厂长（经理）的参谋和助手，没有直接指挥权，其职能是向上级提供信息和建议，并对业务部门指挥和监督，因此它与业务部门的关系只是一种指导关系，而非领导关系。

直线职能制组织结构是一种集权和分权相结合的组织结构形式，在保留直线制统一指挥优点的基础上，引入管理工作专业化的做法。因此，既能保证统一指挥，又可以发挥职能管理部门的参谋指导作用，弥补领导人员在专业管理知识和能力方面的不足，协调领导人员决策。所以，它不失为一种有助于提高管理效率的组织结构形式，在现代企业中适用范围比较广泛。值得注意的是，随着企业规模的进一步扩大，职能部门也将会随之增多，于是，各部门之间的横向联系和协作将变得更加复杂和困难。加上各业务和职能部门都须向厂长（经理）请示、汇报，使其往往无暇顾及企业面临的重大问题。当设立管理委员会、完善协调制度等改良措施都不足以解决这些问题时，企业组织结构改革就会倾向更多的分权。

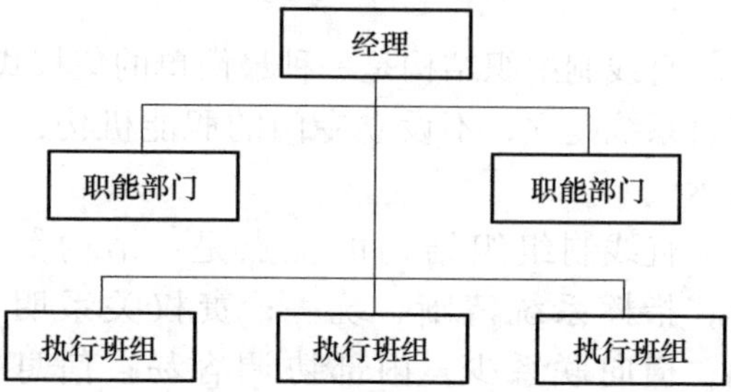

图 3-3　直线职能制组织结构

四、H 型组织结构

H 型组织结构又称控股型组织结构，较多地出现在由横向合并而形成的企业之中，这种结构使合并后的各子公司保持了较大的独立性。它通过母公司对子公司的参股和控股，形成更大程度的分权制组织结构。H 型组织结构可以由生产经营完全不同产品的多个独立企业组成，主要以产权关系为纽带，通过股权的渗透结成命运共同体。实际上，H 型组织结构是分权组织结构的一种创新。

H 型组织结构的突出优点是，最高决策层只通过资金的运作来管理所控公司，无须为公司的具体细节分神。由于总部对各子公司上层主管的能力相当清楚，且总部有权力在财务方面控制子公司，因此，总部被誉为“内部银行家”和“内部投资人”，能在资金运用上做到优化。在外部，则能利用增股不断收集社会上的闲散资金，发展自己的事业。但是，这种结构的子公司往往独立性过强，缺乏必要的战略联系和协调，因此，公司总体资源战略运用存在一定的难度。H 型组织结构如图 3-4 所示。

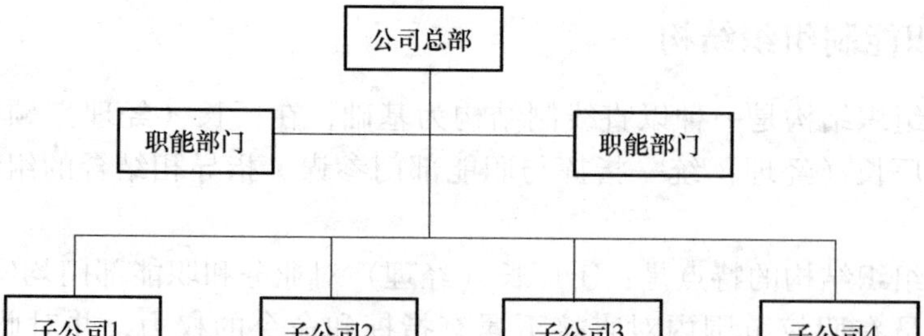

图 3-4　H 型组织结构

五、事业部制组织结构

事业部制组织结构也称分权制组织结构，是一种在直线职能制组织结构基础上演变而成的现代企业组织结构形式，如图 3-5 所示。

事业部制组织结构遵循“集中决策，分散经营”的总原则，实行集中决策指导下的分散经营，按产品、地区和顾客等标志将企业划分为若干相对独立的经营单位，分别组成事业部。各事业部在经营管理方面拥有较大的自主权，实行独立核算、自负盈亏，并可根据经营需要设置相应的职能部门。总公司主要负责研究和制定重大方针、政策，掌握投资、重要人员任免、价格幅度和经营监督等方面的大权，并通过利润指标对事业部实施控制。

事业部制组织结构的优点是：

（1）权力下放，有利于最高管理层摆脱日常行政事务，集中精力于外部环境的研究，制定长远的全局性的发展战略规划，使其成为强有力的决策中心。

（2）各事业部主管摆脱了事事请示汇报的规定，能自主处理各种日常工作，有助于加强事业部管理者的责任感，发挥他们搞好经营管理的主动性和创造性，提高企业经营适应能力。

（3）各事业部可集中力量从事某一方面的经营活动，实现高度专业化，整个企业可以容纳若干经营特点有很大差别的事业部，形成大型联合企业。

（4）各事业部经营责任和权限明确，物质利益与经营状况紧密挂钩。

事业部制组织结构的主要缺点是：容易造成组织机构重叠，管理人员膨胀的现象；各事业部独立性强，考虑问题时容易忽视企业整体利益。因此，事业部制组织结构适合那些经营规模大、生产经营业务多样化、市场环境差异大、适应性较强的企业采用。

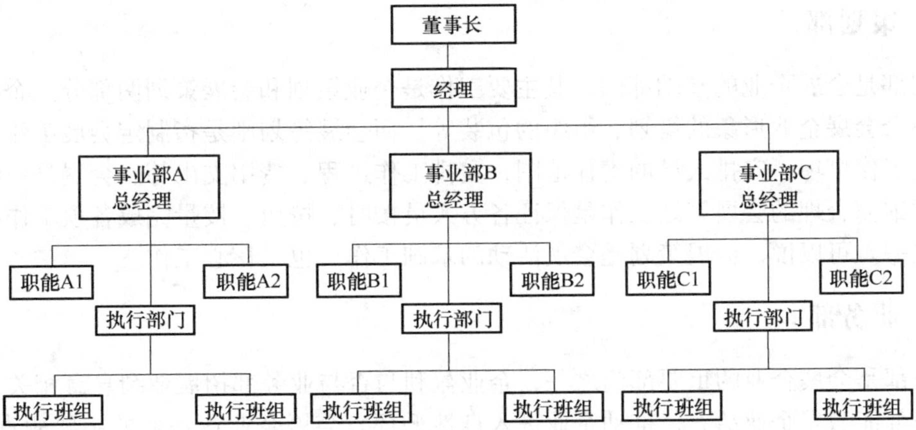

图 3-5　事业部制组织结构

六、矩阵制组织结构

矩阵制组织结构由职能部门系列和为完成某一临时任务而组建的项目小组系列组成。它的最大特点在于具有双道命令系统。其优点在于：将企业横向联系和纵向联系较好地结合了起来，有利于加强各职能部门之间的协作和配合，及时沟通情况，解决问题；能在不增加机构和人员编制的前提下，将不同部门的专业人员集中在一起，组建方便；能较好地解决组织结构相对稳定和管理任务多变之间的矛盾，使一些临时性的跨部门工作的执行变得不再困难；为企业综合管理与专业管理的结合提供了组织结构形式。其缺点在于：矩阵制组织结构多属临时性的组织（如项目小组等），容易使其成员产生短期观念和行为，两套管理系统所施加给组织成员的双重领导问题，也会造成工作中的矛盾以及人们的无所适从，导致组织关系比较复杂。矩阵制组织结构如图 3-6 所示。

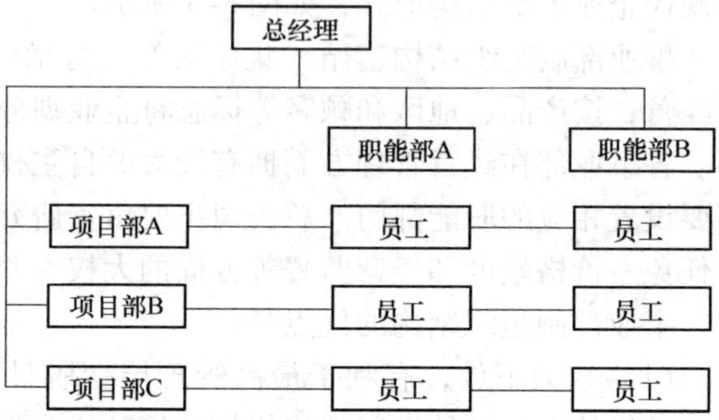

图 3-6　矩阵制组织结构

第三节　会展企业的内部部门设置

会展企业的内部部门划分是依据会展参与者（参展商、观众、与会人员等）在会展期间的活动类型，会展企业所做出的相应安排。这种划分应该既考虑部门划分的科学性，又兼顾会展服务的质量与效率。一般来说，会展企业的职能部门主要有：

一、策划部

策划部是会展企业的基础部门，其主要工作是企业策划和会展策划两部分。企业策划主要是对整个会展企业形象的策划、组织的包装等。而会展策划则是指制定会展工作方案，主要是列明工作事项，安排人员的责任范围，安排工作进程、费用支出等。会展是一项复杂的工程，详细而合理的会展策划工作是保证各方人员按时、按质、按量完成各项工作必不可少的环节之一。可以说，会展策划是会展活动的基础工作，也是核心工作。

二、业务部

业务部是会展企业的重要部门之一，企业盈利与否与业务部招展业绩息息相关，成绩斐然的业务部能激发企业活力，推动企业进入良性循环。会展企业业务部的主要职责是招展，即招徕和联系参展商，说服他们来参展，故有些企业直接设立招展部。其具体工作包括招展宣传，选择参展商，组织参展团。招展宣传包括宣传和联络两种方式，宣传对象是全体潜在参展商，而联络的主要对象是重要的潜在参展商。对申请参展的公司要依据事先约定的参展标准进行公平合理的选择，并召开筹备会，对入选的参展商进行展前“培训”，签订合同，还要与相关部门联络，谈好合作条件，做好准备工作。除此之外，业务部的其他工作还包括展品运输、展台设计与施工等。

三、市场部

其主要负责新闻宣传，广告策划实施，协调与各社会团体或政府的关系等。宣传工作是展出成功的基础保证，其手段主要是广告与联络，如查发信函、登门拜访、电话联系、媒体广告、印发资料等。公关的主要目的是争取有关单位的理解与支持，特别是争取得到新闻媒体、政府机关等影响力比较大的单位的认可与帮助。市场部工作的具体内容还包括制定年度场馆销售计划；根据市场变化，对价格政策的制定和修正提出建议并报请企业领导批准后执行；审核参展单位的资质；负责场馆营销，签订场馆出租合同；执行合同收款；负责有关展会的报批手续等。

四、信息部

信息部负责展会的通信、网络数据的租赁业务以及会展企业信息系统的规划、建设与维护，应用软件及办公计算机、耗材的采购与管理，同时还负责企业内部的通信系统以及网络的建设与保障工作，以及开发、利用信息技术实现和满足会展企业各个职能部门业务的需要，为会展企业决策提供及时、全面、高效的信息服务，为会展企业战略制定提供可靠依据。

五、管理部

管理部负责对展台准备工作的管理、展台后续工作的管理以及展会整体评估工作的管理等，有些企业称之为会务部。管理部与业务部都是实战工作部门。如果说业务部主要活动于展前的话，那么管理部则主要活动于展中与展后。鉴于管理部承担了对整个会展最重要阶段——展台的组织与安排工作，成为整个会展工作最重要、最关键的部门。

六、工程部

工程部是负责组织会展企业各项基建工作；企业所属各建筑物、构筑物、道路及各类管线的维修和养护；负责企业机电设备的日常管理工作；保证会展企业经营及展会期间所有服务设施，如展馆内装修和陈设、水电、音响系统、空调系统、电话等正常运行和使用的重要部门。

七、财务部

财务部的主要职责是负责会展企业日常财务核算，参与会展企业的经营管理；根据会展企业资金运作情况合理调配资金，确保资金正常运转；搜集会展企业经营活动情况、资金动态、营业收入和费用开支的资料并进行分析，提出建议，控制会展企业经营费用等。

八、人力资源部

人力资源部是负责会展企业员工招聘、培训、考核、激励等的部门，做到及时与各部门沟通、协调，协助各部门做好员工管理工作，做好劳动合同管理、劳动纠纷处理和劳动保护工作等。人力资源部是确保会展企业在任何时间、任何地点、任何情况下都能找到合适人选的主要部门。

九、保安部

保安部是担负会展活动现场安全保卫工作的部门，主要职责是维护会展活动的良好秩序，对会展活动各场所实施安全监督，确保展会各场所环境安全，确保各参会人员人身、财产等不受侵犯，使会展活动有序开展。保安部是举办会展活动时的重要辅助力量。

十、项目合作部

项目合作部以合作方式与有关部门共同承担各类型会展的组织和接待工作，承担单个国家（地区）会展的接待工作以及我国国际会展的组织工作，并通过对项目的再策划不断提高管理和服务水平，为参展企业和广大用户提供优质服务。

以上部门是依据一般展会正常运作的需要来设立的，在实际组织结构职能部门设计中，会展企业应充分考虑自身情况，名称可有所不同，部门多少也可灵活处理。

本章小结

按照各企业在会展中承担的职能、分工和作用的不同，将会展企业分为以下4类：会展策划组织类；会展设计搭建类；会务服务类；会展配套服务类。会展企业组织结构是会展企业组织内关于职务及权力关系的一套形式化系统，它阐明各项工作如何分配、谁向谁负责以及内部协调的机制，表现会展企业各构成部分排列顺序、空间位置、集聚状态、联系方式等，是会展企业内各成员的互动模式，它是执行管理和经营任务的体制。会展企业组织结构设计就是对会展企业开展工作，对实现目标所必需的各种资源进行安排，以便在适当的时间、适当的地点把工作所需的各方面力量有效地组合到一起的管理活动过程。会展企业组织结构设计工作包括以下3项具体的任务：职务分析与设计；部门划分和层次设计；组织结构形成。

会展企业组织结构设计应遵循以下基本原则：目标明确原则；责权对等原则；效率原则；适应环境原则；以人为本原则。会展企业组织结构设计的影响因素有：环境因素；战略与目标；技术水平；会展企业规模；会展企业员工的社会心理。常见的会展企业组织结构类型有：直线制组织结构；职能制组织结构；直线职能制组织结构；H型组织结构；事业部制组织结构；矩阵制组织结构。一般来说，会展企业的职能部门主要有：策划部；业务部；市场部；信息部；管理部；工程部；财务部；人力资源部；保安部；项目合作部。

复习思考题

1. 会展企业可以分为哪些类型？
2. 会展企业组织结构设计应遵循哪些原则？
3. 影响会展企业组织结构设计的因素有哪些？
4. 常见的会展企业组织结构类型有哪些？
5. 会展企业内部一般设置哪些职能部门？

案例分析

组织结构调整

某会展企业集团是由一个仅几十名员工的小作坊式的广告公司发展起来的，目前已拥有3000多名员工，年营业额达2亿元，企业集团的业务已向多元化发展，但其组织机构仍属于比较典型的直线职能制形式。随着企业集团的不断发展和壮大，高层管理者日趋感到现行的组织结构存在不足：管理机构臃肿，人浮于事的现象比较严重；产品业务无法满足客户的需求，营业额出现了下滑趋势；各部门之间，尤其是策划部门和其他职能部门之间的冲突时有发生。在管理咨询专家的建议下，企业集团领导决定按照事业部制的方式对组织结构进行调整和变革，以达到提高管理效率，增强企业竞争力的目的。

然而，该企业集团在转型过程中的各种人力资源管理问题日益显现出来。除了需要进行组织结构的调整之外，还需要加强企业集团人力资源管理的基础工作，调整不合理的人员结构，裁减一批冗余的员工，从根本上改变企业集团人力资源管理落后的局面。

（资料来源：劳动和社会保障部教材办公室．国家职业资格考试辅导练习——企业人力资源管理人员（人力资源管理师）[M]．北京：中国劳动社会保障出版社，2005）

案例思考题：

1. 与该会展企业集团原来的直线职能制相比，新的事业部制的组织结构具有哪些优点和缺点？
2. 如果按照事业部制的方式对组织结构进行调整和变革，应从哪些方面入手？

第二部分

展览运营与管理篇

第四章

展览项目立项

本章提要

展览项目立项就是根据掌握的各种信息，对即将举办的展览活动有关事宜进行初步规划，设计出活动的基本框架，提出计划举办的活动的初步规划内容。这是展览项目运营与管理的重要指南。第一节阐述展览市场信息调查常用的方法以及设计展览市场调查方案的流程和方法；分析展览市场信息收集的内容。第二节分析展览主题的特点，介绍展览主题确定应关注的基本要素，分析展览主题确定常用的方法，阐述展览定位的步骤和方法。第三节分析展览项目立项的基本框架。第四节介绍展览项目利润预测分析的方法。

学习目标

1. 了解展览市场信息调查的常用方法。
2. 熟悉展览市场调查方案设计。
3. 掌握展览市场信息收集的内容。
4. 理解展览主题的特点。
5. 掌握展览主题确定应关注的基本要素。
6. 掌握展览主题确定常用的方法。
7. 掌握展览主题定位的步骤和方法。
8. 掌握展览项目立项的基本框架。
9. 弄清展览项目的利润预测方法。

第一节　展览市场信息调查与信息收集

一、展览市场信息调查

（一）展览市场信息调查的概念与意义

展览市场信息调查是指以科学的方法，有系统、有计划、有组织地收集、记录、整理、分析有关展览产品或服务及市场等信息，客观地测定及评价、发现各种事实，用以协助解决有关展览运营决策问题，并作为各项经营决策的依据。

在当今的展览市场竞争中，市场环境以越来越快的速度发生着变化。因此，对市场信息的需要也显得更加迫切。从价格竞争到非价格竞争，从满足购买者的需求到满足他们的愿望，从地方市场到国际市场等都离不开市场。

（二）展览市场信息调查的常用方法

展览市场信息调查的方法有很多，常用的方法有文献调查方法、问卷调查法、访谈调查法、观察法和实验法等。

（1）文献调查法。文献调查法也称历史文献法，就是收集各种文献资料、摘取有用信息、研究有关内容的方法。这里所说的文献资料按照文献编辑出版的形式可分为图书、期刊、报纸、科研报告、会议文件、学位论文、政府出版物、档案、统计资料、内部资料等。

（2）问卷调查法。问卷调查法也称问卷法，是调查者运用统一设计的问卷向被选取的调查对象了解情况或征询意见的调查方法。问卷一般由题目、卷首语（封面信）、指导语、问题与回答方式、结束语、编码和其他资料等几个部分组成。

（3）访谈调查法。访谈调查法又可称为访问调查法，是调查者有计划地通过与被调查者的直接交谈获取调查资料的调查方法。与日常生活中的闲谈不同，访谈调查需要有明确的目的和主题，有调查者主动的反省和反思以及对访谈过程的把握和控制，并且访谈调查是一个被调查者倾诉，调查者询问、倾听的过程。

（4）观察法。观察法是指调查者带有明确目的，有计划地运用自己的感觉器官或借助科学观察工具，直接从社会生活现场能动地了解处于自然状态下的社会现象并收集资料的调查方法。在运用观察法收集资料时要选好观察对象和环境，选准观察时间和场合，与被观察者建立良好的人际关系，把观察与思考、记录紧密地结合起来等。

（5）实验法。实验法是指设定特殊的实验场所、状况来进行调查的方法，其目的是查明原因和结果之间的关系。在判定展览品种、包装、外观设计、价格、广告、陈列方法等的改变是否影响销售时，都可采用实验法。

（三）展览市场调查方案设计

展览市场调查方案设计是实现调查目的、指导调查实施的详细蓝图。在进行调查方案设计时要综合考虑各种影响因素。设计展览市场调查方案的流程和方法主要有以下几个方面：

1. 确定调查目标

调查目标是展览市场调查所要达到的具体目的，主要明确进行此项调查的原因，通过调查要了解的问题、调查结果的具体用途以及调查结果的阅读对象。对于一时难以确定的目标，可以先进行一般性的初步调查。利用非正式的探测性调查，判断问题的症结所在。利用方案资料，即从杂志、报纸、文件、报告以及企业报表等各种资料中搜集有关展览市场的信息、竞争对手资料或展览市场环境资料，了解性质，确定调查目标，从而进一步研究调查应采用哪种方式、调查的具体内容及对象等，为后面的调查工作奠定基础。

2. 确定调查对象和调查单位

确定调查对象就是根据市场调查目的，确定调查对象应具备的条件和调查对象的数目，并选择符合条件的市场活动参与者。调查对象可以是个人、组织、部门、区域，也可以是各种社会事物或社会现象（如展览品牌等）；调查数量可以是个别的（如典型调查、个案调查），部分的（如抽样调查），也可以是全部（如普查）。在设计调查方案时，对调查的基本单位、数量及其选取方法，都应该根据需要和可能做出具体设计与安排。

确定调查单位是指展览市场调查是依靠外部的调查机构，还是由展览业自身独立完成，或是二者的组合。由于外部调查机构常具有特别的设备和调查能力，而展览业内部则有相应的企业内部信息，因此应根据掌握的具体信息和情况，结合调查的目的来确定调查单位。在明确了调查单位之后，还需要进一步组建调查队伍，它包括：如何选择调查人员，如何形成合理的组织结构，如何培训调查人员，提高调查人员素质，以及如何正确使用、有效督导调查人员等问题。

3. 明确调查内容和工具

设计调查内容是设计调查方案的关键。调查内容主要通过各种调查指标反映出来。因此，设计调查指标的过程就是设计调查内容的过程。调查工具是指调查指标的物质载体，如调查提纲、调查表格、调查问卷以及各种量表和卡片等。设计的调查内容——调查指标，最后都必须通过调查工具表现出来。因此，设计调查指标的过程实际上就是设计反映调查指标的调查大纲、表格、问卷以及各种图表和卡片的过程。此外，调查中使用的各种物质手段，如照相机、录音机、摄影机等，也应在调查前作好安排和准备。

4. 确定调查类型和调查方法

调查时是进行普查、抽样调查，还是典型调查、个案调查、重点调查，是区域性调查，还是全国性调查、国际性调查，是一次性调查、经常性调查，还是追踪性调查，是直接调查，还是间接调查等，都要事先确定下来，调查类型不同，调查方案的设计就大不相同。

调查方法包括搜集展览市场信息的方法和研究展览市场信息的方法。一般来说，调查方法的选择主要取决于调查内容的客观需要。但是，同一调查课题和调查内容往往可以采取不同的调查方法，同一调查方法也往往适用于不同的调查课题和调查内容。在这种情况下，究竟选择哪种调查方法，主要取决于调查主体的现实条件和主观选择。

5. 确定调查经费预算

调查经费是展览市场调查顺利开展的必要条件。如何筹集、管理和使用调查经费，怎样用最低的调查成本取得最好的调查成果，是设计调查方案时不可缺少的重要内容。在进行调查经费预算时，一般需要考虑下面几个方面：调查方案策划费和设计费；抽样设计费；问卷设计费；问卷印刷、装订费；调查实施费（包括初探调查费、培训费、交通费、调查员和督导员劳务费、礼品费和其他费用）；数据录入费、数据统计分析费；调查报告撰写费；资料费、复印费；管理费用、税金；其他费用。

6. 调查工作安排

调查工作安排主要是调查任务和调查时间的安排。调查任务的安排，要力求合理、平衡，符合调查人员的实际能力；调查时间的安排，既要有紧张的节奏和合理的交叉，又要留有余地，以应付可能发生的意外，确保调查工作在既定的时间内完成既定的调查项目。

二、展览市场信息收集的内容

1. 产业信息

产业发展状况和产业的性质是影响一个展览能否成功举办的重要因素，产业不同，举办展览的策略和办法也不同。收集产业信息的目的是为了从产业的角度分析其对举办展览可能产生的影响。一般需要收集的产业信息有：

（1）产业所处发展阶段。一个产业的发展往往经过投入（发展）期、成长期、成熟期和衰退期等4个阶段。在投入期，企业投入大，利润小，举办展览很难获利。在成长期，随着市场扩大，利润加大，企业较适合办展。在成熟期，市场饱和，竞争激烈，办展效果不如成长期。在衰退期，企业盈利性差，不适合办展。可见，产业所处发展阶段对展览的影响。

（2）产业规模。产业规模是指该产业的生产总值、销售总值、进出口总额和从业人员数量等，是策划展览时参考的重要数据。从从业人员数量可以预测到会的专业观众数量，从生产总值、销售总值、进出口总额等可以预测展览的规模，并且这些数据不仅要当前的，还要预测其未来变化趋势，以便为展览制定长期发展策略提供参考。

（3）产业分布状况。这与展览的招展和宣传推广策略的制定密切相关。主要了解该产业的产品主要在哪些地方生产，每个生产地在该产业的产品生产中占的比例是多少，在哪些地方销售，每个销售地在该产业的产品销售中占的比例是多少，产品类型和档次如何等。

（4）厂商数量。从理论上分析，一个产业拥有的厂商数量就是即将举办的展览的潜在参展商和专业观众的数量。如果产业拥有的厂商数量太少，则不适合举办展览，反之，则举办展览的成功可能性较大。

（5）产品销售方式。一般来说适合举办展览的产业都是那些以“看样成交”为主的行业，以及那些对产品的外观设计和款式比较看重的行业。但产品以说明或图样成交的行业，则办展空间小。另外，产品的销售渠道成熟，批发市场多，则办展也较困难。此外，产品的销售季节也应在旺季时办展。

（6）技术含量。技术含量是指该产业的产品以及生产设备所需的技术难易程度，以及设备的体积大小和重量等。这些对展览场地的选择有重要参考意义，如场地进出通道，现场演示场地大小，室内高度及场地承重能力等。

2. 市场信息

（1）市场规模。某一产业的市场规模的大小，对在该产业举办展览的规模产生直接的影响。如果市场规模过小，举办该产业题材的展览就会失去市场基础。此外，不仅要了解现在的市场规模，还要对其将来的发展趋势作预测，如果市场规模缩减过快，那么，展览规模也将在短期内很快缩小。

（2）市场竞争态势。市场竞争态势是指产业内部企业之间的竞争关系以及政府对该产业的控制力和影响力如何。不同的市场竞争态势对展览的影响是不同的。例如，市场垄断性较强的产业，企业参展积极性小；市场竞争较自由的产业，企业通过参加展览推销产品的积极性就大；市场集中度过大的产业，少数市场占有份额高的企业的参展就能吸引其他企业来参展；此外，还要分析市场的归属，即是买方市场还是卖方市场，前者更适合办展览。

（3）经销商数量和分布状况。除生产企业外，各种经销商也是展览重要的潜在客户。不仅要掌握批发商的数量，还要了解零售商的情况，以及他们在全国乃至各省市的具体分布状况，国际展还要了解世界范围的经销商情况。

（4）行业协会状况。产业内是否存在行业协会，行业协会在产业内的号召力如何，对展览的成功举办都有较为重要的影响。行业协会在该行业内制定统一的行业规范，对业内企业进行统一管理，其对某一展览的评价会对业内企业参展起较大的作用。可见，策划一个展览，预先取得行业协会的支持是多么重要，当然，基础是先了解有关行业协会的情况。

（5）市场发展趋势。这是直接影响展览未来发展前景的因素。其要求在了解该市场现状的基础上，对该产业市场的未来发展趋势作出科学的预测，以此了解在该产业举办展览的发展前景如何。需要了解的趋势包括市场容量的增减趋势、市场集中度的发展趋势、产业市场营销方式的变化趋势、市场竞争的发展趋势以及市场分布的变化趋势等。

（6）相关产业状况。相关产业状况是指与本产业有产品使用关系的有关部门产业的状况。所谓有产品使用关系，是指该产业是本产业产品的中间用户或最终用户，或者该产业是本产业生产设备和中间产品的提供者。例如，举办体育用品题材的展览，除了体育用品产业外，还要了解相关行业包括房地产、宾馆酒店及健身场所等，因为这些产业是体育用品产业产品的使用者。了解相关产业的状况是为了组织买家和观众作准备，所以必须了解它们的企业数量和分布状况，对本产业产品的需求状况及它们购买本产业产品的渠道和方式等。产业信息反映的产业状况是举办展览的决策基础，是对办展是否可能的判断；市场信息反映的市场状况是举办展览的决策依据，是对办展是否可行的判断。

3. 有关法律法规方面的信息

不管是产业还是市场都受国家法律法规的约束和影响。具体体现在3个方面：一是通过对国内外企业参展意愿和参展行为的影响来间接影响展览；二是通过对展览组织方式等的约束来直接影响展览；三是通过对展览举办单位的市场准入的限制来影响展览。需要了解的法律法规有：

（1）产业政策。产业政策是指政府对产业产品的销售、使用和生产等方面的规定。例如，国家对烟、酒专卖的规定和对药品生产和使用的规定等。这些规定对展览的举办、企业参展意愿和参展行为等都会产生直接或间接的影响。

（2）产业发展规划。产业发展规划是指国家和地方政府对某一产业的发展所做的长远和宏观规划，在某种程度上决定着该产业在今后较长时期的发展状况和趋势。其不仅在宏观上，而且在具体展览的操作方式上影响展览。一般来说，在新兴产业和政府规划重点产业内办展较好。

（3）海关有关规定。海关有关规定是指针对某一产业的货物进出口政策、货物报关规定和关税等。货物进出口政策直接影响海外企业参展意愿，如一国禁止或限制某类产品进口，则海外企业参展意愿低；货物报关规定的繁简对展览的具体操作起直接影响；较高的关税限制了海外企业参展。此外，海关针对参展商品的专门规定也是举办国际性展览必须要了解的内容。

（4）市场准入规定。市场准入规定包括两方面，一是对举办展览的企业或机构的资格审定；二是国家对外资进入该产业的政策规定。前者对企业能否办展产生直接影响；后者不仅影响海外企业参展意愿，同时也影响国内企业。

（5）知识产权保护。很多参展企业在展览前或展览会上发布新产品、新设计，不应在展览会上出现侵犯知识产权的产品，否则会引起参展企业间的纠纷，对展览的发展不利。

（6）其他规定。由于举办展览涉及多种行业，因此，政府对交通、消防、安全等其他行业的规定，也会对展览产生影响，要事先了解。

4. 相关展览的信息

在策划举办展览时，一定要对该行业的现有展览的情况有所了解。一方面，为是否在该行业举办展览提供决策依据；另一方面，一旦决定在该行业办展，为如何制定竞争策略提供参考。因此，要特别关注本地区同行业中是否有经营同类题材的展览项目。一般需要的信息有：

（1）同类展览的数量和分布情况。同类题材的展览越多，对在该行业办展越不利；同类题材的展览的分布离计划举办展览的地域越远，对办展越有利。

（2）同类展览之间的竞争态势。弄清同类展览之间的基本竞争关系，对是否立项或制定竞争策略意义重大。

（3）重点展览的基本情况。重点展览是指那些规模大、口碑好，或直接与计划举办的展览竞争的同类展览，要对其进行全面了解。

第二节　展览主题的确定

展览主题又称为主题立意，也就是此次展览的核心理念是什么，它是展览的灵魂，是具体解释展览目标的执行者。它既是某个展览明确和创造期望的工具，决定了展览的特点，同时也是保持展览魅力的源泉。展览的主题可以是一个或几个，但绝不能没有主题，也不能有太多的主题，太多的主题则意味着没有主题。

对主题的立意选择根据新开发展览会和已有展览会分别确定。对新开发的展览会，展览的主题就是如何确定展览会的名称，也就是说，根据市场的需求，组展方决定开发一个什么样的适合市场需要的新产品（展览项目），而对于一个已有展览会或举办多年的且有一定影响力的展览会来说，展览主题就是确定本届展览会或下届展览会的核心理念是什么。

一、展览主题的特点

1. 解释展览目标

展览主题是对展览目标的进一步阐述，也是展览目标的具体化。主题可以有一个或几个，但绝不能没有，也不能过多。如上海国际工业博览会的目标是：努力将信息化和工业化、国际化和工业化结合起来，其主题是“以信息化带动工业化”，并且分电子信息与网络展区、电气装备与工业自动化展区、新材料展区以及科技创新展区等9个展区，以8个部分的内容，对展览的主题作了具体说明，这就具体解释了原来设计的展览目标。

2. 展开展览情节

围绕展览主题展开展览情节是举办展览应遵循的原则，从这个意义上说，展览主题的确定是展览情节展开的最有利的主线。要开好一次会议，必须贯穿一个中心思想，围绕一项主要内容，紧扣主题，有条不紊。如“99财富论坛年会”的主题选择为“中国：未来五十年”。要办好一个展览，特别是专业性的展览，主题是关键，也是展览存在和创新发展的源泉。如“2004年中国国际啤酒、饮料制造技术及设备展览”将以“先进的设备、尖端的技术、新型的材料和现代的包装”为主题，向人们展示“专业性最强的亚洲贸易盛会”，同期还举办“国际啤酒、饮料制造技术高层论坛”以及“中国国际啤酒、饮料制造技术交流会”，探讨啤酒、饮料行业最新的技术发展趋势、有效的营销策略以及整体解决方案。这个主题的选择，有力地增强了展览对参展商和参观者的吸引力，为展览的顺利举办奠定了良好的基础。

3. 突出展览特色

展览的特色，一般都是通过展览的主题来表现的。如“99昆明世博会”就是围绕“人与自然——迈向21世纪”的主题，利用先进的科技手段、丰富的园区景观、上乘的精品，辅之以优质的服务，办出了时代特色、中国特色和云南特色，达到了国际同类世界博览会的一流水平。其中的人与自然馆，总建筑面积近5000m^2，展馆建设结合山形地貌，利用高差2.4m的两个地台和水面，充分表现了山、林、水、建筑融为一体的意境。展馆主入口处的集散休息广场上，大片草地缓缓伸向水面，前后水域之间以瀑布相连，给人以亲近自然的感受。通过以上设计，清晰地展示了昆明世博会的主题，更体现了其特色——园艺类的博览会。

二、展览主题确定应关注的基本要素

1. 掌握展览时间和空间的变化

根据形势的发展变化决定行动的最佳时机，对展览主题进行时间筹划。确定展览主题时要能够预先洞察到推行的时机。时间运筹有两种方法：一是尽量与其他展览在时间上错开，尤其是一些知名品牌的展览，要避其锋芒，避免在争夺参展商环节上的恶性竞争；二是所谓的“扎堆”效应，即对于当前比较热门的主题展览，借着消费者热情高涨的时机，举办相同题材展览，或是依托较成功品牌展览，在该展览举办前期举办与其产品相关的展览，也会收到意想不到的效果。在时间的运筹方面，展览组织机构必须避免在同一时间、同一城市举办相同主题展览的恶性竞争局面，重复办展、无序竞争、恶性竞争对我国展览业的健康发展是不利的。

2. 从展览市场环境变化中寻求差异化优势

展览主题确定时应该谋求一种有利的形势为导向，正确的差异化优势导向的展览主题应有利于整个展览项目的地位、规模、成效和知名度的提高，在不断变化的市场环境中寻求相对优势。具体表现为展览主题的时机寻求、地点寻求、内容筹划和表达筹划，决定展览举办的最佳行动机会和运筹效应。

3. 注重产业特色和文化内涵的结合

展览主题的确立关系到展览举办地的选择。展览的主题应依托展览举办地的产业优势、产业结构、经济结构、地理位置、交通状况和展览设施等条件。展览主题一旦确立，就要使举办地的选择与之吻合。另一方面，展览主题需有一定文化特色，提炼展览主题是一个文化表达的过程，失去了文化内质的展览主题策划或策略难以提升展览主题乃至整个展览的品位和意义。

4. 展览主题确定应以资源整合为基础

展览主题确定是在充分利用、挖掘其资源优势的基础上，推动展览资源和流程部分的优化组合，使展览主题与展览的整体安排、项目执行与管理以及品牌培养等要素达成协同效应，提高办展水平，扩大市场号召力和社会影响力。

5. 突出展览地举办城市的特色

展览要突出展览举办城市的特色，这些特色一般包括：①文化特色。努力挖掘展览所在城市的文化底蕴，提炼展览主题，策划具有当地民族特色、反映当地风土人情的展览。②产业优势。在考虑产业方面，要优先考虑本区域的优势产业和主导产业，优先考虑国家或本地区重点发展的产业，优先考虑政府扶持的产业。

6. 把握消费者的需求

根据消费者的衣食住行、工作、学习需要，就某一方面的产品和环节确定展览主题。随着科技的发展，人们的生活方式、生活需求不断改变，把握生活时尚的脉搏，就能不断推出新颖独特的展览主题。

三、展览主题确定常用的方法

一般来说，确定展览主题有4种常用方法，即全新主题、分离主题、拓展主题、合并主题。

1. 全新主题

所谓全新主题，就是展览主办单位通过收集、整理和分析各种市场信息，选定一个从来没有涉足的题材（甚至产业）作为举办新展览的主题。对于办展机构而言，选定一个全新的主题或进入一个新产业来举办展览具有很大的挑战性，但如果选择得当，这不仅有利于展览公司开发新的产品、拓展新的市场，还能够有效避开激烈的市场竞争。展览公司采用全新主题的方法选择展览的主题时，必须深入分析市场环境和自身的优、劣势，然后慎重作出决策。概括而言，应重点把握以下3个问题：

（1）全新主题的来源渠道。和一般意义上的新产品开发一样，新的展览主题就是一种构思和创意。一般来说，办展机构需要在一个或几个产业内开展深入的市场调查，以便确定一个或几个可以办展的新主题。这是新的展览主题的首要来源渠道。另外，办展机构也可以从国内外已经举办的各种展览中初选若干个新主题，然后根据自身的实际情况确定一个或几个。在不少产业里，国内还没有某一领域的展览，而国外却已经形成了相对成熟的品牌展，此时，如果将该主题引入国内并进行本土化改造，往往能获得成功。

（2）新项目的可行性分析。在尽可能地掌握了各种市场信息后，办展机构需要对新项目进行可行性分析，以期为最后是否举办该主题的展览提供科学的依据。概括而言，开展新展览项目的可行性分析，可以从市场环境、项目生命力、执行方案、财务预算和风险预测等主要方面入手。如果某个主题的展览项目具有良好的市场前景、在经济上可行、经营风险不大且有一定的社会效益，就可以付诸实施了。

（3）新项目的可能风险。开发一个全新主题的展览必定会存在风险：首先，办展机构对某一主题甚至对其所在的行业不了解，这样就不利于进行准确的市场定位，同时也很难把握该行业的发展重点和热点问题，从而使得展览的号召力不强；其次，由于不熟悉新进入的行业，因而对该行业的行业协会、生产厂家和买家等的数量和分布都缺乏深入的了解，这势必会影响展览的筹备工作。

2. 分离主题

所谓分离主题，是指展览主办机构将已有展览的主题做进一步的细分，从原有的大题材中分离出更为专业的小题材，并将其举办成独立的展览的一种主题选择方法。合理地分离主题不仅能为原有展览的其他题材让出更大的发展空间，而且可以使依据细分题材创办的新展览从一开始就具有更强的专业性，并不断独立发展壮大。但需要特别指出的是，采取分离主题的方法来选择新展览的主题时必须认真分析，谨慎行事。细分题材的展览是否拥有良好的市场前景？什么时候分离能够取得最佳效果？分离主题是否会对原有展览产生巨大冲击？主办单位是否具备足够的实力尤其是专业知识？这些问题需要展览主办机构进行全面的调研和分析。

一般而言，当原有展览主办机构具备以下几个条件时，策划人员才可以采用分离主题的方法来选择新展览的主题：①原有展览已经发展到了一定规模，而且某一细分题材在原有展览中占有较大的比重，并呈现出迅速发展之势；②由于场地面积限制、展览定位等原因，某细分题材在原有展览中的面积很难再进一步扩大，如果将其分离出来单独办展，将有更大的发展空间；③某一细分题材分离出来后，原有展览不会因此受到大的影响，甚至能获得更好的发展；④某一细分题材适合单独举办展览，换句话说，该细分题材与原有展览其他题材之间有相对独立性，并且拥有足够的市场潜力；⑤展览主办机构具备足够的资金、人才和技术实力来培育细分题材的新展览。

3. 拓展主题

所谓拓展主题，是指主办机构将现有展览中尚未包含但又与现有主题密切相关的题材列入展览中，从而使现有展览的内容更加丰富和完善的活动。一般而言，通过适当地拓展主题，办展机构不仅能有效扩大招展范围（展品范围），在短期内增加参展商和专业观众的数量，而且可以使得展览主题更完整，因而是扩大现有展览规模和增强展览专业性的常用办法。

然而，如果对新题材理解错误或处理不当，可能会使得现有展览变成大杂烩而降低其专业性，更为严重的是可能会带来参展商和专业观众的不满意，为展览的后续发展埋下隐患。通过拓展主题来实现原有展览的创新或开发新展览，至少应满足以下 3 个条件：①新引入的题材与现有展览的主题之间应具有明显的关联性，否则拓展主题就失去了意义；②现有展览的专业性不会因新题材的引入而受到影响；③从办展机构的人员知识结构到场馆面积，现有展览都能容纳新题材的引入。

4. 合并主题

所谓合并主题，是指将两个或多个主题相同或有一定联系的展览合并为一个更大的展览，或者将两个或多个展览中彼此相同或有一定联系的主题提炼出来，放到另一个展览里集中展出。合并主题具有明显的优点，如有利于展览公司集中优势资源打造品牌展、扩大展览规模和提高展览的档次等。但同时也存在一定的风险，因为将多个相关联的、不同规模的展览联合成为一个大展来举办，在发挥规模效应和协同效应等优势的同时，势必也会带来操作的难度和更大的风险。

在实际工作中，展览的主题合并问题是十分复杂的。为有效降低合并主题可能带来的经营风险，在合并展览主题时一般要遵循以下原则：①合并的主题之间必须相同、相似，或具有较强的关联性；②如果是由几家办展单位合并主题，则必须在联合办展之前商定彼此之间的权责和利益分配方案；③应科学预测合并主题可能给原有各展览带来的影响，并提前制定相应的对策，努力将不利影响降至最小；④应选择好合并的时机，让合并展览主题的举动为业内企业充分知晓和接受。

四、展览的定位

（一）展览定位的含义

“定位”一词，最初是由美国人文·莱斯和杰克·特劳在 1972 年提出并加以推广和应用的。在他们合著的一本关于定位的书——《心战》中，特劳和莱斯提出：定位是针对现有的产品的创造性的思维活动，它不是对产品采取什么行动，而是主要针对潜在顾客的心理采取行动，是要将产品定位在顾客的心中。通俗地说，定位就是要将自己的意向清晰地递给他人的一种印象化过程。所谓展览定位，是指展览主办机构根据市场竞争状况和自身的资源条件，通过建立、传达和发展差异化优势，使自身举办的展览在参展商和观众心目中形成一个独特鲜明的印象的过程。其实质是将某一特定题材的展览市场加以细分，从而找到适合自身优势的细分市场，然后集中力量在这一细分市场内发展。展览定位不仅要明确展览“是什么”，更要使参展商和专业观众对展览的特色有清晰的认知。如果我们将一个展览视为展览公司开发经营的一个产品，那么我们就不难理解展览准确定位的意义所在了。作为产品，展览的竞争优势往往并不取决于功能上的大而全，而在于其目标市场定位的准确合理，以及为此而构建的定位上的特殊性和专业性。

（二）展览定位的步骤

给展览定位的关键是要找到最适合某展览发展的细分市场，并赋予该展览以区别于同主题展览的差异化特征。概括而言，给展览定位可大致遵循以下4个步骤：

（1）执行展览品牌识别策略。这里的品牌识别策略主要包括3层含义：首先，通过对展览市场的细分，明确本展览要向参展商和专业观众提供哪些富有个性的价值；其次，界定本展览与其他同主题展览的不同之处；最后，表明本展览将通过怎样的方式向参展商和观众提供这些与众不同的价值。

（2）选定目标参展商和观众。即通过对具体的产业市场进行细分，选定适合本展览的潜在参展商和观众的范围。在选择目标参展商和专业观众时，展览主办机构仍旧可以依照传统市场营销理论中的STP策略，即市场细分（Market Segmentation）、目标市场选择（Market Targeting）和产品定位（Product Positioning）。

（3）创造差异化优势。即通过上述办法，将本展览与众不同的价值传递给目标参展商和专业观众（也包括媒体等公众），并得到他们的认同，在其心目中形成独一无二、具有某种专门功能的展览形象。由于特色鲜明，本展览与同主题的其他展览相比竞争优势凸现，从而在众多的展览中脱颖而出，取得成功。

（4）传达展览品牌形象。展览定位确定后，应通过各种手段将本展览的特色传达给潜在的参展商和观众，让他们对本展览的定位有进一步的认知。传达展览品牌形象的方式有很多，常见的有广告宣传、召开新闻发布会、举办公共关系活动等，但更重要的还是展览的实际效果以及办展期间主办机构所推出的服务项目。

（三）展览定位的方法

展览定位最基本的要求就是定位要能明确地显示出展览的竞争优势。显示竞争优势的方式可以有很多种，因此，展览定位的方法也有很多种。常用的定位方法有以下6种：

（1）特色定位。根据展览所具有的某一项或几项鲜明的特色来定位。用来定位的展览特色应是参展商和观众所重视的，并且是他们能感觉得到的和能给他们带来某些利益的。

（2）利益定位。直接将展览能带给参展商和观众的主要利益作为展览定位的主要内容。

和特色定位一样，用以定位的“利益”可以是一项或多项。

（3）功能定位。根据展览的主要功能来定位。例如，从微观的角度看，展览具有成交、信息、发布和展示4大功能，如果本展览在这4大功能中的一项或几项特别突出，又符合展览题材所在产业的需要，就可以用它们来定位。

（4）竞争定位。参考本题材展览中某一个与本展览具有竞争关系的展览的定位来给本展览进行定位。这里，“与本展览具有竞争关系的展览”常常是指那些在该行业内处于领先地位的展览。

（5）品质价格定位。很多时候，价格是品质好坏的反映，我们可以根据展览的性价比来定位。例如，将展览品牌形象定位为“高品质高价格”，或者定位“高品质普通价格”等。

（6）类别定位。将本展览与某类特定类别的展览联系起来，可以将展览市场细分成若干细分市场，如出口型展览、国内成交型展览、地区型展览等，然后将本展览归入其中的某一类。

第三节　展览项目立项的基本框架

一、展览项目立项的基本要素

展览项目立项的基本要素包括：展览项目的名称、举办地点、举办时间、举办机构、展品范围、规模、办展频率、参加展览活动价格、举办展览活动的财务预算、人力资源的分配、招展招商和宣传推广计划、展览项目进度计划、现场管理计划和相关活动计划等。

（一）展览项目的名称

展览项目名称对展览项目的成功立项具有十分重要的意义，因为它确定了展览项目的基本内容和基本的价值取向。展览项目的名称通常由3部分组成，即基本部分、限定部分和附属部分。

（1）基本部分。基本部分是指用于说明展览项目的性质与特征的元素，如博览会、论坛、交易会、洽谈会、展销会、节和周等。

（2）限定部分。限定部分是指用于说明展览项目举办时间、地点、规模以及内容的元素，它包括举办的届次或时间、地域名称或范围，大小规模和主要活动内容等。

（3）附属部分。它是限定部分的补充，用于具体说明展览的时间、地点等细节。它可以是具体举办日期、地点、组织单位的名称或会展的缩写等。

如第136届中国农产品博览会。它的基本部分是“博览会”，限定部分是“中国”和“136届”，而“农产品”则是行业标志。

（二）展览项目举办地点的选择

展览项目在哪个国家或地区的哪个展馆举办，是在不同地方轮办还是在一个地方举办等问题，需要在展览项目立项期间由粗到细逐步确定。首先，选址要符合展览项目性质、定位、所涉及的产业和行业以及地方政府的态度、政策等；其次，选址要考虑与展览项目相关的地理环境，如作为贸易性的展会活动，宜选择在对外开放程度比较高的沿海城市，而作为奖励旅游性质的展会活动，宜选择在以风景秀丽著称或名胜古迹较多的城市；最后，选择还要考虑展览项目定位以及展览项目的成本预算等因素。

（三）展览项目的时间安排

举办展览项目的时间涉及4个方面的含义，即展览的具体开展日期、展览的筹展日期、展览对观众开放的日期和展览撤展的日期。

一般情况下，展览项目的日程安排具有不可变更的特性，因此，在展览项目立项阶段筹划时间安排时，要慎重考虑。严格按日程、时间安排进行展览项目安排，是一个展览项目举办成功的前提条件之一。因此，在设计每项工作时要明确每项工作的工作期限，并且还要安排好总协调人及具体办事人或联系人，同时，还要有充分的准备，并定期对照检查，以便及时调整。

（四）展览项目的举办机构

展览项目的举办机构是指负责展览项目组织、策划、招展和招商等相关事宜的有关单位。展览项目的举办机构一般包括主办单位、承办单位、协办单位和支持单位或赞助单位等类型。

1. 展览主办单位

展览主办单位是指具有国家主管部门批准的、有报批展览项目资质的单位，并在法律上对展览具有所有权，对展览承担主要法律责任的办展单位。在实际操作中，主办单位有3种形式，即全部责任主办单位；部分责任主办单位；名义主办单位。

2. 展览的承办单位

展览的承办单位是指不一定要具有报批展览项目资质，但与主办单位一样具有招商、招展能力和举办展览的民事责任承担能力，并设有专门从事办理展览的部门与相应的专业工作人员，以及具有完善的办理展览规章制度的单位。承办单位对举办展览的各个方面都会产生重大影响，是举办机构中较为核心的单位。

3. 展览的协办单位

展览的协办单位是指协助主办或承办单位负责展览的部分策划和组织工作的单位。其主要任务一般集中于部分的招展、招商和宣传推广工作。协办单位对展览活动一般不承担财务责任，只是对主办或承办单位的工作起协助作用。在实际操作中，协办单位承担的工作最为常见的是承担部分招展、招商和宣传推广工作。

4. 展览的支持单位

展览的支持单位是指对展览项目起直接或间接支持作用的单位。如新闻媒体主要承担一些招商、招展等宣传工作，而交警部门则主要承担展览活动期间的道路畅通，以及人身、财产的安全保卫工作等。

（五）展览项目的举办频率

展览项目的举办频率是指展览一年举办几次还是几年举办一次，或者是不定期举办。举办频率受制于展览题材所在领域的特征。如产品展销会或博览会，就受到产品生命周期的影响。相同或不同领域的行业，都有各自的发展规律与特征，产品也一样，因此，对展览项目进行立项时，要考虑展览主题所在领域的特征。

（六）展览项目的规模

展览项目的规模是指所举办的展览在形式上的大小程度。它一般涉及以下几个因素：①展览面积是多少；②参展单位的数量是多少；③参观展览的观众有多少。因为涉及招商、招展计划的宣传推广，在进行展览项目立项时，对上述内容进行预测和规划是十分必要的。

（七）展览价格和初步预算

这里的展览价格，主要是指展览展位的价格，它包括室内展场和室外展场的价格，室内展场的价格又分为空地价格和标准展位价格。在制定展览展位价格时，一般遵循“优地优价”的原则，即那些便于展示和观众流量最大的展位的价格往往要高一些。在策划举办展会时，要根据市场情况给展会确定一个合适的价格，这样对吸引目标参展商参加展览十分重要。展览初步预算是指针对会展项目所需要的投入、支出与收益的预测。它包括展览项目资金的拨款数额、赞助数额、展览展位收入、各种展览活动支出费用等。

（八）人员分工、招展、招商和宣传推广计划

人员分工计划、招展计划、招商计划和宣传推广计划是展览项目的具体实施计划。人员分工计划是对展览工作人员的工作进行统筹安排；招展计划主要是为了招揽企业参展而制定的各种策略、措施和办法；招商计划主要是指为展览会邀请观众而制定的具体执行方案；宣传推广计划则是为建立展览品牌和树立会展形象，并同时为展览的招展和招商服务。这 4 个计划在具体实施时会相互影响、相互制约，因此，在进行立项策划时，应充分考虑这 4 个计划的关联性。

（九）展览进度计划、现场管理计划、服务供应商安排计划和相关活动计划

展览进度计划是指在时间上对展览的招展招商、宣传推广和展位划分等工作进行统筹安排。它明确在展览的筹办过程中，到什么阶段就应该完成哪些工作，直到展览成功举办。展览进度计划安排得好，展览筹备的各项准备工作就能有条不紊地进行；否则，将会增加展览活动的成本，或为展览举办单位带来巨大的经济损失与信用损失。

现场管理计划是指展览开幕后对展览现场进行有效管理的各种计划安排，它一般包括展览开幕计划、展览展场管理计划、观众登记计划和撤展计划等。现场管理计划安排得好，展览现场将井然有序，展览秩序良好。

服务供应商安排计划是指为使展览在筹展、开展和撤展期间各项工作顺利实施，展览组织机构需要提前做好相关配套服务供应商的选择、推荐、使用、控制等工作安排计划。展览活动的成功运营离不开这些向展览提供各种服务的供应商，如展位搭建商、运输代理商、住宿、餐饮、旅游、证件制作、文艺演出、商务礼仪等供应商。在选择服务供应商时，既要考虑服务供应商的声誉，还要考虑其价格、服务质量、品牌等，以便为展览提供质优价廉的服务。

展览相关活动计划是指对准备在展览期间同期举办的各种相关活动作出的计划安排。与

展览同期举办的相关活动最常见的有技术交流会、研讨会和各种表演等，它们是展览的有益补充。

二、展览项目利润预测分析

（一）展览项目利润指标体系

展览项目利润的多少，关键是解决成本和销售量之间的数量关系，是各种有关因素变动影响的结果，正确利用相关公式具体测算各种有关因素变动对最终利润的影响，对于正确进行管理具有重要作用。利润反映企业一定时期的经营成果，包括利润总额、营业利润、净利润。

利润总额 = 营业利润 + 投资收益 + 补贴收入 + 营业外收入 − 营业外支出

营业利润 = 主营业务利润 + 其他业务利润 − 销售费用 − 管理费用 − 财务费用

净利润 = 利润总额 − 所得税

（二）展览项目的利润预测方法

展览企业依据展览项目在筹划运营中有关因素的变化情况，运用科学的方法进行研究和分析，对未来一定时期内的利润数额进行预计和测算，并寻求实现预计利润的各种措施方案。利润预测是确定目标利润、编制利润计划的基本依据。销售利润在利润总额中所占比重最大，销售利润的预测是利润预测的重点。

1. 量本利分析预测法

量本利分析法是基于项目的盈亏主要取决于产品的销售收入和成本费用的方法。销售收入大于总的成本费用时，项目就盈利，否则就亏损。当销售收入等于总的成本费用，即利润为零时的产销量即为盈亏平衡点，也称保本点。

项目利润 = 销售收入 − 总成本费用

= 销售单价 × 产销量 −（固定成本 + 单位变动成本 × 产销量）

=（销售单价 − 单位变动成本）× 产销量 − 固定成本

展览企业根据展览项目标准展位的销售数量、成本和利润之间的依存关系来预测展览项目销售利润。可用下列公式测算其利润数额。

利润数额 = 销售单价 × 标准展位销售量 − 单位变动成本 × 标准展位销售量 − 固定成本

=（销售单价 − 单位变动成本）× 标准展位销售量 − 固定成本

其中，展览项目的固定成本是指在展览项目的既定规模内，不随参展商和观众人数的变化而变化的那部分成本费用支出，如项目小组成员的工资、宣传广告费、场地租金、设备租赁费、保险费和通信费等。展览项目的变动成本是指在展览项目的既定规模内，随参展商和观众人数的变化成正比例变化的那些成本费用支出，如注册工本费、资料费、招待费、礼品费、交流研讨会费用和营业税金等。

在弄清上述关系的基础上，可预测盈亏平衡点。盈亏平衡点是区别盈利和亏损的分界点，是衡量展览项目盈亏的标准，在这一点上销售利润为零，即销售收入总额与成本总额相等，不亏不盈。假设展览项目以展位收入为主要销售收入来源，其计算公式为

$$盈亏平衡点标准展位销售量 = \frac{固定成本总额}{销售单价 - 单位变动成本}$$

在上述分析基础上，还可预测销售利润。预测销售利润可以采用边际贡献法。边际贡献是指销售收入减去变动成本后的余额。

如果是一种产品，则

$$边际贡献率 = \frac{单位边际贡献}{单价} \times 100\%$$

如果是多种产品，则

边际贡献率 = $\sum$（每种产品的边际贡献率 × 该产品销售收入占全部销售收入的比重）

单位边际贡献 = 销售单价 − 单位变动成本

边际贡献总额 = 标准展位销售总额 − 变动成本总额

$$边际贡献率 = \frac{单位边际贡献}{销售单价}$$

$$盈亏平衡点标准展位销售数量 = \frac{固定成本总额}{单位边际贡献}$$

$$盈亏平衡点标准展位销售收入 = \frac{固定成本总额}{边际贡献率}$$

【例 4-1】某展览企业举办一个综合性展览项目，项目主要由文艺汇演、展览和专题论坛 3 项活动内容组成。其中文艺汇演单位变动成本为 50 元/人，门票定价为 100 元/人，占项目收入总额的 10%；展览单位变动成本每个标准展位为 1500 元，租金为每个标准展位为 2500 元，占项目收入总额的 60%；专题论坛单位变动成本为 30 元/人，入场费为 100 元/人，占项目收入总额的 30%。假定除门票费、展位租金和入场费外，项目无其他收入来源，项目的固定成本总额为 200000 元。

请问：（1）盈亏临界点时的收入总额和每项活动应达到的运营规模。

（2）目标利润为 25000 元时的收入总额和各项活动应达到的运营规模。

解：各项活动的成本情况如表 4-1 所示。

表 4-1　各项活动的成本情况

项　目	文艺汇演	展　览	专题论坛
单价/元	100	2500	100
单位变动成本/元	50	1500	30
单位边际贡献/元	50	1000	70
边际贡献率（%）	50	40	70
收入额组合（%）	10	60	30
固定成本/元		200000	

项目的加权平均边际贡献率 = 50% ×10% +40% ×60% +70% ×30% =50%

（1）盈亏临界点的收入总额 = 200000 元 ÷50% =400000 元

文艺汇演的参加人数 = 400000 元 ×10% ÷100 元/人 = 400 人

展览的标准展位数 = 400000 元 ×60% ÷2500 元/个 = 96 个

专题论证的参加人数 = 400000 元 ×30% ÷100 元/人 = 1200 人

（2）目标利润下应达到的收入总额 = （200000 元 + 25000 元）÷50% = 450000 元

文艺汇演的参加人数 = 450000 元 ×10% ÷100 元/人 = 450 人

展览的标准展位数 = 450000 元 ×60% ÷2500 元/个 = 108 个

专题论证的参加人数 = 450000 元 ×30% ÷100 元/人 = 1350 人

2. 目标利润预测法

目标利润是指在销售收入一定的情况下，根据目标成本、销售费用和既定的税率来确定目标利润的方法。其计算公式如下：

目标利润 = 预计销售收入 - 目标成本 - 目标期间费用

一般来说，从量本利关系分析增加利润的途径有：增加标准展位销售数量，提高售价，降低单位变动成本，降低固定成本。

【例 4-2】 某公司 2007 年举办的某展览实现利润 100000 元，参会门票每张为 100 元，单位变动成本为 50 元，固定成本总额为 40000 元，2008 年目标利润为 2007 年的 1.2 倍。

问题：试分析公司实现目标利润的途径（假如其他条件不变），分别通过增加参展人数；降低单位变动成本；降低固定成本；提高售价来实现目标利润。

解：（1）如果其他条件不变，该公司可以通过增加参展人数实现目标利润。

2007 年的人数 = （40000 元 + 100000 元）÷（100 元/人 - 50 元/人） = 2800 人

2008 年的目标利润 = 100000 元 ×1.2 = 120000 元

2008 年需要达到的参会人数 = （40000 元 + 120000 元）÷（100 元/人 - 50 元/人）= 3200 人

2008 年该展会项目需要增加人数 = 3200 人 - 2800 人 = 400 人

即 2008 年该展会项目需要增加 400 人参会才能达到目标利润。

（2）如果其他条件不变，该公司可以通过降低单位变动成本来实现目标利润。设单位变动成本为 V，则

2800 人 = （40000 元 + 120000 元）÷（100 元/人 - V）

V = 42.86 元/人

单位变动成本下降额 = 50 元 - 42.86 元 = 7.14 元

即当单位变动成本下降 7.14 元时，可以实现目标利润。

（3）如果其他条件不变，该公司可以通过降低固定成本的方式来实现目标利润。设固定成本为 F，则

2800 人 = （F + 120000 元）÷（100 元/人 - 50 元/人）

F = 20000 元

固定成本下降额 = 40000 元 - 20000 元 = 20000 元

即当固定成本下降 20000 元时，可以实现目标利润。

（4）如果其他条件不变，在提高服务质量的前提下，该公司可以通过提高参会门票（单价）的方式来实现目标利润。设参会门票（单位）为 P，则

2800 人 = （40000 元 + 120000 元）÷（P - 50 元/人）

P = 107.14 元/人

参会门票（单价）提高额 = 107.14 元/人 - 100 元/人 = 7.14 元/人

即当参会门票（单价）提高 7.14 元时，可以实现目标利润。

以上均为项目组织采取单项措施实现目标利润的例子，在实际工作中，单独采取某一方面的措施可能无法实现目标利润，这时应综合运用多种措施来实现目标利润。

3. 比例测算法

比例测算法是指根据利润与有关财务指标的比率关系来测算未来一定时期目标利润数额的方法。比例测算法分为销售利润率法和资金成本率法。

销售利润率法计算公式为

目标利润 = 预计销售收入 × 计划期销售利润率

资金成本率法计算公式为

目标利润 = 预计资产平均占用额 × 计划期资金利润率

◆［拓展阅读 4-1］

关于举办 2013 中国旅游产业博览会总体方案

天津市旅游局

为贯彻落实《国务院关于加快发展旅游业的意见》（国发［2009］41 号）精神，进一步促进旅游产业发展，国家旅游局和天津市人民政府定于 2013 年 9 月 5 ~ 8 日在天津举办 2013 中国旅游产业博览会（以下简称博览会）。为加强组织领导，确保博览会的顺利举办，现制定如下总体方案：

一、宗旨目标

以科学发展观为指导，以“旅游产业的盛会，合作共赢的舞台”为主题，围绕旅游装备制造业创新和发展，大力推动旅游与相关产业的融合，提高旅游装备、旅游设施、旅游用品科技含量，为环保生态、节能低碳旅游提供智力支撑与技术装备，大力培育具有自主知识产权的旅游产品，有效促进旅游产业区域联合及国际合作，提升旅游产业和天津市的知名度和美誉度，促进天津市商贸旅游业繁荣发展，推动实现建设旅游强市，打造国际旅游目的地、游客集散地和旅游装备产业基地的目标。

二、举办时间、地点

时间：2013 年 9 月 5 ~ 8 日。

地点：天津梅江会展中心。

三、举办单位

（一）主办单位：国家旅游局、天津市人民政府。

（二）支持单位：联合国世界旅游组织。

（三）承办单位：中国旅游协会、天津市旅游局、天津市经济和信息化委、天津市商务委、今晚传媒集团。

四、展览布局

以旅游装备制造业为核心，展示房车、游艇、通用航空产品等旅游装备和旅游景区设施设备、旅游酒店用品、旅游纪念品，以及智慧旅游、旅游形象、旅游线路和产品、邮轮线路等。博览会展览面积5万m^2，设标准展位3000个，按照展示内容分为5个展区：

（1）N1馆为房车及旅游户外装备和通用航空产品展区。设550个标准展位，展示房车及露营设施、移动别墅、环保木屋、旅游户外配套用品、旅游车辆、景区环保节能设备、通用航空产品及相关旅游项目等。

（2）N2馆为邮轮、游艇、水上设施展区。设550个标准展位，展示水上设施、游艇、救生艇、橡皮艇、帆船、漂流设备、邮轮线路及邮轮集中采购物资等。

（3）N3馆为智慧旅游展区。设300个标准展位，推行智慧旅游城市理念，展示旅游电子信息设备、智慧旅游城市设施、智慧旅游示范城市成果展示及模拟场景体验等。

（4）N5馆为酒店用品及旅游时尚精品展区。设550个标准展位，展示酒店设备用品、名特优旅游商品、纪念品、旅游时尚用品和旅游酒店、旅游项目等。

（5）N4、N6、N7馆为国家、地区及省市旅游展区。设1050个标准展位，展示有关国家和地区旅游形象、新业态、旅游招商项目、特色旅游商品、旅游线路、地方旅游特色表演等。

五、重点活动安排

（1）天津市领导会见国内外贵宾。9月4日晚，天津市领导在天津迎宾馆会见国家旅游局领导、联合国世界旅游组织官员等国内外贵宾。

（2）博览会开幕式。9月5日上午，在天津梅江会展中心登录大厅举行博览会开幕式。

（3）国际旅游装备产业发展高峰论坛。9月5日下午，在天津梅江会展中心举行国际旅游装备产业发展高峰论坛，将就游艇高端产业、融资租赁与旅游产业发展、国际旅游新业态发展趋势、产业营销环节热点问题进行深入研讨。

（4）智慧旅游高峰论坛。9月5日下午，在天津梅江会展中心举行智慧旅游高峰论坛，将就智慧旅游发展新趋势和利用信息产业发展新成果引导旅游消费、提升产业素质、加强行业管理等问题进行研讨。

(5) 低空旅游发展研讨会。9月7日上午，在天津梅江会展中心举行低空旅游发展研讨会，将就充分开发利用低空空域资源，促进通用航空事业、航空制造业和综合交通运输体系建设、发展低空旅游休闲产业进行深入研讨，总结改革试点地区经验，探索低空空域管理改革经验做法。

(6) 旅游纪念品大赛颁奖仪式暨作品展示。9月6日上午，在天津梅江会展中心举行旅游纪念品大赛颁奖仪式，展示优秀作品。

(7) 博览会专项活动。博览会期间将举办旅游装备设施设备签约仪式、房车巡游活动、旅游装备产品说明会、旅游新产品推介会、采购洽谈会、旅游线路和目的地推介会、国际邮轮线路及物资采购洽谈会、旅游酒店用品洽谈会等专项活动。

(8) 参观考察。9月4~8日，组织来宾游览海河，进行市内观光，游览滨海新区、武清区、东丽区相关景点。

(9) 地方特色节目展演。9月5~8日，在天津梅江会展中心登录大厅举办旅游特色节目的展演活动。

(10) 旅游活动嘉年华。在博览会期间，各区县、有关企业将组织系列旅游娱乐嘉年华活动。

六、组织机构

成立2013中国旅游产业博览会组委会（以下简称组委会）。组委会主任由天津市市长黄兴国和国家旅游局局长邵琪伟担任，副主任由天津市副市长任学锋和国家旅游局副局长王志发担任，秘书长由天津市副市长、市人民政府秘书长孙文魁和国家旅游局党组成员、国家旅游局规划财务司司长吴文学担任，副秘书长由天津市人民政府副秘书长庞金华、天津市旅游局局长佘清文、中国旅游协会秘书长刘士军、国家旅游局规划财务司副司长胡书仁担任。

成员单位：国家旅游局规划财务司、中国旅游协会、市委宣传部（外宣办）、市旅游局、市发展改革委、市经济和信息化委、市商务委、市科委、市公安局、市财政局、市建设交通委、市市容园林委、市文化广播影视局、市卫生局、市外办、市机关事务管理局、市交通港口局、市口岸办、市安全监管局、市市政公路局、市气象局、市贸促会、滨海新区人民政府、河西区人民政府、西青区人民政府、保税区管委会、滨海高新区管委会、滨海旅游区管委会、中新天津生态城管委会、东疆保税港区管委会、今晚传媒集团、天津港集团、广电集团、天津泰达投资控股有限公司、城投集团、市旅游集团、天津市交通（集团）有限公司、市电力公司、天津泰达建设集团有限公司、天津滨腾会展管理有限公司。

组委会下设办公室、活动部、展会部、接待部、宣传部、安全保障部，负责博览会的各项具体组织工作。

（资料来源：http：//www. ctif. travel/News/201308/2013080916531118. htm）

◆［拓展阅读4-2］

2009中国（杭州）国际文化创意产业博览会立项方案

第一部分　前　　言

凭借悠久的历史文化积淀和优美的自然环境及政府的大力支持，自2002年以来杭州文化创意产业得到了较好的发展。目前，已经成为国内为数不多的文化创意产业先发地区。

2008年以来，随着市委、市政府的高度重视，八大产业门类的划分为杭州文化创意产业的发展奠定了坚实的产业基础，在各级政府部门的大力扶持下，城市文化创意氛围日渐浓郁，各种活动层出不穷。另外，两届中国（杭州）国际文化创意产业博览会（简称创博会）的成功举办积累了丰富的经验和资源。这一切，为2009创博会的成功举办打下了良好的基础，创造了有利的条件。

举办模式：

2009创博会的举办模式，即“一展一会为主导，成熟项目做整合”，力争将现有的政府资源、产业资源、行业资源进行有效的组合利用，将2009创博会与“2009杭州国际友好城市市长峰会”（以下简称市长峰会）结合，形成一展一会并列共举的全新格局。

如果说，2009创博会着重解决的是文化创意的产业实践问题，那么，“市长峰会”则从理论的高度对城市的创意化进程进行探讨。我们既可以将“市长峰会”视为2009创博会的高规格主体论坛项目，又可以将2009创博会视为“市长峰会”的产业化延伸项目，互为补充，相互促进，彼此深化，共同成为杭州文化创意产业发展的助推器，形成良好的文化创意产业氛围。

举办方针：

2009创博会的举办方针是充分挖掘杭州本地的资源，发挥杭州的优势和特点，追求实效，形成积淀，真正为杭州的文化创意产业服务。

通过引进和邀请的方式，创造能够真正推动产业发展的展会亮点，并形成理论和实践两个方面的积淀，根据杭州市所设定的文化创意产业2015年的长远目标，形成“每年进步，逐年积淀”的展会格局，探索具有杭州特色的创博会举办方针，形成具有杭州特色的文化创意产业发展模式。

第二部分　项目概要

一、基本要素

（1）名称：2009中国（杭州）国际文化创意产业博览会。

（2）展览时间：2009年10月17～20日。

(3) 展览地点：杭州和平国际会展中心。

(4) 组织机构（拟定）：

指导单位：联合国开发计划署（UNDP）、联合国国际信息发展组织（DEVNET）、中国工业设计协会、文化部文化市场发展中心。

主办单位：杭州市人民政府、香港贸易发展局、中国美术学院。

协办单位：香港设计中心、香港创新科技署、台湾同胞投资企业协会（杭州）、澳门展贸协会、浙江省中小企业局、杭州市对外经济贸易委员会。

承办单位：杭州市文化创意产业办公室、杭州市西湖国际博览会组委会办公室。

支持单位：上海市对外文化交流协会、深圳市工业设计行业协会、浙江商会、浙江大学、浙江理工大学、杭州师范大学。

执行机构：杭州西湖国际博览有限公司。

(5) 规模：2 万 m^2，1000 个标准展位。

注：2009 创博会将设立组委会和组委会办公室，分工协作开展各项工作，具体建议名单见附件。

二、主题特色

1. 主题

品质设计 创意生活

2. 主题诠释

文化创意产业，目前尚无确切的定位，杭州根据自身的特点，明确提出了如下理念：文化创意产业的核心是创意、文化创意产业的灵魂是文化、文化创意产业的支撑是科技、文化创意产业的属性是产业。

按照这样的归纳，文化创意产业从个体的创造性行为上升到了城市和地区的产业行为，并且依托地域文化特色而存在，所以，这就为 2009 创博会的主题设计指明了方向。

生活品质之城，是杭州城市的发展目标，而文化创意产业的发展，将是实现这一目标的重要手段和有力保障。

当代社会，设计无所不能，创意无处不在。我们的生活，因文化创意产业的兴起和发展而变得日益丰富多彩，产业的最终目的是丰富人们的精神生活，改变人们的生活状态。所以，我们将“创意”放在完善文化体系的角度思考和演绎，将“设计”放在促进城市发展的高度理解和诠释。

我们希望通过创博会这样一种形式，来推动城市文化产业化的发展，来激发城市特有文化形态的创新活力；希望通过创博会这样一种媒介，来展现杭州城市的创意源泉，来促进杭州城市的创意产业发展。

品质设计——将提升杭州的内在魅力。

创意生活——将赋予杭州再次腾飞的活力。

2009 创博会将在上述主题的引领下，深入挖掘文化创意产业的强大潜力和推动力，为杭州率先迈入后工业化时代的城市发展战略作出应有的贡献。

3. 特色亮点

国际交流——创博会已经举办两届，2009 创博会首次挂名国际，我们将在各个方面力求提升和凸显创博会的国际性。2009 创博会将争取到联合国相关机构和组织的支持，并与香港贸发局、香港设计中心、台湾同胞投资企业协会等专业机构结成联盟，形成多点辐射态势，共同组织国际知名创意机构和团队参展，邀请国际知名业内人士参与，扩大创博会在国际上的知名度和影响力，搭建一个国内外业界高端交流的平台。

全国辐射——2009 创博会不仅应将在提高国际性上下足功夫，更应将把视角和精力投放在全国各大城市的文化创意产业上。我们将通过吸引政府机构、权威部门和行业协会等专项组织、全国各大城市的文化创意企业、机构及其作品前来，为全国各地城市之间文化创意产业的互相交流、取长补短、共同发展提供机会，真正体现杭州全国文化创意产业中心城市的地位。

地域特色——文化创意产业涵盖的行业范围非常广泛，2009 创博会不走北京文博会包罗万象的路径，也不走其他文创展单一定位的路径，将以杭州的文化特点、城市背景和产业特色为举办基础，根据杭州文化创意产业发展的现状和趋势，既展现杭州近几年文化创新的实践，又反映杭州发展文化创意产业的优势和实力，力求在广博中求精专，既体现杭州本身文化创意的包容性，又体现杭州文化创意产业的发展重点和发展趋势。

专业深化——2009 创博会将在前两届杭州本土特色的基础上，努力深化专业资源的落实，按照文化创意产业链的分布情况，有重点地邀请具有前瞻性和引领市场价值的作品、理念、机构和个人加盟，通过展示、互动、演讲、研讨等各种形式，形成理论碰撞，留下对产业发展以及杭州城市创新具有指导作用和实践价值的成果，充分体现创博会的专业化程度。

产业对接——追溯到办展的根本目的，同时也是展览生命的源泉，应该是帮助企业实现成交，产生效益。2009 创博会把重点放在把握产业的契机，创造和开拓新的商机上面，用各种方式帮助企业实现产业对接。我们将组织多场投融资洽谈会，多项商贸对接活动以及多种项目考察活动，使参展企业与意向客户和专业观众有效沟通与交流，深入商榷和洽谈，促进贸易的实现，从而真正实现创博会的产业化突破。

第三部分 展区布局

展区布局将根据博览会的整体定位和主题特色，按照文化创意产业内的行业分类、发展方向、不同地域以及不同功能分为 5 个主题展馆和 2 个主题专区：

1. “品质设计、创意生活”——主题馆

此馆是表现 2009 创博会主题的主要载体，集中展示杭州各行政区，全国其他各省区市乃至国外城市和地区的文化创意产业发展现状、已取得的优秀成果、对外的合作项目以及未来发展规划等。

杭州展区是此区域中的重点，包括以下内容：

杭州城市形象展区——重点展示近年来政府对杭州城市定位、城市色彩、城市LOGO，以及杭州在世博会上“五水共导”的城市主题等方面的创意实践，以体现杭州具有品质感和创意性的城市格调和形象。

创意杭州体验展区——展示杭州各大创意园区的建设现状，重点展示一批已建成的创意园区及入驻企业的特色风采。通过展现新园区及“园中园”建设，体现了杭州在文化创意产业发展和聚集上所提供的广阔空间和有力保障。

全国其他城市体验展区——展示全国范围内主要创意城市的文化创意发展现状及成果。

香港台湾专题展区——香港展区由香港贸发局和香港设计中心牵头组织，主要展示的内容包括香港当地的优秀文化创意作品以及由香港方面引进的国际优秀文化创意成果；台湾展区由杭州市台办和台湾同胞投资企业协会共同组织，主要展示的内容为台湾当地的优秀文化创意作品和产品。

另外，此展馆还兼具博览会主题馆的功能，通过实物与空间设计相结合的形式集中展示本届博览会的主题定位。

此展馆共有267个展位，其中杭州城市形象展区30个展位，创意杭州体验展区85个展位，香港展区50个展位，台湾展区50个展位，全国其他城市体验展区52个展位。

2. 国际作品展示馆

此馆主要展示来自世界各地的优秀文化创意成果，以体现“品质设计”的展会主题。包括来自美国、英国、意大利、荷兰、新加坡、以色列以及其他国家的参展企业，它们不仅将带来各具特色的优秀文化创意作品，还将带来杰出的设计师共同演绎文化创意盛会。共设展位40个。

3. 创意设计交流馆

此馆将创意设计与生活紧密联系，主要展示各种优秀设计作品和产品，包括包装设计、产品设计、平面设计、装饰设计、服装设计、大师设计精品等，通过互动沟通，提供最新设计资讯，为中国设计界、企业界和国际设计界搭建合作的平台。

同时，此馆专设展示以杭州各大院校文化创意设计作品为主的院校展区，以及反映杭州民间创意力量的“创意杭州”工业设计大赛获奖作品展区。这些作品和产品与生活息息相关，与产业紧密相连，是投资商、企业家尤其是浙江众多民营企业寻求企业创新、品牌包装、营销策划的良好平台。

此展馆共有190个展位，其中工业设计作品展区60个展位，院校设计作品展区60个展位，红星奖获奖作品展区50个展位，其他设计作品展区20个展位。

4. 工艺美术交易馆

此馆将立足杭州特色，紧扣艺术主题，配合杭州向联合国教科文组织申报“手工艺民间艺术之者”工作，汇集了工艺精品、竹藤草制品、漆器陶瓷、抽纱刺绣、民间工艺、花画及装饰艺术画等极具创意和浓郁地方风情的工艺美术作品。另外，还将展现中国工艺美术大师和国外艺术家精心创作的极具艺术收藏价值的国宝级珍品，为收藏者和艺术品经营者提供洽谈交易的平台。

除此之外，我们还将引进每年一届的印文化博览会的精品作品。众多印学权威、藏家和爱好者将展示珍贵的印石藏品，不仅让高不可攀的印文化能从阳春白雪走向平易近人，让更多的市民和观众了解印石，感受印石，喜欢印石，而且也为印石的收藏者和投资者提供一个交流和交易的平台。

此展馆共有175个展位，其中印文化产品展区100个展位，工艺美术作品展区75个展位。

5. 数字生活体验馆

此馆是对于“创意生活”的重要展示，主要展示各种计算机软硬件、移动通信产品、数码影像产品、数码娱乐产品、电子商务平台运营商以及各种新媒体、娱乐资讯、教育及文化影视节目等，集中表现数字技术所带来的全新生活方式。整个展馆将划分为IT最新产品展示区、电子商务政务区、动漫电玩体验区和新媒体技术互动区等4个展区，通过高新产品、新技术的集中展示、宣传，让观众了解最时尚的创意数码电子科技产品，真实感受到文化创新和科技的发展给产业和生活带来的巨大变化。

此展馆共有150个展位，其中IT最新产品40个展位，电子商务35个展位，动漫电玩45个展位，新媒体技术30个展位。

6. “创意讲坛”专区

此专区由多个同时举行的讲座组成，分布在馆内的各个区域，聚集各方创意人士、创意专家、设计师、艺术家共同交流、探讨、演讲创意设计和创意产业方面的知识和理论，采用预约入场和自由旁听两种方式，是创博会互动性的重要体现。

7. “创意服务”专区

此专区主要提供综合性服务，包括创意教育培训机构、知识产权保护和服务机构、版权交易以及出版发行等机构和组织的展示，联手为参展商和专业观众提供专业的咨询和服务。

同时，在馆内各个区域设置专业观众服务处以及休闲洽谈点，营造一个既能满足产业交易需要，又舒适、惬意的展览氛围。

第四部分　主题论坛

文化创意产业是一个新兴的产业，依循文化创意产业的特点，根据从香港考察取得的经验，我们将大大丰富论坛讲座的内容，使论坛和讲座能够与展览很好地互动和配合，得到相辅相成，交相辉映的效果。

2009创博会构思了如下1个主论坛，5个专题论坛的论坛形式：

一、主论坛：2009 杭州国际友好城市市长峰会

此主论坛由杭州市政府主办，杭州市外事办公室具体承办，每年都邀请杭州市的国际友城的数十位城市市长参加峰会，讨论城市发展的相关论题。今年是市长峰会举办的第2届，主题设为“城市与文化创意”，本次峰会将邀请50余个国家的主要城市市长，共同探讨在全球金融危机背景下，加快推动城市产业转型升级、加快推动文化创意产业发展、提升产业人口就业能力、实现国际产业合作等课题。

二、专题论坛一：中国杭州国际教育创新大会

杭州国际教育创新大会由联合国教科文组织、中国联合国教科文组织全国委员会、中央教育科学研究所、浙江省教育厅主办。大会将分别召开东亚地区教育促进可持续发展协调与能力建设研讨会、社区学习资源中心建设国际研讨会等多个专题会议。海内外上千名教育专家及各教育行政部门、教育机构代表参加本次盛会，探寻教育可持续发展之路。

三、专题论坛二：中国印文化传播与产业化发展论坛

此论坛拟与西泠印社印文化博览会合作，西泠印社印文化博览会已成功举办3届，是杭州西博会的正式项目之一，同时也是目前中国档次最高、规模最大的印文化专业博览会。创博会将引进印文化博览会的“中国印的文化传播与产业化发展”论坛（名称待定），此论坛将作为文化创意产业中工艺美术行业的代表项目，届时将吸引各界专家、收藏家以及爱好者参会，并以开放的形式讨论中国印文化产业发展与文化创意产业发展的相关议题。

四、专题论坛三：杭州市文化创意产业投融资洽谈会

洽谈会建议由市创意办、市财政局和市金融办共同主办，旨在缓解我市文化创意企业融资难问题，鼓励和引导在杭金融机构及创业投资基金会为文化创意企业提供融资服务。

参会对象包括杭州市相关政府部门领导、在杭金融机构代表和创业（风险）投资机构代表、各城区创意办及十大文化创意产业园建设主体单位负责人、杭州市文化创意企业代表以及各级新闻媒体等。

通过相关投融资政策的公布，银行投融资的专业建议，相关企业作项目推介以及现场洽谈等形式，使企业与投资机构，融资及金融机构能够真正实现沟通与交流，促成合作关系。

同时，本论坛亦可针对艺术品投资领域，设立延伸的专题论坛，以拓展论坛的内涵。

五、专题论坛四：杭州手工艺民间艺术保护及发展论坛

此论坛将配合杭州向联合国教科文组织申报“手工艺民间艺术之都”工作，邀请世界手工艺协会、中国工艺美术协会以及杭州市人民政府共同主办，对杭州保护民间手工艺术的工作进行整体的总结和推介，并对未来的发展进行系统而深入的探讨。此论坛在

取得实质性成效的基础上，通过各级媒体的宣传，以及国际专家的邀请，将为杭州获得“手工艺民间艺术之都”的称誉起到积极的推动作用。

注：此论坛为备用论坛，我们将根据此论坛本身的运作情况以及创博会组委会经费情况确定此论坛是否举行。

六、专题论坛五：2009 当代中图设计论坛暨首届设计师大会

此活动由《当代设计》杂志主办，新浪网、国际设计师联盟、台湾设计师大陆联谊会联合协办，台湾室内设计协会、香港室内设计协会及内地各大建筑设计协会作为支持单位，下设 3 大活动，分别为“2009 当代中国设计论坛”“2009 当代中国首届设计师大会”和“2009 当代中国设计论坛晚宴暨设计改变中国颁奖盛典”，此次活动是中国设计界首次最大规模的“奥斯卡”盛典，力邀亚太最具声望的行业泰斗，汇聚国际、内地、港、台等地最杰出的行业翘楚，号召力强，影响深远。为国内外行业顶尖设计大师互相碰撞思想、交流文化、思考未来提供机会，促进中国设计行业更加迅速健康地发展。

注：此论坛为备用论坛，我们将根据此论坛本身的运作情况以及创博会组委会经费情况确定此论坛是否举行。

第五部分 项目活动

为了更加丰富 2009 创博会的内容，持续提升专业化程度，增加互动性，2009 创博会设置了各种形式的活动，希望更大范围地获得专业资源，引发社会各界关注。以下是各项活动的初步设想：

一、中国创新设计红星奖获奖作品（杭州）巡回展

这是中国目前最专业的设计类评奖活动，2009 创博会将力争邀请其在创博会期间来杭州进行巡展，以较为独立的方式形成 2009 创博会活动板块的一大亮点，除展览之外，还可配合时尚酒会、主题演讲等形式，充分为活动营造氛围。

二、亚太建筑师与室内设计师联盟系列活动

亚太建筑师与室内设计师联盟系列活动由 IAI 亚太建筑师与室内设计师联盟和亚太室内设计双年大奖赛组委会共同主办，活动包括：“中国风——IAI2009 国际室内设计精英邀请赛”“2009 摩登建筑与时尚设计对话论坛”“2009 环保家居展”和“WORKSHOP 竞赛———未来办公室”等，旨在交流、合作、发展，发现和提携亚太地区的优秀设计师，将优秀的室内设计创意作品进行公开展示和专业论证与评价，弘扬原创设计理念。

邀请参赛及参会的设计师包括来自马来西亚、新加坡、印度尼西亚、加拿大、奥地利、阿拉伯联合酋长国、中国等国家和地区。

三、中国（杭州）西湖创意奖评选活动

为了打造杭州本土的文化创意品牌，我们将邀请国家级部门、专业权威机构、学术界领衔学府等共同打造本次评奖活动。奖项将按照不同的行业分类、地域分类和品牌分类设置 10 多个奖项。

本次评奖盛事还将邀请国内外知名的文化创意人士以及知名设计师作为评委，组成专门的评审团，通过严密和公正的评审程序，经过大众的共同检阅，评选出最终的获奖作品、获奖团体和个人。这是对全国范围内在创意产业中有杰出贡献的个人或机构的一种嘉奖和肯定，同时也是奠定杭州文化创意产业在全国领衔地位的重大举动。

注：此评奖活动为备用活动，我们将根据此活动本身的运作情况以及创博会组委会经费情况确定此活动是否举行。

四、各种形式的非专业互动活动

除了上述专业主题活动之外，按照前两届的传统，2009 创博会仍将安排大量供社会各界参与的互动活动，值得再次组织的包括“创意集市”活动、校园音乐季活动、“环保在身边”创意生活方式评选活动等。这些活动的举办将真正激发社会各界对创博会的关注和参与。

第六部分　宣 传 推 广

本届创博会将在媒体宣传和广告宣传上下大功夫，在充分总结上届宣传推广成功和不足的经验基础上，重新策划宣传推广方案，不仅充分考虑整体文化创意氛围的营造，避免往届宣传推广中存在的连续性和整体性不够的缺点，还将在不同的宣传期设定不同的宣传重点、宣传形式和宣传媒介，力争实现有限资源的最大化，使创博会在知名度和影响力上均得到最大限度的提高。以下为 2009 创博会的宣传推广计划：

一、宣传目标

（1）全面展示 2009 创博会的组织水平和服务水平。

（2）全面展现 2009 创博会的优势和特点。

（3）营造全民关注、全民创意的良好参与氛围。

（4）为杭州打造“全国文化创意产业中心”搭建平台和贡献力量。

（5）全力打造创博会，使其成为杭州市、全省、全国乃至国际上的品牌博览会。

二、宣传计划

1. 筹备期重点宣传

2009 年 3 月初至 2009 年 6 月中旬。此阶段为博览会前期宣传阶段。这个阶段宣传的重点将放在整体氛围的营造和博览会基本信息的发布上，媒体的选择上将偏重于专业网络、专业杂志和户外等媒体形式上。通过此阶段的宣传推广，力求达到使创博会逐渐为人所知，为后一阶段的宣传推广预热，令整个宣传推广逐步升温。

2. 造势期全面宣传

2009 年 6 月下旬至 2009 年 9 月上旬，此阶段为中期宣传阶段。这个阶段的宣传重点将放在对 2009 创博会的全面介绍上，通过展开式的宣传推广形式，全方位、多角度地宣传整个创博会的亮点特色、招商进度、相关活动和论坛讲座等。此阶段是整个宣传推广的助推期，起到承前启后的作用，为后一阶段宣传推广达到高潮推波助澜。

3. 开展前集中宣传

2009 年 9 月中旬至 2009 年 10 月上旬，此阶段为开展前集中宣传阶段。这个阶段是整个宣传推广的重点阶段，此阶段将集中所有的媒体资源和广告资源，采用多种媒体形式和报道宣传手段，例如专题报道博览会相关活动，以活动带动博览会的整体宣传；重点采访博览会的主办方或者重要参展商，利用权威机构和知名参展商的评价和谈论来提升博览会的权威性和信任度；与主流媒体合作举办相关活动或者论坛，利用媒体的合作关系和媒体优越的广告资源来大力宣传整个博览会。通过以上种种宣传手段，力求把整个宣传推广推到最高点，同时把大家对创博会的热情和关注度也推到最高点。

4. 开展中持续宣传

博览会开展期间，此阶段为展中宣传阶段。这个阶段是不容放松的宣传阶段，尽管博览会已经开幕，已经成功迈出第一步，也得到了社会和各界人士一定程度的肯定，但是，这个阶段也是宣传需要巩固和继续保持的阶段，这个阶段的宣传重点将放在对现场的宣传报道上，包括对开幕式盛况的描述、出席领导的肯定和评价、参展商的反馈、现场的人流情况以及活动和论坛情况等。通过这个阶段的宣传可以使博览会在开展期间始终保持较高的被关注度和源源不断的人流。

5. 闭展期跟踪宣传

博览会结束至下届博览会开始，此阶段为后期宣传阶段。这个阶段的宣传推广重点将放在对博览会的总结和对客户的维护上。此阶段同样不容忽视，虽然博览会已经全部结束，但是如何把博览会的相关数据和情况梳理出来，把取得的成绩和成果总结出来，第一时间告知大众和客户是非常紧急和关键的，只有这样才能使大众和客户及时地了解博览会的效果和成绩，使宣传推广工作基本完整。这一阶段的宣传同时也是一项维护和服务客户的持续性的工作，不仅要在第一时间作出相关整理和总结给客户，还要在下届博览会开始之前保持与客户的联系，维护好与客户之间良好的关系。

三、媒体平台

1. 电视媒体

CCTV、凤凰卫视、浙江电视台、浙江卫视、杭州电视台综合频道/明珠频道/生活频道/影视频道。

2. 户外媒体

沪杭高速沿线高炮广告、中河路桥墩及绿化带灯箱广告、市区主要道路灯杆直幅广告、路牌广告、宣传海报、车体广告等。

3. 平面媒体

香港商报、浙江卫视、杭州电视台、都市快报、杭州日报、钱江晚报、每日商报、青年时报等。

4. 网络媒体

中国艺术设计联盟网、视觉中国、文化中国——创意产业、中国会展网、视觉联盟、视觉同盟、19楼论坛等。

第七部分 观众组织

博览会观众的组织和邀请是整个博览会组织和策划过程中非常重要的一个环节，这将关系到2009创博会的产业含量，这里所指的观众包括普通观众和专业观众。针对不同的观众我们将采取不同的组织和邀请手段，通过专门的宣传、邀请和组织，力求为参展商寻找到可以合作和交易的对象，为前来参观的观众打造一个兼具国际性和专业性的文化创意博览盛会。

一、专业观众确定

国内：文化创意各大行业的从业者、各大艺术创意院校师生、各类有需求的企业、投资商、风险投资公司及相关部门负责人等。

国际：知名国际品牌创意总监、国际知名设计师、文化创意机构从业人员、国际设计创意院校师生等。

二、专业观众的组织邀请工作

1. 已有的专业观众的邀请

在创博会的官方网站上，我们设立了专业观众预登记，可以免去专业观众到达现场后排队等候登记领证入场的时间，另一方面，收集整理了2008年创博会现场观众的相关资料，这些专业观众资源将派专人负责整理，并通过电话、短信、电子邮件等方式告知博览会最新信息，在开展前作出郑重邀请。

2. 投资商和风险投资公司的邀请

帮助参展商策划制作专业的商业计划书，并在创博会上进行初步的演绎，吸引投资商的关注，进一步得到投资商的青睐。

组织浙江省、长三角地区，乃至全国范围内的民营企业、民间投资者参与创博会的投资专业论坛，交流投资经验和投资信息，为参展商创造吸引投资的机会。

3. 通过媒体宣传和推广邀请

通过行业内专业网站、杂志、报纸等发布博览会信息，制作博览会专题、发布博览会相关宣传广告；通过在杭州全城发布户外广告、车体广告、车载广告、海报、电视、报纸等广告形式全方位宣传推广创博会。同时与媒体开展活动合作，促使媒体对博览会进行连续报道。

4. 通过各地举办新闻发布会邀请

我们将在浙江省内积聚民营产业的城市举办新闻发布会，邀请各大民营企业的负责人以及当地的媒体与会，介绍杭州创意产业的发展现状和优惠政策、通报创博会的相关活动组织情况和招展招商情况、发布创博会的最新动态等。

另外我们还将在创意机构发达的境外地区组织新闻发布会，一方面学习他们成功的经验和成果，另一方面也可邀请境外机构参与创博会，增强创博会的国际性。

5. 相关专业部门及协会协助邀请

通过杭州创意产业研究中心、杭州创意产业协会和杭州市发展文化产业指导委员会办公室等相关部门邀请行业内的专业人士参观和参与创博会。

6. 国际合作机构协助邀请

通过与我们合作的美国、英国、意大利、日本、新加坡等地的海外专业协会组织海外专业观展团赴现场参观、采购。

利用主办、承办单位在海外的影响力，在全球范围内邀请组织海外专业人士前来观展。

7. 发动参展商自行邀请

发动参展商自行组织其客户参观，通过向参展商赠送一定量的专业观众邀请函、门票及论坛票等，来鼓励参展商邀请他们自己的客户来积极参与创博会。

三、一般参观者组织方法

普通观众的邀请主要通过大众媒体的宣传报道来实现，通过连续在报纸、电视、电台上发布博览会信息，报道博览会相关亮点，并通过一定量的户外广告、报纸电视广告、海报以及直邮广告等来告知博览会信息，邀请普通观众参与创博会，营造创博会的现场气氛，真正提升杭州城市的创意氛围。

第八部分　工作计划

为了更好地开展2009创博会的各项工作，统筹安排人力、物力和财力等资源，根据2009创博会的目标和定位以及目前的工作进度，我们制订了以下工作计划：

第一阶段：5月底前，完成各项工作筹备阶段

（1）完成2009创博会的策划方案、宣传方案和预算方案等。

（2）成立2009创博会的组委会和执委会，召开首次工作会议。

（3）完成招商书的设计制作和印刷。

（4）完成创博会立项工作。

（5）完成场馆租赁工作。

（6）落实主办、承办单位，确定与合作单位之间的合作关系等。

（7）完成项目组人员组建和工作安排。

（8）分领域、分地区查找新的客户名录，完成部分重点客户的走访工作。

（9）宣传工作正式启动，在各大媒体发布展会信息及投放部分户外广告。

（10）联系各大专业网站互换广告等。考虑第一站新闻发布会的时间、地点、形式等。

第二阶段：6~8月，各项工作全面展开阶段

（1）召开第二次组委会和执委会会议，协调各项工作进度。

（2）宣传工作全面展开，主要以活动带宣传，配以部分软文报道和硬广告。完成第一站新闻发布会，准备第二站新闻发布会。

(3) 招商工作全面展开，完成招展目标的25%。

(4) 专业观众组织工作启动，整理旧名录，查找新名录，与初步的参观团体联系等。

(5) 重点客户的服务工作，如特装设计、展位布置等。

(6) 完成第一轮客户联系后的梳理工作，整理出重点意向客户，有针对性地开展招展工作。完成招展目标的50%。

(7) 逐步开展招展收款工作。

(8) 基本完成博览会展位安排工作，完成重点客户的招展工作。

(9) 组织落实各创意院校、创意机构及相关人员的邀请工作。

(10) 完成第二站新闻发布会。宣传工作继续展开，寻找和创造新的亮点。

(11) 完成招展目标的80%。

(12) 完成部分收款工作。

第三阶段：9月1日~10月7日，各招商工作收尾及展前准备阶段

(1) 召开第三次组委会和执委会会议，协调各项工作进度。

(2) 完成招展目标的100%。

(3) 基本完成收款工作。

(4) 完成展前相关准备工作，如特装、宣传、开幕式、论坛、活动安保。

(5) 做好展前各项资料和现场办公准备，如各种报到表格、文具等。

(6) 召开全公司范围内的展前动员大会，分配博览会期间的工作等。

第四阶段：10月8日~10月13日，博览会布展与召开阶段

(1) 召开第四次组委会和执委会会议，协调各项工作进度。

(2) 完成现场搭建工作、参展商参展报到。

(3) 做好展览开幕及各项展务工作。

(4) 现场媒体接待和宣传。

(5) 做好现场专业观众登记、摄影摄像、展商调查等工作。

第五阶段：10月13日~10月20日，展后总结归档阶段

(1) 完成博览会项目总结工作及资料归档工作。

(2) 制作宣传片和整理相关照片、制作画册。

第九部分　经费预算

(略)

(资料来源：张捷雷，邬燕，于斌. 会展管理实训教程 [M]. 南京：东南大学出版社，2009)

本章小结

展览市场信息调查是指以科学的方法，有系统、有计划、有组织地收集、记录、整理、

分析有关展览产品或服务及市场等信息，客观地测定及评价、发现各种事实，用以协助解决有关展览运营决策问题，并作为各项经营决策的依据。展览市场信息调查常用的方法有文献调查方法、问卷调查法、访谈调查法、观察法和实验法等。设计展览市场调查方案的流程和方法主要有以下几个方面：①确定调查目标；②确定调查对象和调查单位；③明确调查内容和工具；④确定调查类型和调查方法；⑤确定调查经费预算；⑥调查工作安排。

展览市场信息收集的内容包括以下方面：

（1）产业信息：①产业性质；②产业规模；③产业分布状况；④厂商数量；⑤产品销售方式；⑥技术含量。

（2）市场信息：①市场规模；②市场竞争态势；③经销商数量和分析状况；④行业协会状况；⑤市场发展趋势；⑥相关产业状况。

（3）有关法律法规方面的信息：①产业政策；②产业发展规划；③海关有关规定；④市场准入规定；⑤知识产权保护；⑥其他规定。

（4）相关展览的信息：①同类展览的数量和分布情况；②同类展览之间的竞争态势；③重点展览的基本情况。

展览主题的特点包括解释展览目标、展开展览情节、突出展览特色等3个方面。展览主题确定应关注的基本要素有：①掌握展览时间和空间的变化；②从展览市场环境变化中寻求差异化优势；③注重产业特色和文化内涵的结合；④展览主题确定应以资源整合为基础；⑤突出展览地举办城市的特色；⑥把握消费者的需求。一般来说，确定展览主题有4种常用方法，即全新主题、分离主题、拓展主题、合并主题。

所谓展览定位，是指展览主办机构根据市场竞争状况和自身的资源条件，通过建立、传达和发展差异化优势，使自身举办的展览在参展商和观众心目中形成一个独特鲜明的印象的过程。给展览定位可大致遵循以下4个步骤：①执行展览品牌识别策略；②选定目标参展商和观众；③创造差异化优势；④传达展览品牌形象。常用的展览定位方法有以下6种：①特色定位；②利益定位；③功能定位；④竞争定位；⑤品质价格定位；⑥类别定位。

展览项目立项的基本要素包括：展览项目的名称、举办地点、举办时间、举办机构、展品范围、规模、办展频率、参加展览活动价格及举办展览活动的财务预算、人力资源的分配、招展招商和宣传推广计划、展览项目进度计划、现场管理计划和相关活动计划等。

展览项目利润的多少，关键是解决成本和销售量之间的数量关系，是各种有关因素变动影响的结果，正确利用相关公式具体测算各种有关因素变动对最终利润的影响，对于正确进行管理具有重要作用。展览项目的利润预测方法包括量本利分析预测法、目标利润预测法、比例测算法。

复习思考题

1. 展览市场信息调查常用的方法有哪些？
2. 设计展览市场调查方案的流程和方法涉及哪些方面？
3. 展览市场信息收集的内容有哪些？

4. 展览主题具有哪些特征？
5. 确定展览主题应关注哪些要素？
6. 确定展览主题常用的方法有哪些？
7. 展览定位应遵循哪些步骤？
8. 展览定位的方法有哪些？
9. 展览项目立项应包括哪些基本要素？
10. 展览项目的利润预测方法有哪些？

案例分析

案例分析一　第17届中国国际海事会展在上海成功举行

2013年中国国际海事技术学术会议和展览会（简称第17届中国国际海事会展）于12月3~6日在上海举行。据了解，本届海事会展共有来自奥地利、美国、英国、中国等29个国家和地区的企业参展，其中有16个国家和地区以展团形式参展。中国交通运输部、中国船舶工业集团公司、中国船舶重工集团公司、南通地区、舟山地区等均以展团形式参展。海事会展行情火爆，自4月24日起，预售展位便已售罄，展览预租的6个展馆、总面积逾7万m^2中的所有展位已销售一空，展览总规模再创历届新高。

作为展示海事界最新技术和产品，拓展国际贸易合作的重要舞台，本届会展力求做到更加专业化。本届会展的展商在上届展会展商分类的基础上，专业分类更加细化，确定分为8大类112个子类。总体上以造船和海洋工程为主体进行分类，并结合展商多以涉及船舶配套设备为主的特点，对船舶设备进行了重点细分。

据会展组委会介绍，中国国际海事会展行情火爆缘于世界经济的“阴晴不定”、国际航运和造船市场低谷徘徊，整个海事产业链都经历着前所未有的挑战。在此大背景下，业界对年底召开的中国国际海事会展寄予厚望。

中国国际海事会展逢单年在上海举办一届，已连续成功地举办了16届，经过30余年的发展，已成为亚洲第一，世界第二大海事会展。

本届会展由中国工业和信息化部、中国交通运输部和上海市人民政府主办，中国船舶工业集团公司、中国船舶重工集团公司、中国船舶工业行业协会和中国造船工程学会协办。据悉，此次会展总规模再创历届新高。共有来自奥地利、澳大利亚、比利时、德国、冰岛、以色列、意大利、日本、韩国、荷兰、新西兰、挪威、俄罗斯、新加坡、西班牙、瑞典、土耳其、美国、英国、中国及中国香港、中国台湾等29个国家和地区的企业参展，其中有16个国家和地区以展团形式参展，仅中国境内的申请参展企业数已达478家。

作为2013年中国国际海事会展的另一个重要组成部分，与展览同期举行的高级海事论坛以“绿色科技、转型发展、破解难题”为主题，由“主题报告”“航运和港口”“造船”“海洋工程”“海事金融”和“船舶配套设备技术论坛”6个专场组成。

同时，专业观众的数量和质量是展览会成功的重要因素。为做好专业观众组织工作，本届会展加强了信息化建设的力度，在线预登记系统已于7月下旬正式上线，境内外专业观众可以通过该平台快速、便捷地进行预先注册登记。除了广泛邀请专业观众之外，组委会还计划组织100~120个专家/专业参观组，有计划地安排针对性参观。

（资料来源：http：//www.cnss.com.cn/html/2013/zhyb_0909/114627.html）

案例思考题：

1. 你认为在上海举办“中国国际海事会展”有什么优势？
2. 根据上述材料，请谈谈展览会立项需重点考虑哪些因素。

案例分析二　国际工业博览会在中国诞生

1999年3月，中国对外经济贸易部一位领导来上海视察“中国华东进出口商品交易会”（下称‘华交会’）时指出：“目前在‘广交会’展出的商品中没有体现中国水平的机电产品，‘华交会’也同样如此。国家要支持高附加值的机电产品出口需要有个载体，有个平台。”领导的讲话精神被当时在场的承办“华交会”的某公司总经理领会。事后，该总经理立即组织公司人员进行市场调研，认真策划，草拟出了在上海创办“上海国际工业博览会”的方案。该方案得到了上海市外经贸委领导的肯定。在当时分管副市长的拍板和亲自指挥下，1999年11月，以“信息化与工业化”为主题的“第1届上海国际工业博览会”在上海展览中心举办。1.5万m^2的场馆内，展出了上海一流的机电产品，充分体现了上海用高新技术和国际先进实用技术改造传统工业的宗旨，提升了上海工业的整体素质和参与国际竞争的能力。在第1届成功举办的基础上，第2届扩大到了全国，第3届扩大到了国际。从此，“上海国际工业博览会”被列为国家重点扶持的展会。在中央有关部委和上海市人民政府的支持指导下，“上海国际工业博览会”规模越办越大，影响越来越广。2006年，国家批准将“上海国际工业博览会”改名为“中国国际工业博览会”。

（资料来源：胡平．会展案例［M］．上海：华东师范大学出版社，2010）

案例思考题：

1. 该博览会成功的原因是什么？
2. 该案例给我们怎样的启示？

第五章 展览工作的准备与组织

本章提要

展览工作的准备与组织状况如何关系到展览活动举办的成败。第一节介绍寻求合作办展机构的目的、确定合作办展机构的基本原则，阐述选择展出场馆需要考虑的因素，列举场馆租赁合同的主要内容。第二节详细列举展览证件的种类，说明展览证件的式样和内容，分析展览证件的制作要求。第三节阐释展览会标的设计与布置、展场设计与布置、展览现场人流的分析控制设计、展览相关现场布置。第四节论述展览配套活动的作用、展览配套活动的形式，说明展览配套活动组织与设计的相关要求。第五节重点列举展览相关文案的准备。

学习目标

1. 了解寻求合作办展机构的目的。
2. 理解确定合作办展机构的基本原则。
3. 掌握选择展出场馆需要考虑的因素。
4. 熟悉展览证件的种类、式样及内容。
5. 了解展览证件的制作要求。
6. 掌握展览现场的设计与布置。
7. 掌握展览配套活动的作用、形式及组织设计要求。
8. 熟悉展览相关方案的准备。

第一节 确定合作办展机构和落实展出场馆

一、合作办展机构的确定

（一）寻求合作办展机构的目的

展览的举办机构有主办单位、承办单位、协办单位和支持单位之分，这些单位在展览运营管理中承担的职责和功能是不一样的。我们都知道，展览的举办是一个庞大的系统工程，仅仅依靠一个单位的力量很难成功运营。为成功举办一个展览，一般都有几个单位进行相互合作与支持，以更好实现资源共享、办展优势互补。从单位性质来分，办展合作机构可以是政府机构、行业协会、新闻媒体、大型有影响力的企业集团等。当然，这些举办机构的合作参与单位也不是越多越好。一个基本的前提是每一个合作参与单位都要在展览运营管理过程中发挥不可替代的功能。具体来说，这些合作参与单位的加盟，力争做到能扬长避短、拓宽展览营销渠道，能维护和提升展览品牌形象，能提高展览信息传播效率，能最大限度地降低展览招展招商成本等。

确定好合作办展机构是展览会取得良好经济效益和社会效益不可或缺的重要前提，也是展览会成功举办的关键。要时刻根据展览会的选题来开展。在我国的转型期，确定主办单位、支持单位，主要是寻求对口的主管部门和单位，以提高该展览会的知名度和权威性，扩大展览会的社会影响，吸引更多的企业参展，这对展览会品牌的形成具有重要意义。在确定合作伙伴时，不但要了解对方的资质，更要了解和考虑其专业性和权威性。专业性强、权威性高的合作单位，才能有效地提高展览会的影响力、提升展览的专业性、权威性，加快信息的传播，最大限度地招揽参展商和采购商以及观众。确定合作办展机构是展览营销网络形成的基础，也是招展招商成功的重要环节。

（二）确定合作办展机构的基本原则

1. 有利于提升展览招展招商工作效果

展览招展招商的工作效果决定了展览展位销售数量以及前来观展的观众的数量，因此展览招展招商在展览运营管理过程中是一个重头戏。任何一个展览的组织机构都非常重视招展和招商工作。如果招展工作不顺利，展览正式举办前不能有效地出售展位，展览组织机构就不能获取利润回报，甚至会亏本。如果招商工作不理想，或者说没有有效的专业观众前来观展，就不能为参展商的产品销售找到对口的买家。因此，展览组织机构在确定加盟的合作单位时，应充分考虑到这些合作单位能否为展览的招展招商工作带来便利，他们是否有固定的客户资源（包括参展商和专业观众等）。如果加盟的合作单位具有客户资源优势，必将大大推动招展招商工作的成效。

2. 有利于提升展览的知名度和影响力

提升展览的知名度和影响力是塑造展览品牌的一种重要手段。作为展览的组织机构都会想方设法来不断扩大展览的号召力。一般来说，如果展览的组织机构拥有一定的社会资源，能够邀请到国家或地方政府的主管部门、展览所涉及产业的行业协会作为合作办展机构，以及获得相关权威性组织的认可和支持等，将能大大提升展览的权威性、可信度和社会认可度，增强展览对参展商和观众的吸引力。展览是一种特殊的社会经济活动。展览的成功举办有赖于政府的大力支持和积极参与，特别是我国的展览业还正处于快速发展阶段，更是离不开政府来主导和推动。在我国，很多大型的展览都是由政府主办或协办的，这为我国展览品牌培育和展览业健康发展注入了强大的发展动力。

3. 有利于拓展展览宣传推广的力度

伴随展览业的快速发展，同类型展览的数量日益增加，展览组织机构之间的竞争越来越激烈。展览举办机构已经深刻地认识到，要想在激烈的竞争中立于不败之地，加大展览的宣传推广力度是一个至关重要的因素。要扩大展览的宣传推广力度，首当其冲离不开媒体的传播功能。媒体的宣传和舆论导向的功能在很大程度上能够影响人们的参展行为。一个展览最终能获取多大的经济效益和社会效益，与展览宣传推广的成效具有高度正相关关系。因此，展览组织机构在选择合作加盟单位时，将具有传播和宣传功能的媒体（包括传统媒体和现代媒体）作为无可替代的合作单位，对提升展览的宣传推广的传播范围和展览的成功举办具有举足轻重的作用。

二、展出场馆的落实

展出场馆的落实是后续展位划分、招展宣传等工作的前提条件。如果不能尽快落实展出场馆，将会直接影响后续工作的全面展开。因此，展出场馆的落实是展览前期筹备工作中一项非常重要的基础工作。

（一）选择展出场馆需要考虑的因素

展览场馆的选择事关能否吸引到足够数量的参展商和观众，事关展会能否成功举办。选择展览场馆时，需考虑以下一些因素：

1. 展览预期需要的面积和展览场馆可用面积

参展商预期需要的展位面积和附加面积、展览场馆可使用面积，在很大程度上决定租用展览所在地的哪个展览场馆。例如，一个标准展位的面积是 3m×3m，则 1000 个标准展位需要 $9000m^2$ 的净场地面积，再加上宽 2.4m 的通道面积，如果考虑到消防等因素需要 3m 的通道，还要考虑组展者服务区所需的面积，因此通常展览场所需要的面积大约为净面积的两倍，如上述 $9000m^2$ 的净面积，实际就需要 $18000m^2$ 的展场面积。

展览场馆最好是由较小展厅组成，这可降低场地空置的风险。组展者应仔细分析展览场馆的情况介绍。展览场馆面积太小会让人感觉拥挤、局促，太大则又给人冷清、人气不旺的感觉。组展者应到展览场馆进行实地考察，然后进行比较，选出一个大小适中的场地。展览最好在同一个展览场馆进行，这样便于参观，也便于管理。如展览所在地的某个展览场馆无法容纳所有的展位，可采用主会场与分会场相结合的方式，主分会场相距应尽可能近，或者要能为观众提供便利的免费交通服务。

2. 展览场馆空间和设施

一些比较高大的展品（如大型机械），或者特装展台对展览场馆的空间要求较高。新建的展馆中间一般没有障碍物，老展馆可能存在天花板高度太低、中间有柱子和其他障碍物、出入口尺寸太小等问题。

天花板太低会导致较高的设备无法进入，而且不利于声音的发散。场地不能承重，则不能展出沉重的设备。如举办机械展，应选择场地有足够承重力、方便大型机械进出的展览场馆。大多展场地面是混凝土，如铺上地毯，不仅可以吸音，而且对参观产生良好的视觉效果。灯光、电力是展览场馆提供的基本条件，有些参展商需要使用电话、煤气、空调、冷热水、蒸汽，甚至要求有光纤设备以方便上网，对这些方面的情况组展者必须了解清楚。此外，展览场馆内或附近最好有会议室、餐厅、银行、商务中心、厕所等相应配套设施。

3. 场地单位面积费用及其他间接费用

展览场馆不同，租金价格也会有所不同。展览场馆收费一般是根据实际使用展场面积或每天使用的净面积来确定。第一种计算方法按实际使用展位的面积计算，时间从布展开始到撤展结束为止。第二种计算方法以每天使用的净面积计算，进场布展或撤展不了收费或以较低价格收费。在一些较高档的展览场馆，则以每一个展位价或每天净面积价计算展览期间的租金，布展和撤展另计。也有些场馆以半天为计量单位。组展者在与场馆签订场地租用合同时，要注意对场租及布展、撤展时的租金予以明确。

4. 展览场馆的软件条件

展览场馆面积、设施等是选择展览场馆时需要考虑的硬件条件。展览场馆形象、工作人员的服务水平，是选择展览场馆时需要考虑的软件条件。形象较差的展览场馆，即使费用便宜，其节省的费用也可能不足以弥补因参展商对展览场馆缺乏信心，而少订展位或不参加所造成的损失。因此，组展者应尽可能选择形象比较好的展览场馆。展览场馆工作人员在展览前后应向组展者、参展者和观众提供清洁、保卫、咨询、餐饮供应、电力供应等多方面的服务。如果他们素质不高，就不能提供高水平的服务。此外，要了解展览场馆是否有损害参展商和观众权益的规定。例如，有些展览场馆禁止参展商和观众携带任何食物及饮料进馆，如需要则须在馆中以高价购买；有些展览场馆要求收取不合理的超时加班费，或强迫参展商雇用展览场馆指定的展览服务商；有些展览场馆实行价格双轨制，即在电费、空调、加班费用等方面对海外参展商收取比国内参展商更高的费用。

展览场馆要提供足够的安全保障，组展前应将安全防范工作作为前期策划的一个必不可少的组成部分，有以下问题需要注意：展馆是否有完善的突发事件处理预案；是否有救生系统和火警系统；紧急出口是否明显标示、通畅无阻，并能正常使用；展览期间，该展馆是否提供医疗服务；该展馆是否有公众广播系统，以便紧急事件发生时可以及时通知；该展馆是否发生过自然灾害；该展馆和参展商下榻的酒店内部或附近是否有治安问题；该展馆外部和停车场的照明是否足够；该展馆保安人员素质如何。

5. 展览场馆附近的交通

交通是否便利也是选择展览场馆需要考虑的重要因素之一。便利的交通将方便人员和物资快捷地到达或离开展览场馆。特别在展览期间，人流量、货流量都非常大，交通不畅将会给参展商、观众和其他相关人员带来诸多不便，最终可能会影响其下一届参展或参观。当然，展览场馆通常都建在交通比较便捷的地点。

（二）场馆租赁合同的主要内容

展馆租赁合同是展览举办机构与展馆经营单位之间就展出场地短期租用的临时约定。目前，我国还没有全国性的统一租赁合同文本，其格式和形式也不尽相同。由上海市工商行政管理局与上海会展行业协会共同主持起草的《上海市展览场地租赁合同示范文本》已经通过最终的审核，并已颁布实施。这预示着我国展览场地租赁合同的统一性和规范性已被业界所关注。不论租赁合同的形式如何，其主要内容包括：展览名称、展出内容、租用面积或展厅数量、租用起止时间、租金标准和付款方式、布展与撤展规定、双方所承担的责任与义务、双方法人签字盖章等。

◆[拓展阅读5-1]

上海新国际博览中心

上海新国际博览中心（SNIEC）由上海陆家嘴展览发展有限公司与德国展览集团国际有限公司（成员包括德国汉诺威展览公司、德国杜塞尔多夫博览会有限公司、德国慕尼黑国际展览中心有限公司）联合投资建造。作为中外合资合营的第一家展览中心，上海新国际博览中心已建设成为中国最成功展览中心之一。

SNIEC 拥有 17 个单层无柱式展厅，室内展览面积 200000m^2，室外展览面积 100000m^2。自 2001 年开业以来，SNIEC 取得了稳定增长，每年举办约 100 余场知名展览会，吸引 400 余万名海内外客商。SNIEC 的成功运营凸显了展会经济在中国及东亚经济区迅猛发展过程中的重要作用。SNIEC 凭借其先进的专业能力为中国和亚洲展会经济作出了重要贡献。

位于上海浦东——中国商业、经济、科技、贸易、航运、金融和信息中心，SNIEC 凭借其独特的区位优势、先进而实用的展馆设施，以及专业的服务品质，已成为促进国内外经济往来的重大国际展会平台。作为一个多功能的场馆，SNIEC 也是举办各种社会、公司活动的理想场地。

（资料来源：http：//www. sniec. net/cn/about_aboutsniec. php）

◆[拓展阅读5-2]

天津梅江会展中心

天津梅江会展中心（MJCEC）由天津泰达建设集团有限公司投资兴建，2010 年 5 月正式投入使用。其坐落于天津市生态宜居地区，濒临梅江风景区，环境优美，交通便利。总用地面积 35. 62 万 m^2，建筑面积 10 万 m^2，33000m^2 的室外展览区域，54000m^2 的室内展览面积，8000 多平方米的会议面积，宽敞的登陆大厅贯穿全馆。

天津梅江会展中心是天津市规模最大的会展中心，是一座集展览、会议、商务、餐饮等多功能于一体的现代智能化展馆，设施完善，具有国际标准，是举办大型展览、高端会议的理想场所，还能够满足大型宴会、集会、庆典活动等各类需求。会展中心二期于 2010 年 10 月开工建设，2012 年 9 月竣工，使梅江会展中心的展览面积将近 15 万 m^2。

天津梅江会展中心立足于环渤海区域，面向全国，放眼全球，承接国内外大规模综合性品牌展会，致力成为一个具有国际化、品牌化、专业化的会展中心，打造天津市会展经济发展的平台，促进天津会展经济快速蓬勃发展。

（资料来源：http：//www. mjcec. com/meijiang/chinese/second. aspx？ pid = 102#mark）

第二节 展览证件制作

展览证件，表明展览与会人员的身份、可能享受的权利以及应尽的职责，它可以起到证明身份、维持会场秩序、维持与会人员安全的作用。

一、展览证件的种类

展览证件可以分为 3 大类，第 1 类是证明展览与会人员身份，如参展商证、专业观众证、嘉宾证等。第 2 类是标明展览工作人员身份，如布展证、施工证、安全保卫证。第 3 类是车证、物证及其他便于展览组织而配发的相关证件，如车辆通行证、专用物品证等。展览证件分类如表 5-1 所示。

表 5-1 展览证件分类

证件具体类型	适用范围	适用时间
布展证	参展单位布展人员	布展期间
施工证	展位搭建施工人员	布展与撤展期间
参展证	参展单位工作人员	展出期间
专业观众证	专业人士	展出期间
记者证	新闻媒体记者	布展、展出、撤展期间
开幕式请柬	参加开幕式的嘉宾	开幕当日
贵宾证	办展机构邀请的贵宾	布展、展出、撤展期间
嘉宾证	办展机构邀请的嘉宾	布展、展出、撤展期间
安全保卫证	展览安全保卫人员	布展、展出、撤展期间
海外观众证	海外观众	展出期间
通用入场券	专业观众、普通观众	展出期间
当日入场券	专业观众、普通观众	入场券票面标注日期内
撤展证	参展单位撤展人员	撤展期间
通用车辆通行证	一般为小型车辆	布展、展出、撤展期间
布展车辆通行证	一般为大型车辆	布展期间
撤展车辆通行证	一般为大型车辆	撤展期间
专业物品证	展览专用物品	布展、展出、撤展期间

二、展览证件的式样和内容

（一）展览证件的式样

展览证件的式样通常设计成长方形的胸卡或襟牌，横式、竖式均可，随着现代科学技术的发展，运用现代科技手段的IC卡已开始使用。为提高管理效率，一些国际型展览都已使用最先进的带芯片的证件和非接触性识别系统，为高效运营管理展览提供了便捷的手段。

（二）展览证件的内容

（1）展览名称。必须写全称。而字体和排版格式要视展览的题材而定，艺术型展览和机械设备类展览在证件字体、风格上应差异明显。

（2）展览标识。现在的展览一般都设计有标识，可将展览标识印在证件上。

（3）持证人姓名。使用现用名，不使用曾用名或非正式的英文名。

（4）照片。一寸免冠照片，并加盖组委会秘书处的钢印或公章。

（5）证件类型。即标明“参展商证”“专业观众证”“记者证”等。要用较大的字号，便于识别。

（6）证件编号或条形码。每种类型证件在制作时都赋予其一个编号或条形码。

（7）展出时间。举办展览的起止时间。

（8）持证须知或注意事项。为加强证件管理，往往在证件背面对持证人提出一些要求，例如，“不得转借”“涂改无效”以及遵守展览期间的一些规则等。

三、展览证件的制作要求

1. 便于区别与会人员身份

展览证件的一个基本作用就是要识别持证人的身份。在展览举办期间，进出场馆的人员很多，人员的流动性也很大，为使展览证件的识别功能更加高效，一般通过证件设计和色彩运用来区别各种不同类型的证件。就是说不同类型的展览证件，用不同的颜色进行区分，用一种颜色代表某种类型的人员。通常情况下，各种证件的颜色仍与展览的主色调相一致，而用不同颜色的吊绳来进行区分各与会人员的身份。

2. 证件的设计风格与展览主题相一致

展览证件在设计时要与展览主题相匹配。不同主题的展览，其证件的设计风格、表现形式是不一样的。因此，在证件制作时应紧紧扣住展览主题设计出风格各异的证件。例如，艺术类展览的证件，可采用艺术性较强的字体，排版格式也可灵活一些，以体现展览主题的特点；而投资贸易类展览，就要使用比较正式的字体，以显示出该展览的权威性、严肃性。

3. 要便于佩戴

目前，我国所有的展览几乎都采用悬挂式证件，那种用别针别在衣服上的卡式证件基本被淘汰。悬挂式证件有证件和吊带或吊绳两部分组成，证件的吊带不宜过长，也不宜过短。吊带过长，会给佩带者造成不便；吊带过短，佩带者又不方便佩带。所以，从持证人方便佩带的角度考虑，吊带的长度适中即可。另外，还要注意吊带或吊绳的牢固性，不易脱落。

4. 要美观大方

证件是展览运营管理必不可少的一个要素，也可以说是一个展览的门面。展览各种证件印刷质量的好坏也体现出一个展览的层次和组织水平。因此，制作各种证件时，在保证各种证件基本功能不受影响的前提下，其设计要美观、大方，印刷要精致，大小要适中；否则，展览的良好形象将会受到影响。

第三节　展览现场的设计与布置

展览现场的设计和布置是展览组织者所要考虑的问题，目的在于很好地体现展览主题，达到展览的预期效果和目的，因而必须从展览主题出发，先确定其主题再考虑展览现场设计的形式、风格，以便创造突出主题的设计，同时要兼顾展出时间、展馆环境等客观情况。

一、展览会标的设计与布置

展览会标（会徽）设计与商标设计一样，都属于企业识别系统（Corporate Identity System，简称CIS）设计，在形式、类别、构成方法、特点与设计要求等方面要求统一。会标主要分为永久性和一次性两种。长期性固定的博览会、展览、交易会以及历年定期举办的展销会等是永久性的；偶尔举办一次的展览、交易会、展销会等是一次性的。会标要达到能瞬间被识别的效果，是一个展览质量的象征，也是展览组织者、参展者信誉的保证。

（一）展览会标设计的原则

展览会标设计中应遵守和坚持以下原则：

（1）视觉冲击力强。在环境中，能突出醒目，达到迅速和易记的识别效果。

（2）有个性。易识别，易记忆，美观大方，新颖独特，富有创意，使观众过目难忘。

（3）准确性。图形的含义或色彩的象征必须与展览的性质、主题、内容等紧密结合。要求主题明确，形象生动，力求一形多意。好的会标是不需要逐字逐句阐述就能达到这一要求的。

（4）记忆度。耐人寻味，发人深省，让观众加深印象，从而达到持久记忆。

（5）永久性。优秀的会标不仅高雅脱俗、形式美观，而且还要经得起时间考验。一个好的会标通常预期能够维持15～20年甚至更长，在相当长的一段时间内不落伍，特别是永久性会标。因此在设计时需十分小心。不要盲目追随时尚潮流，以免过时。

（6）延伸性。一些主办单位相同的相关展览的会标设计与主办单位的单位标志具有一定相似性，从而达到延伸性的目的。

（7）色彩简练。色彩单纯，概括简练。颜色不能多，1～2种最好。在对色彩运用有一定想法时，最好先用黑白色来尝试设计一下，一个好的会标可以在大多数情况下都能产生效果，甚至在不能显示精微色彩和黑白影印稿中都能取得很好效果。

（8）标准性。便于放大、缩小。大而不空，小而不挤，适合各种不同场合的设计需要。

（9）合理、合法性。会标设计与商标设计一样必须遵守有关部门和国家规定的法律法规。

（二）展览会标的构成形式

会标的构成形式有以下几种：

（1）象征图型。以展览特性为依据的抽象或具体形象的图形会标设计，一般能给人以直观、易认的效果。例如，车形表示车展，用镜头、光圈代表摄影器材展等。

（2）文字型。以展览名称的汉字美术字、拼音、英文等作为元素进行上下叠加、左右拼联、四向连接（交叉）、里外组合、重叠遮挡组合、联体字等组合设计，使人很好记忆。

（3）首字型。以展览名称的汉字首字，拼音、英文的首字母作为会标设计的基本元素。

（4）图文结合型。文字带图形的形象化会标设计集前两者之优点于一身，是一种理想的设计方法。

（三）展览会标的制作与布置

会标可用有机玻璃、木板或其他板材制成，也可用彩喷粘贴等形式制成，主要用于展馆内外的各类设计之中，作用于展览的各种广告媒体、宣传用品、礼品、挂旗、包装袋乃至书签、茶杯等设计上，对扩大展览的社会影响，树立展览在社会大众心目中的形象具有很强的识别性和记忆性。

二、展场设计与布置

（一）展场整体布局与形象设计

展场整体布局是体现整个展览规模、规划和构成的整体蓝图，是进行后续各项工作的重要基础和依据。展场总体形象设计包括会标、会旗、吉祥物、工作人员制服设计和展览总的特征、基调、色彩和风格设计两大部分。在进行展场总体形象设计时不妨将整个展场看成一个商场，赋予它自己的 CIS 企业形象。因此在展场总体形象设计上与企业的形象设计一样要强调统一性和系统性。

（二）展场的空间构成形式

在进行展场布局设计时，必然要对构成空间大环境的群体空间组合形式进行规划、确定。展场的空间构成形式主要有：

（1）序列式空间。序列式空间是由馆外、馆门、序馆、各展位、出口等几部分按顺序所构成的展示空间。强调先后顺序，章法严谨，庄重而具有较强的逻辑性。

（2）组合式空间。组合式空间是指各分馆、展位间组合随意，路线自由，无主次、先后之分，展示空间具有随意性、自由性等特点。现代展览一般都采取较为自由的空间形式，在分成各大展区的基础上各个展位自由组合，无规定性路线和主次之分。

（三）展场色彩构成与设计

展场色彩的构成主要分为展场色彩组合构成、展览色彩统一设计与连续构成两部分。

（1）展场色彩组合构成。展场色彩组合主要涉及环境色和光照色两个部分。在环境色中，天（天花板）、地（地板、地毯）、四壁，对大环境色调起着主导性作用，而绿化起到点缀作用。在光照色中，光色有着柔和、强调、统一展览空间色调的显著作用。

（2）展览色彩统一设计与连续构成。统一设计，即统一设计展场中的专用色、主调色。连续构成，即确定各展区之间的色彩关系。展场色彩设计要做到既给人以视觉的享受与情感、心理的调节，同时又与展览的主题和信息传播的需要相吻合。

（四）展场指示系统设计与设置

一个展览，特别是大型国际展览，有数万平方米，甚至数十万平方米。一个展厅也有上万平方米，有展览区、销售区、表演区、洽谈区、交流区以及服务区等，如何将各个区位的划分准确地告诉参观者（往往是来自不同国家、地区的人们），如何使他们明确自己所处的位置，如何知道自己所要去的区域，如何走才是最短路线，这都有赖于现场指示系统的设计、安置和显示。指示系统将各个展览区域连接为一个整体，为提高工作效率和参观效率提供了方便。展场指示系统应给人以简洁、标准、清楚的视觉印象，一般应具有以下特征：

（1）可识别性。指示系统应采用高度简洁、图形化的形象，使之对不同的国家、不同民族的人们具有同样的识记作用。

（2）醒目性。从不同的角度、不同的距离都能引起人们的注目并清晰可辨。

（3）指示系统在设置位置、图形文字、色彩及光暗对比等方面，既要醒目又不能让人感到与建筑物相冲突，而应和谐美观。

（4）一致性。展场指示系统要以同一形象和同一方式安置在展场内，形成统一的视觉印象。

（五）场地的组织形式设计

展示场地分提供标准展台的场地和没有任何展架的净场地两类。净场地是在展场内划出的一块地，没有任何展架展具；标准展台是场地统一设计的、使用标准展架搭建的、配备基本展示道具的展台。具体来说，场地组织有单独展示和集体展示两种。公司单独占据一块场地展出称为单独展示；两家以上公司共用一块场地展出称为集体展示。展区设计主要是要协调好整体和个体的关系，其组织形式主要有分散型、结合型、集中型3种。展区设计形式类型如表5-2所示。

表5-2　展区设计形式类型

类　型	特　点	
分散型	参展者有较大自主权，每一展台面积相同，各有自己的展示、洽谈和储存区域。这种场地的组织形式设计较为简单，但效果较差，缺乏整体形象。虽然使用较为普遍，但不宜作为发展趋势	
结合型	参展者安排展示，组织者统一安排洽谈、储存区域，分为开放结合型和闭合结合型	开放结合型基本特征是展示向外，洽谈和储存区在内，洽谈人员须过展台进入洽谈区，因此洽谈区较易控制管理
		闭合结合型基本特征是整个展区形成一个独立的岛，四周是墙，可用于张贴宣传品，有多个出入口，进入展区后方可看到展台，这类展馆更易于建立整体形象

（续）

类　型	特　点
集中型	展示、宣传、洽谈、接待、办公、储存等区域全部由组织者统一设计布局。这类展区内不设展台小间，展品根据重要性、尺寸、数量分配面积。可不设独立的通道，参观者可多方向自由走动。其优势在于可用大量产品和便捷的出入吸引人流，有可能将参观者流量提高一倍。这种形式是集中的，但产生的效果却是开放的，因此也称作开放式设计，具有较好的发展前景

（六）展位设计

展位是参展商向参观者开放的“窗口”，其设计水平在很大程度上影响着参展商的形象和销售业绩。因此，展位设计在展览前期的筹备过程中是一个极为重要的环节。

1. 展位设计的原则

（1）艺术性原则。展位设计应有吸引力，令人赏心悦目，给人以良好的感觉，使人留下深刻的印象。采用艺术手法使展位设计产生最佳的视觉效果和良好的心理效应是展位设计的基本要求。

（2）功能性原则。展位设计不仅要有利于展览产品、吸引客户，还要有利于展台人员推销、宣传、调研，与观众交流、与客户洽谈等。所有这些工作都要有相应的空间、位置、设备，都需要根据条件和要求将展位的展览区域、接待区域、洽谈区域等功能合理分配。

（3）科学性原则。展位设计的科学性体现在展位设计是一个众多科学知识交叉融合的过程，在充分运用展览学原理、心理学、传播学、营销学、系统论、控制论等多学科的基础上，借助计算机等现代化的先进技术手段，为参展商提供展览展示的最佳平台。

2. 展位设计的要求

（1）搭配和谐。展位设计由很多因素（包括布局、照明、色彩、图表、展品、展架、展具等）组成的。好的设计是将这些因素组合成一体，帮助参展商达到展出目的。

（2）简洁而不简单。简洁是指在展位设计时尽量线条明快、摆设合理，给人以舒适、方便、直观的感觉，与展出内容无关的设计装饰应减少到最低程度。简洁的设计需要花费时间去挑选对比不同方案，所以这个设计必然是不简单的。

（3）突出焦点。焦点选择应服务于展出目的，一般是展会的特别产品、新产品、最重要的产品或者被看重的产品。通过位置、布置、灯光等手段突出重点展品。

（4）标志醒目。与众不同能吸引更多的参观者，使参观者更容易识别寻找，也更容易留下印象。设计标志要醒目独特，但是不要脱离展出目标和商业形象。

（5）合理使用空间。展位设计要考虑展台工作人员数量和参观者数量。拥挤的展台空间会给人压抑、企业实力不强的心理暗示，会导致客户的流失。空间的隔离分配不仅有助于客户对展品产生兴趣，而且为展台工作人员创造了较好的环境。

三、展览现场人流的分析控制设计

展览现场人流是指展览场地内流动的参观者，由流向、流量和流速 3 个因素组成。人流一般是自然形成的，但也有一定的规律。按人流的形成方式可将人流划分为：

（1）自然环境形成的人流。就展览和展馆而言，在出入口、序厅等处的人流流向较明确，在主干道、服务区等处的人流流量较集中。就展台而言，设计有吸引力的大展台、有操作表演的展台、散发纪念品的展台人流量较大。

（2）自然习惯形成的人流。人群由有目的的个体和无目的的个体组成，由于下意识的趋同心理，有目的的人流往往会带动其他人群的流向；另一种习惯是几个人的围观往往会招致一群观众；还有一种是人们往往避开空旷的地方而选择边道走，人流量少时更是如此。

（3）自然心理形成的人流。出于心理适应的反馈，观众进场后往往先走一段路，感到适应环境后再开始细看展品。有研究认为，大约在第一个走道一半的地方，即第8个展台之后，观众开始选择观看展台。

（4）自然本能形成的人流。据研究，在北半球，人们进入一个大厅后，大多数人会自然左转，然后按顺时针方向走，据称这是地球顺时针方向绕太阳旋转等自然倾向使然。

关于流向，对展览设计而言，要争取让观众看遍展览；对展台设计而言，要争取让观众看到每件展品。关于流量和流速，主要是通畅、避免堵塞。依目标观众群的不同，展览人流及流速按消费品展会、针对零售商的展会、针对批发商的展会、针对进口商的展会这个顺序逐步递减。通过对人流形成规律的分析，在进行展览场地设计时，可以采用如表5-3所示方法控制人流。

表5-3　展场人流控制渠道

控制渠道	具体措施
通过展示内容控制	将同一内容的展台按顺序排在一起，并排在同一边，以使人流比较有序；展示重点均匀排布，避免过于集中，以保持人流的稳定；在岔路口的位于按所希望的人流方向安排能吸引人注意的展品，以引导人流方向；在出入口不要设置过多展台，避免人流停滞堵塞
通过场地布局控制	利用封闭式、开放式设计，展台的自然布局以及出入口引导人流
通过设置道具控制	利用问询台、登记台以及其他展柜、展具的位置引导人流
通过指示标识控制	指示标识有场地示意图、路标、彩道、绳索等。在现代展览中，指示标识的重要性已为企业所重视，优秀的标识设计对整体展览气氛的形成有相当重要的辅助作用

四、展览相关现场布置

1. 开幕式现场布置

开幕式现场可摆放拱形门、花卉，悬挂彩旗、空飘气球等进行装饰，还可以根据需要安排乐队奏乐、表演歌舞、敲锣打鼓等，以烘托热烈欢快的气氛。如果现场需要安排标语、横幅、背景板，则内容、尺寸、颜色、质地等都要提前考虑周全并交代清楚。

时间较长或规模较大的开幕式，可设桌式讲台并摆设座椅；时间较短或规模较小的开幕式，可设立架式讲台或不设讲台而只摆放立式话筒。讲台区域和通向讲台的走道都应配有适当的照明，走道的电缆和其他障碍物应事先清理好。如果来宾席位较多，要考虑是否在席位处贴上标签及在走道上设路标。

2. 展览场馆主入口布置

展览场馆的主入口外面一般都会有一个广场。在展览展出期间，办展机构都会在广场的适当位置设置一些宣传物来烘托展览的气氛。这些宣传物主要包括：会标板、展览宣传牌、条幅、拱形门、升空气球、彩旗等，也有一些消费类的展览组织一些表演或抽奖活动，以活跃展览的气氛，吸引更多的观众入场参观。如果开幕式在广场上举行，许多宣传物可以继续保留，否则，就需要另行布置。这些宣传物应该在布展之前设置完毕，以便参展企业在进场布展时就能感受到展览的热烈气氛，直至撤展结束，这些宣传物方可拆除。

第四节　展览配套活动的组织与设计

一、展览配套活动的作用

1. 提升展览的层次和专业化程度

在展览期间举办的配套活动如行业会议、专业研讨会和技术交流会等本身就体现了展览的层次和专业化水平。2013 年 8 月 8 ~ 12 日，在黑龙江省绥芬河市世茂国际商展中心举办了“2013 中国 · 绥芬河国际口岸贸易博览会暨第 6 届中国名优商品展销会”，组委会在该展销会期间举办了一系列配套活动，包括“中国国际口岸发展论坛、俄罗斯滨海边疆区推介会、中俄经贸合作对接会、对外经贸大学科研成果发布会、绥博会金融扶持口岸发展对接会，以及 2013 中国国际商会会展委员会年会”等。这些高规格、高水平的配套活动的成功举办，大大提升了该展销会的档次，进一步提高了该展销会的专业化程度。

2. 增加展览看点和扩大与会人员参与度

2013 年 6 月 22 ~ 24 日，在北京中国国际展览中心举办了“2013 年全国食品安全宣传周活动商务部主题日暨第 9 届中国肉业博览会”，在该博览会上，4 大配套活动分别为“肉类行业‘诚信、公开、创新’行动倡议”“‘双汇杯’肉品质量安全知识竞赛”“舌尖上的肉制品——熟肉制品营养与美味评比活动”“2013 中国肉业发展论坛”。这些多元、丰富的配套活动不仅精彩纷呈吸引眼球，成为与会人员关注的亮点，让与会人员大开眼界，而且还吸引了很多专业观众和现场观众踊跃参与，并给参展企业和经销商带来更多的惊喜和收获，增加展览的成交率和成交机会。

3. 活跃展会现场气氛和提升展览影响力

2009 年 9 月 17 ~ 21 日，在南京国际博览中心举办了“2009 中国南京金秋经贸洽谈会、首届南京台湾名品交易会”，该展览组织的配套活动之一为“举办小型文艺演出活动”，该演出活动由台北世贸中心邀请台湾重要文艺表演团体，于每日展览期间进行小型文艺表演。2013 年 3 月 28 ~ 31 日在玉溪市博物馆举行了“2013 · 玉溪民居文化展暨春季房展”，该展览的配套活动是“乐 · 幸福购房嘉年华”，即在房交会现场设置“购房嘉年华活动区域”，观展市民在现场领取游戏券即可免费参加“欢乐夹乒乓”等游戏，通关者将获得相应礼品。

类似这些具有观赏性或参与性的相关活动（如表演、比赛等），增强了展览的娱乐性和互动性，使现场气氛异常活跃，扩大了展览的传播效果。

4. 丰富、强化和拓展展览的功能

2012 年 10 月 15～17 日，在深圳会展中心举行了“2012 年中国（深圳）国际物流与交通运输博览会”。该展览的配套活动有“国际港口链战略论坛、中国国际公交都市发展高峰论坛等论坛，以及‘走进前海’大型推介会、买家采购会、现场招聘会等专题活动”，集展示展览、主题论坛、招商引资、行业评奖、人才招聘于一体。2011 年 4 月 7～9 日在南京博览中心（河西新馆）举行了“2011 第 6 届中国（江苏）国际农业机械展览”，该展览期间举办了“农机与农艺融合发展专家论坛”“美国爱科中国发展战略信息发布会”“德国日”“秸秆综合利用创意大赛”“信息化在农机技术服务和管理中的应用体验”“省农垦集团采购农机现场签约”等配套活动。上述展览配套活动的成功举行，大大丰富了展览的内涵，强化和延伸了展览的功能和作用。

二、展览配套活动的形式

1. 会议

伴随现代会展的发展，“展中有会，会中有展”已成为基本趋势。因此，在展览期间举办相关会议活动是最常见的展览相关配套活动。在会议活动中邀请著名学者、专家、企业和政府相关人员等参加。会议形式具体包括新闻发布会、专业研讨会、技术交流会、产品发布会、产品推介会和专题论坛等类型。这些相关会议活动的召开为加强展览行业信息交流、提升展览的档次和水平发挥了重要功能。在具体设计会议活动时，应紧紧围绕展览主题构思和落实会议目标、会议形式、会议规模、时间、地点、议程，确定与会人员、经费预算等各项内容。

2. 表演

在展览期间举办各种与展览主题相关的表演是十分常见的活动，能起到活跃现场气氛和吸引潜在观众的作用。展览现场举办的表演活动大致可分为两类：一类是穿插性表演活动。这类表演活动的主要目的是充实展览内容、扩大展览影响，常被穿插安排在展览主要时段之中进行，起着间隔时段和充实内容的作用。例如，在展览期间举办有著名影视明星参加的文艺晚会、服装展览的模特表演、乐器展览的乐手演奏。另一类是程序性表演活动。这类表演活动多是依照行业惯例而举办的，是展览活动的常规程序。例如，在开幕式仪式上安排一些或大或小的表演活动，在等候答谢晚宴开席时安排一些文艺表演助兴等。

3. 比赛

展览活动带来大量的人群聚集，特定展览主题常使同行业的多家企业齐集一堂，在此期间举办一些比赛活动拥有许多便利条件，也易在行业内和社会上产生较大的影响。和表演一样，比赛对于活跃现场气氛和吸引潜在观众也有较大的帮助，另外，有些专业性比赛活动对于吸引企业参加展会也有一定的帮助。

在展览期间举办的比赛活动大致分为两类：一类是以大众观赏为主要目的的比赛活动，

如在体育用品类展览中举办的各种球类比赛、在服装类展览中举办的各种时装表演比赛等；另一类是强调行业特征的专业性比赛活动，如为鼓励广大参展商提高展位质量而举办的展位设计比赛、为发掘行业新产品和新设计而举办的创新产品评比等。

4. 其他活动

除了上述活动之外，有些展览组织机构还在展览期间举办其他相关活动，如招标活动、访问活动、公益活动、明星见面活动、评奖等。这些活动对充实展览内容、扩大展览影响、树立展览良好形象起着积极作用，是展览组织机构提供的现场服务的有机组成部分。

三、展览配套活动组织与设计的相关要求

1. 配套活动的主题和形式要与展览的主题相吻合

展览配套活动的主题和形式应与展览的主题定位一脉相承，应是展览主题的延伸和丰富。配套具体活动应根据参展商和观众的需要进行精心设计，紧扣展览主题来设计安排相关活动内容和形式。在进行配套活动设计时既要做到通盘考虑，符合展览主题定位，又要因地制宜，不因循守旧，可采取多样化的表现形式，实现配套活动与展览之间的相互促进、相互关联，达到烘托展览主题、传递展览行业发展新理念、提升展览吸引力的效果。

2. 各项准备工作要充分、具体

展览配套活动需要展览组织机构内部相关人员通力合作、明确时间节点，形成合力才能高效完成。要做到配套活动有明确具体的工作目标和活动方案，并根据配套活动方案内容将工作任务落实到相关责任人。在具体执行时需要严格落实配套活动的工作环节，包括明确时间、落实场地及相关设施，组织与会人员，邀请相关专家，确定新闻媒体以及接待等各项工作，确保配套活动合理安排、组织有序、高效推进。

3. 做好相关配套活动经费预算

相关配套活动的举办通常都不是纯粹的商业活动，不是以营利为主要目的，但不可否认的是这些相关活动的运作过程都是一种经济活动，既需要筹措活动资金，更需要按预算进行成本控制，尽量减少相关配套活动的支出。经费预算的合理性和可行性是最大限度提高活动经费使用效益的重要保证。因此，将相关配套活动的经费预算做好是相关配套活动运作中重要的环节之一。

第五节　展览相关文案的准备

一、参展指南

参展指南主要是为方便和指引参展商顺利进行筹展、布展、开展和撤展等服务的，它不仅对参展商进行参展筹备有着十分重要的指引作用，也对办展机构对展览的布展、开展和撤展等各环节进行有效的现场管理有很大的帮助和影响。一般来说，参展指南包括以下内容：

（1）前言。主要是对参展商参加本展览表示欢迎，说明本手册编制的原则和目的，提

醒参展商在筹展、布展、开展和撤展等环节要自觉遵守本手册的相关规定等。

(2) 展览场地基本情况。包括展览及展区平面图，展馆周边的交通图，展览场地的基本技术数据。

(3) 展览基本信息。包括展览的名称、开展时间、举办地点、办展机构、展览指定的承建商、指定的运输代理、指定的旅游代理、指定的接待酒店等。

(4) 展览规则。介绍参展商必须遵守的一些规章制度，包括展览有关证件使用和管理规定、展览现场保安和保险的规定、展位清洁的规定、物品储藏的规定、现场使用水电的注意事项、现场展品销售的规定、消防规定、知识产权保护规定、现场展品演示的注意事项等。

(5) 展位搭装指南。它是对参展商在展位搭装时的一些基本要求和说明，主要包括标准展位和空地展位搭装说明等。

(6) 展品运输指南。对参展商将展品等物品运到展览现场所做的一些指引和说明，主要包括海外运输指南和国内运输指南等。

(7) 展览旅游信息。对解决参展商等参加展览期间的吃、住、行等需要和展览前后的旅游需要等作出的一些说明。

(8) 相关表格。有关参展商在筹展和布展过程中需要使用的各种表格，主要包括研讨会和技术交流会申请表、刊登会刊广告申请表、展位搭装申请表等。

二、观众指南

观众指南是办展机构编印的用来指引观众参观展览的一种小册子，主要是向展览的专业观众、媒体记者以及与会参观的嘉宾发放。到会的观众、媒体记者和嘉宾借助于参观指南可以更加方便地参观展览。好的参观指南就像是展览参观的指南针，观众有了它就不会在展馆里迷路。有了它的指引，观众不但可以很方便地找到自己要到的展馆或者展区，还可以很容易地找到某一个具体的参展企业的位置。一般来说，观众指南主要包括以下内容：①展览的基本内容，包括展览 LOGO、名称、展览时间和地点、办展机构名称和展品范围等；②展览的简短介绍，主要介绍展览的规模、参展企业数量和来源、展品特点、展览相关活动安排等；③展区和展位划分与安排，主要包括展览的展区展位划分图、各展区的位置和范围、各参展企业名单及其展位号一览表、大的或知名参展企业的名字及具体位置等；④其他有关图表，主要有展馆在该城市中的位置及交通图、展馆内部交通图、展馆内各服务网点的分布图等。

三、会刊

会刊是刊登所有参展商信息及现场查询展位的信息名录。一般每个参展企业都拥有一定的会刊版面来简单介绍本企业产品的性质和特色。会刊同时又是广告赞助商刊登企业形象宣传的重要版面，所以会刊制作的精良和会刊印制的页数多少都从一个侧面反映了此次展览招展情况的好坏，广告赞助的多少。会刊对所有参展商有着定期的使用价值，信息的查询、卖家的联络、产品的介绍都是会刊价值所在。在展览开始前一个月，所有参展商都必须将企业信息（最好以光盘的形式）如实、准确、详细地提供给展览组委会秘书处，在参展商报到注册时，发送到其手中。大部分展览的会刊在展览现场都可出售给其他专业观众。

四、赞助商手册

赞助商手册应由专门的广告公司设计，要图文并茂，内容主要是明确此次展览的规模和层次，特别是媒体的宣传途径和力度是赞助的卖点所在。赞助商手册的编写一定要站在客户的立场去分析，客户凭什么来参与此次展览，该如何引导客户参与进来，客户的参与程度又将是多少，对客户的承诺如何回报，如何说服客户在诸多同类的展览之中选择此次展览来投资参与。为吸引企业赞助，可从以下 3 个方面来实施：

（1）应该阐明此次展览的规模和档次非同一般，主办单位的级别和参展数量都是首屈一指的，届时出席展览开幕式的贵宾的级别（中央和地方的政府领导），这也决定了开幕式招徕的媒体记者的层次和数量。

（2）赞助企业的品牌形象能够在多少场合以何种形式出现（曝光率），企业的品牌标识出现的频率等都必须为客户考虑清楚，要清楚地为客户算一笔账。比如企业在东方电视台黄金时段播出 10 次品牌广告按市场价格需要多少钱，现在通过黄金时段对此次展览的报道，将企业品牌凸现给特定观众，企业的投资行为是以赞助展览的性质体现，而不是纯粹的电视广告，对企业来说，是否合适。

（3）企业赞助的费用将用于组委会制作各类证件、门票、资料袋、广告牌、彩旗等，企业的品牌标识将多次出现在上述平面上，品牌的受众面带给企业的社会效应必须陈述清楚，给投资者以信心。

本章小结

寻求合作办展机构的目的是力争做到能扬长避短、拓宽展览营销渠道，能提高展览的权威性、专业性，能维护和提升展览品牌形象，能提高展览信息传播效率，能最大限度地降低展览招展招商成本等。确定合作办展机构的基本原则有：有利于提升展览招展招商工作效果，有利于提升展览的知名度和影响力，有利于拓展展览宣传推广的力度。

选择展出场馆需要考虑的因素有：展览预期需要的面积和展览场馆可用面积，展览场馆空间和设施，场地单位面积费用及其他间接费用，展览场馆的软件条件，展览场馆附近的交通。不论租赁合同的形式如何，其主要内容包括：展览名称、展出内容、租用面积或展厅数量、租用起止时间、租金标准和付款方式、布展与撤展规定、双方所承担的责任与义务、双方法人签字盖章等。

展览证件可以分为 3 大类，第 1 类是证明展览与会人员身份，如参展商证、专业观众证、嘉宾证等；第 2 类是标明展览工作人员身份，如布展证、施工证、安全保卫证；第 3 类是车证、物证及其他便于展览组织而配发的相关证件，如车辆通行证、专用物品证等。展览证件的内容包括展览名称，展览标识，持证人姓名、照片，证件类型，证件编号或条形码，展出时间，持证须知或注意事项。展览证件的制作要求：便于区别与会人员身份，证件的设计风格与展览主题相一致，要便于佩戴，要美观大方。

展览会标设计的原则有：视觉冲击力强、有个性、准确性、记忆度、永久性、延伸性、色彩简练、标准性、合理、合法性。会标的构成形式有以下几种：象征图型、文字型、首字型、图文结合型。在进行展场设计与布置时，需从以下几方面进行考虑：展场整体布局与形象设计，展场的空间构成形式，展场色彩构成与设计，展场指示系统设计与设置，场地的组织形式设计，展位设计。

进行展览现场人流的分析控制设计时需要考虑以下4种情况：自然环境形成的人流、自然习惯形成的人流、自然心理形成的人流、自然本能形成的人流。开幕式现场可摆放拱形门、花卉，悬挂彩旗、空飘气球等进行装饰，还可以根据需要安排乐队奏乐、表演歌舞、敲锣打鼓等，以烘托热烈欢快的气氛。展览场馆主入口布置会标板、展览宣传牌、条幅、拱形门、升空气球、彩旗等。

展览配套活动的作用有：提升展览的层次和专业化程度，增加展览看点和扩大与会人员参与度，活跃展会现场气氛和提升展览影响力，丰富、强化和拓展展览的功能。展览配套活动的形式有：会议、表演、比赛以及其他活动，如招标活动、访问活动、公益活动、明星见面活动、评奖等。展览配套活动组织与设计的相关要求有：配套活动的主题和形式要与展览的主题相吻合，各项准备工作要充分、具体，做好相关配套活动经费预算。展览相关文案需要提前做好准备，如参展指南、观众指南、会刊、赞助商手册等。

复习思考题

1. 确定合作办展机构的基本原则有哪些？
2. 选择展出场馆需要考虑哪些因素？
3. 展览证件有哪些种类？展览证件应包括哪些内容？
4. 展览证件制作有哪些要求？
5. 如何做好展览现场的设计与布置？
6. 展览配套活动有哪些作用？
7. 展览配套活动的形式有哪些？
8. 展览配套活动组织与设计时有哪些要求？
9. 展览相关文案如何准备？

案例分析

第15届中国国际工业博览会论坛简介

由国家发展和改革委员会、商务部、工业和信息化部、科学技术部、教育部、中国科学院、中国工程院、中国国际贸易促进委员会和上海市人民政府共同主办的“第15届中国国际工业博览会”（以下简称“中国工博会”）于2013年11月5~9日在上海举行。

中国国际工业博览会论坛作为“中国工博会”的重要活动之一，于2013年10月下旬至12月上旬期间举行。本届论坛紧扣“制造：数字与绿色”主题，设发展论坛、科技论坛、行业与企业论坛三大系列板块，共53项专题活动。

本届论坛继续着力打造以中国工博会展示为基础、以制造业发展为重点的专业品牌论坛，本届共安排3项活动：“第2届中国工业机器人高峰论坛”“中国智慧城市产业发展（上海）论坛”“消费品设计与设计之都论坛”。

科技论坛按照高层次、学术性、学科交叉性的特点，以“院士圆桌会议——大数据的驱动与创新”为核心，同时将举办18项专题学术交流活动。

行业与企业论坛主要围绕新产品、新技术发布与交流，与“工博会”展示、专业展商、专业观众互动等紧密结合，共安排31项活动。

本届论坛选题适应我国转型发展的要求，应对全球能源、资源、环境等约束和世界经济全球化、多极化发展的挑战，选择世界装备制造业发展中的技术、经济及管理方面的前沿议题，邀请在国际、国内有影响的政府官员、专家、学者和企业家发表真知灼见，开展务实研讨，重点突出前沿性、前瞻性、专业性、学术性的特点，以增强社会吸引力。

（资料来源：http：//www. ciif-expo. com/article/list. php？catid＝542）

案例思考题：

根据以上材料，简述举办展会相关配套活动的作用以及注意事项。

第六章

展览招展与招商管理

本章提要

展览招展与招商管理在展览运营管理中具有十分重要的地位。展览组织机构都非常重视招展和招商工作。第一节讨论招展工作在展览运营管理中的重要地位，详述做好招展的基础工作，分析了招展代理的方式和原则。第二节分析招商的基本特征，列举观众的类型，详述做好招商的基础工作。

学习目标

1. 了解招展、招商工作在展览运营管理中的重要地位。
2. 掌握招展基础工作的内容。
3. 理解招展代理的方式和原则。
4. 掌握招商基础工作的内容。
5. 了解招商的基本特征。
6. 了解观众的类型。

第一节　展览招展管理

一、招展的内涵

所谓招展，就是指通过各种方式将那些与拟办展览主题相符的产品（或服务）的制造商、供应商、成果拥有者、服务提供者吸引进展览，让其在展览上展示和推销自己的产品、服务和技术成果的活动。在展览会的组织工作中，招展是关键的一环。展览一旦立项，就进入到招展运作阶段。因展览会的规模不一，招展阶段大约需要经历一年或一年多的时间。

二、招展工作在展览运营管理中的重要地位

参展商是展览的核心。他们可能是个人、公司或集团，也可能是地方政府，拥有在展览

上销售或促销的产品、服务或概念，他们是展览生存发展的前提。如果没有足够的参展商租用展位和设置展台，展览就举办不起来，参展商的参与规模与质量决定了一个展览的成败。参展商在展览运营管理中的地位和作用体现在以下几个方面：

（1）参展商在展览价值链中处于核心地位。在商业性展览中，主办者的收入主要来自参展商。展览运营管理需要足够多的参展商参加。

（2）参展商连续参展是展览组织者的利益所在。对于一个定期举办的商业性展览，参展商的连续参展十分重要，它是保证主办单位最大利益的理想方式。

（3）参展商参展收益是展览效益的综合体现。展览的效益是综合性的，它包括经济效益和社会效益两大方面。参展商的参展收益是展览效益的重要组成部分。参展收益高，展览主办者的效益才会有保障；参展收益低，即使其他方面获取较好效益，展览综合效益也是畸形的，主办者无法长期维持与参展商的关系，展览也难以生存。

三、招展基础工作

（一）建立目标参展商的数据库

要想使招展工作顺利进行，首要的一步是要广泛地收集目标参展商的信息，建立一个完整而又实用的目标参展商数据库，这是招展的基础性工作。不仅如此，一个好的目标参展商数据库也是进行展览规模预测的基础。

1. 目标参展商的信息收集

目标参展商是办展机构认为可能会来参加展览的企业和单位，这些企业和单位不仅包括展览题材所在行业的企业，还应该包括一些与题材所在行业有关联的行业的企业。由于展览招展工作是以掌握这些目标参展企业的基本数量、特征和分布状况为前提的，一个完整而实用的目标参展商数据库必须能广泛而全面地收集到目标参展商的有关信息。一般来说，可以通过以下渠道来收集信息：

（1）现有参展商数据。一个展览的现有参展商如果对本次展览的规模、服务和效果满意，就很有可能继续参加下次的展览，因此，现有参展商应是目标参展商数据库的主要组成部分。

（2）行业企业名录。很多行业都有一些资料齐全的行业企业名录或者企业大全，收集了这些行业大量企业的基本资料，如企业名称、地址、联系办法等，有些企业名录还每年更新。办展机构可以从这里找到大量的目标参展商信息。

（3）商会和行业协会。各行业的商会或协会一般与本行业内的企业联系密切，掌握了大量的企业信息，有一定的会员单位。

（4）政府主管部门。政府主管部门对自己主管的行业的企业一般比较了解，与企业也有一定的联系。

（5）专业报纸杂志和网站。各行业的专业报纸杂志和网站掌握着本行业的最新动态和信息，与行业内企业的往来密切，掌握了一定数量的企业信息。收集广告也可以掌握一定数量的企业信息。

（6）同类展览。同类展览对办展机构来说是目标参展商集聚的场所，主办方可以在同类展览上接触到其大部分目标参展商，因而可以到各展位直接收集每一个参展商的信息，也可以通过购买展览会刊或参展商名录来收集。

（7）外国驻华机构。展览是企业进行商品营销的一个重要渠道，各国驻华机构每年都会向本国企业推荐一批著名的展览供它们作参展选择。

（8）向专业咨询公司购买数据。

（9）电话黄页。它类似于行业企业名录，特别适用于收集某一特定地区范围内的企业信息。

2. 目标参展商数据库的信息内容

完整的目标参展商数据库中应包括所有对展览招展有重要参考价值的信息，包括企业名称、地址、联系电话、传真、电子邮件和网址、联系人等基本信息，以及关于企业生产的各类产品、目标市场、企业规模等信息。作为展览主办机构还应该对参展商信息加以分析和把握，如分析行业企业的结构状况、地区分布状况、市场特点等，据此来指导招展工作。

3. 目标参展商数据库的建立原则

（1）目标参展商数据库要有一定的数据量，而且数据真实可靠，这是最基本的要求，以便招展时有足够的客户资源。

（2）对数据库里各条信息进行科学的分类，并要符合招展分类的要求，以便于日后检索。

（3）目标参展商数据库要具备动态性的特点，以便于对数据库信息的修改，而不损害其他数据的安全。

（二）展区和展位划分

在进行招展之前，需要事先划分好展区和展位。展区主要依据展品类别来划分，一个专业题材的展区可能只占用某一个场馆的一部分，也可能占满一个甚至几个场馆。当展区确定后，需要根据场馆的场地特征等具体情况来划分展位。

在划分好展区和展位后，还要按照一定比例将其绘制成展位平面图，并在图上标明各展区的名称、所有展位的代号以及场馆的停车场、出入口、洗手间、楼梯和现场服务设施等，以便参展商在选择展位时能更快、更好地作出决定。一般来说，在招展时展出同类展品的参展商被安排在同一个展区，对于该展区内仍可获得的展位，参展商可以根据自己的需要进行选择。

展区和展位的划分必须讲究科学性和整体性，毕竟展区的划分与潜在参展商的结构紧密相关，展位的划分则直接影响将来的招展工作。概括而言，划分展区和展位时应遵循以下几条原则：①展区划分的主要标准是展品所属的专业题材，以增强展览的专业性；②有助于提高参展商的展出效果；③便于观众参观和疏散；④不会影响展览的现场管理和服务；⑤有利于充分利用展览场地。

（三）确定参展商的选择标准

参展商的选择标准可以有不同的形式和内容，但是最简便、最容易的方法是产品标准。产品标准是在展出目标、展览性质等大前提下物化的、量化的选择标准。需要指出的是，大部分展览的组织者都需要盈利，但是这应当建立在整体展出高质量、高效益的基础上的次要目标。在这种情况下，组织者最好不要将盈利作为第一目标，并以此作为参展商的选择标准。选择标准要在招展工作开始之前就决定，并要有透明度，在宣传时予以公布。这不仅能使参展商在做申请决定之前有标准依据，而且也能成为展览组织者拒绝申请者的依据。

（四）招展价格的制定

为展览确定一个合适的招展价格是招展管理的一项重要任务。招展价格对参展商的参展决策有重要影响。如果价格高，可能会吓退参展商；但价格过低，展览的收入减少，展览就可能出现亏损。因此，确定一个合理的招展价格，对展览的展位营销和展览的经济效益都有着重大影响。招展价格一般按展位不同分为标准展位价格和空地展位价格。标准展位一般按一个展位单价来算，空地展位一般用每平方米单价来算。此外还有室内展位和室外展位之分。制定一个合理的价格是一件比较复杂的工作，与通常企业定价策略相似，主要的定价方法有成本导向定价法、竞争导向定价法和需求导向定价法等。除此以外，测算时还要考虑行业特点等因素。

（五）招展分工

展览招展分工包括 3 个方面内容：

（1）各招展单位之间的分工安排。展览有几个单位共同负责招展时，必须明确各招展单位之间的分工，如各招展单位必须共同遵守的招展原则、各招展单位的计划招展面积、各单位负责的招展地区和重点目标参展商、展位费的收取办法、如何具体安排各参展商的具体展位等。

（2）本单位招展人员及其分工安排。不管展览的招展工作是由几个单位共同负责，还是只由本单位一家自己负责，招展单位都要对本单位的招展人员及其分工作出安排，包括确定招展人员名单、明确各招展人员负责招展的地区范围和重点目标名单、制定各招展人员的信息沟通和工作协调方法、制定统一安排展位的措施。

（3）对招展代理机构权利、义务和利益的规定要明确。

（六）招展函的编制与发送

招展函的编制与发送主要是指介绍招展函的内容、编制办法及其发送范围和方法。在确定招展函的编制计划时，一定要考虑招展函的印制数量、发送范围和如何发送招展函等问题。招展函是展览组织用来向潜在客户说明展览以招揽参展商的小册子，是开展招展工作的核心资料。招展函也是参展商了解展览的第一份资料，因此，展览组织机构必须编制好招展函，用以激发参展商的参展欲望。一份完整的招展函应该包括以下几个方面的内容：

（1）展览的情况介绍。包括展览名称、标志；展览的举办时间与地点；展览的主办机构名单；展览的目标与特色；展览展品的各类及范围；展览展位价格及参展费用。

（2）市场状况描述。主要包括对行业状况和地区状况的描述。

（3）展览宣传推广计划。主要包括招商计划、宣传推广计划以及相关活动计划、现场服务项目。

（4）参展办法。主要包括如何办理参展手续、付款方式以及参展申请表和办展机构的联系办法。

（5）相关图片。这些图片既可以是展览场地图片和往届展览现场的图片，也可以是领导人或知名企业的图片、展览场地周边交通图等。

（七）招展预算

在招展预算中应该注意以下两点：

（1）招展预算是为招展各项工作的顺利进行所制定的费用支出预算。招展预算是在各招展筹划工作基本确定的基础上，对招展可能需要的费用支出作出的整体安排与具体的支出计划。招展预算的编制应该从招展工作的实际需要出发，本着统筹安排、合理利用的原则，符合实际情况地进行编制。一般情况下，直接招展费用主要包括：招展人员的费用，包括招展工作人员的工资、差旅费、办公费等；招展宣传推广的费用；代理费用；招展资料的编印与邮寄费用；招展的公关费用；其他不可预见的招展费用。

（2）招展预算要编制得细致，且费用支出要安排得合理。招展预算应本着节约的原则，只有确实需要支出的费用才可以进行预算支出，这样可以严格控制展览的招展成本，防止招展费用的失控。另外，招展预算的费用支出应该注意在时间安排上与招展工作的实际需要相配合，不可以出现工作开始时费用充足而最后费用却不够，或者是开始不愿支出而到最后拼命追加费用等不良现象。

（八）拟定参展合同书条款

参展合同书应是展览组织机构和参展商双方共同签订的契约，所有条款都应当在双方同意的前提下签订生效。展览组织机构需要提前根据展览的性质、功能、目标等要素事先拟定好展览组织机构和参展商各自的权利、义务以及违约的责任等基本条款，待参展商打算参展时双方再通过洽谈商量进一步确认相关条款内容。

四、招展代理

（一）招展代理的方式

对于一个大型展览，招展的任务比较繁重，通常展览的组织机构会寻求合适的招展代理商，协助展览组织机构做好招展任务。招展代理是展览组织机构通过外部力量来做大做活招展业务的一种有效手段。一个资质可靠、负责任的代理商可以高效地完成招展的任务，确保展览的经济效益。一般来说展览的招展代理主要有以下几种：

（1）独家代理招展。简而言之就是在保证一定摊位数的基础上，一个地区选择一家代理机构作为独家代理，所有来自这一地区的摊位不管是否由代理直接招来，都计入代理的摊位中，统一支付代理佣金，且不管以后该公司是否通过代理或直接报名，都仍算为代理的名下，作为代理的永久客户。对于一些专业性很强的展览，做法是与一个专业的协会或公司全方位合作，利润共享。

（2）一般代理。一般代理即展览组织机构在同一地区同时设立几个代理商作为自己展览的招展代理，同时规定各个代理之间的权限和利益，而且招展的条件必须统一，以免造成混乱。

（3）承包代理。承包代理即该代理机构向展览组织机构承诺在展览开幕前卖出一定数量的展位，并且双方签订合同，不论是否完成约定的展位数量，代理商必须按商定的展位费付给办展机构。

（二）招展代理的原则

1. 经济原则

经济效益是一切招展决策的基本出发点。在选择代理商时，应当考核选择代理商所需要花费的成本以及可能引致的销售收入的增长，以此评价代理商选择的合理性。

2. 控制原则

展览组织机构与代理商都是相对独立的经济实体，它们之间在管理上不存在从属关系。因此，选择代理商时，应充分考虑对其控制的程度。代理商是否稳定可靠，对展览组织机构能否维持并扩大市场份额，实现其长远目标至关重要。如果代理商对展览组织机构的依赖性较强，展览组织机构对代理商的控制就较容易，其选择代理商的风险就较小。

3. 适应原则

代理商对于展览组织机构而言，属不完全可控因素。展览组织机构与代理商之间作为一种协作关系，它们之间是相互适应的关系。这种适应性体现在 3 个方面：①地区的适应性，即根据不同地区的市场环境，建立与之相适应的代理商体系；②时间上的适应性，即根据不同的展览项目在市场上的适销状况，采取不同的代理商政策与之适应；③对代理商的适应性，即根据代理商的销售实力、商业信誉、管理水平状况，对不同的代理商采取不同的渠道策略。

第二节　展览招商管理

一、招商的含义和特征

招商，即组织展览目标观众，具体来说就是通过各种方式将那些对拟办展览所展示的产品有需要和感兴趣的采购商和其他观众引进展览，邀请观众到展览会来参观。

招商具有 3 个特征：

（1）经济的间接性。展览组织机构每招到一个参展商就会给他带来直接的经济利益，而招到观众却不能带来直观的经济收益。

（2）工作的隐形性。招展投入的多少，可能通过展位的预订情况得知，而参展的观众却往往不会提前向展览组织机构预订。

（3）效果的滞后性。招商效果的好坏要到展览举办期间才能知道，这时参展商的展位费等各项费用都已经缴纳。参展商如果发现招商效果不好，却也无可奈何。

二、观众的分类

按照不同的分类标准，展览的观众可以划分为不同的类型。

（1）专业观众和普通观众。专业观众就是指那些在展览题材相关行业内任各种职业的人员。他们主要来自相关行业的生产制造企业、研究机构、技术开发机构、进出口企业、批发与零售企业、行业管理部门和服务型企业等单位。比如说汽车展，专业观众包括汽车的生产厂家和销售公司，以及汽车研究所等专业机构的人员，对于那些爱车一族，他们同样应该排除在专业观众的花名册之外。专业观众的质量和数量不仅是评价展会质量和水平的重要因素，它还关系到展览的生命力，决定着展览的成败。普通观众主要是指那些所从事的职业暂时与展览题材没有联系而又有兴趣入场参观的人员。

（2）有效观众和无效观众。有效观众是指到会参展的专业观众以及参展商所期望的具有潜在贸易价值的观众，他们对展览来讲不可或缺。无效观众是指参展商没有对其产生期望值的观众，他们对展览来说可有可无。由此可见，展览观众并不是越多越好。对于一个专业展览来说，如果无效观众过多，可能会对展览的正常商务活动带来不利影响，例如，展览现场太嘈杂、秩序混乱、影响商务谈判等。因此，展览观众组织的重点是邀请到尽可能多的有效观众，这对展览来说具有重要意义。但是从另一方面来讲，无效观众对展览也不是没有任何作用，实际上只要数量适中，他们对增加展览人气、活跃展览气氛、扩大参展商的广告效益和知名度同样具有较高的价值。

三、招商工作在展览运营管理中的重要地位

参展商在展会中得到订单的机会越大，参展的效果就越明显，而得到订单的机会大小又取决于专业观众的流量。由此可见，参展商的参展需求主要通过展会的专业观众实现，也证明了展览的专业观众邀请工作至关重要。展览的成功与否很大程度上取决于展览观众的数量和质量，特别是高质量的专业观众、购买客商，最好是大规模的买家。贸易展览的参展商参加展览的目的主要是拓展产品销路，而专业观众是参展商的真正潜在客户，它的数量和质量直接影响参展商的参展收益和以后参展的可能性。专业观众参加展览的数量和质量，是参展商心目中衡量展览的首要参数。在会展行业日趋规范，竞争愈发激烈的现实情况下，中小型会展企业如果不能打开思路，依旧把工作的重心全部放在参展企业的邀请，而忽略了对专业观众的组织工作时，可以预见，这样的办展之路必将越走越窄。

当然，不同的展览需要不同的观众，“展销会”需要的观众是以购物为主的一般的商品消费者；“专业订货会”“交易会”等需要的是以贸易订货为主的贸易商或各类需方代表；“洽谈会”“招商会”需要的观众是项目开发和准备投资的合作者等。展览组织机构首先要根据展览的特点来定位展览的专业观众。只有根据展览特点找准专业观众的定位，才能有目的地进行专业观众的组织。那么是否展馆内到处人头攒动，连通道都被挤得水泄不通，就说明展览组织对于专业观众的邀请是成功的呢？不尽然，如果仅仅关注观众数量的增加，为营

造展场内热热闹闹、人潮涌动的气氛，而不加选择地拉人凑数，必然会导致进入展场内的观众良莠不齐。

四、招商的基础工作

（一）建立目标观众数据库

建立目标观众数据库是招商的基础。目标观众，特别是专业观众样本的主要渠道有以下几种：①现场实施取样，即从展览现场得到的数据进行及时的统计所得；②登记表登记，即根据专业观众进场前的登记进行统计；③网络注册取样，即利用展览网站开通的网上电子登记系统，将所需要取样的内容制成表格，以电子请帖的形式提供给观众填写；④展览身份识别信息管理软件；⑤在同类展览信息中寻找专业观众；⑥根据参展商的期望寻找专业观众。当然，在建立目标观众数据库时，要科学分类，以便查找和检索，还要确保信息准确、及时更新。

（二）目标观众的信息收集及选择依据

收集目标观众信息时，除了要收集他们的名称、地址、联系电话、传真、电子邮件和网址等信息外，还要了解专业观众的职务、年龄、个性特征、购买影响力以及他们的产品需求倾向等。

选择目标观众主要依据行业、地区、企业规模等综合而定；行业选择视展览的性质和内容而定；选择地区应考虑该行业在各地区的发展状况、市场分布、参展商业务范围的影响；企业规模标准视展览的档次、参展商的企业规模和交易要求而定。

（三）观众邀请函编印

观众邀请函是专门针对展览的目标观众，尤其是向专业观众发送的。观众邀请函的主要作用是邀请专业观众到会参观，发送的针对性非常强，效果往往也很好。观众邀请函往往在展览开幕前 1 个月才向目标观众邮寄。不过对于国外的观众，邀请函的邮寄时间就要适度提前，一般在开幕前 3 个月至半年就开始邮寄，这样便于国外观众制订参观计划和申请签证。一份完整的观众邀请函的主要内容包括：

（1）基本概述，包括展览的特点和优势等。

（2）招展情况，包括展出的主要展品、参加展出的新产品，一般还会将一些行业知名的企业参展情况进行重点描述。

（3）相关活动计划，包括这些活动的内容和特色，特别是关于观众互动、观众抽奖等活动，并说明有关的奖品设置。

（4）参观回执表，包括申请参观的联系人和联系方法等，方便观众预告登记。

（四）招商分工

为了保证展览在开幕后能有一定数量和质量的观众到会参观，在进行展览招商管理时，需要对展览招商工作进行分工。主要涉及两个方面：

（1）办展机构之间的招商分工。当展览由几个单位联合举办时，必须明确展览的招商工作由谁负责。如果展览的招商工作由各办展机构共同来负责，必须明确各办展机构之间的招商分工，包括明确各单位必须共同遵守的招商原则、对各单位负责的招商地区（或行业）和重点目标观众的划分、对招商费用的预算和支付办法、对重点目标观众的邀请和接待的安排等。

（2）本单位内招商人员及其分工安排。有招商任务的单位要对本单位的招商人员及其工作作出安排，包括确定主要负责招商的人员名单，明确其主要任务是进行展览招商；明确各招商人员负责招商的地区范围和重点目标观众；制定各招商人员的信息沟通和工作协调办法；对重点目标观众要制定统一的接待安排计划。

（五）招商预算

招商预算是保证招商工作有效开展的重要条件。招商预算的项目包括观众邀请函编印和邮寄费用、招商宣传推广费用、招商人员费用（包括招商工作人员工资、差旅费、办公费等）以及其他不可预计的费用等。

◆［拓展阅读6-1］

关于组织参加第六届中国—东盟博览会的通知

〔津国资企改（2009）62号〕

各有关单位：

由中国总理温家宝倡议，中国和东盟10国经贸主管部门及东盟秘书处共同主办的“第六届中国—东盟博览会”将于2009年10月20~24日在中国广西南宁国际会展中心举行。该博览会是迄今为止国内唯一以中国—东盟自由贸易区合作为主题的国家级展览会，现已成为企业开拓东盟市场的有效平台。为了帮助企业抓住中国—东盟自由贸易区全面降税的有利时机和双边贸易迅速发展的战略机遇期，经研究将组织相关企业参加“第六届中国—东盟博览会”，同时给予参展企业一定比例的展位费补贴，以降低企业的参展费用。现将有关情况通知如下：

一、展会情况

该博览会已连续举办五届，前五届博览会参展企业累计达9513家，来自全球65个国家和地区的采购客商15.3万人，成交金额累计65.17亿美元，签订国际合作项目投资总额286.24亿美元。中国和东盟双边贸易额正以年均20%以上的速度递增。于2010年建成的中国—东盟自由贸易区，将是一个拥有18亿消费者、1.2万亿美元贸易总量的巨大市场，成为仅次于北美、欧盟的世界第三大自由贸易区。

二、参展范围

机械设备：工程机械、地质机械设备、矿山机械设备、运输设备、加工机械、包装机械、建材设备等。

电力和新能源设备：发电设备、输配电设备、变电设备、电线电缆、电气自动化设备、仪器仪表、电力保护设备、风/太阳/核/生物等新能源的转换和加工设备及配套设施、工程建设技术、成果等。

电子电器：通信及通信产品、电子元器件、计算机及外设产品、软件及IT服务、厨房电器、制冷设备、音像视听产品。

建筑建材：建筑陶瓷、卫生洁具、门窗幕墙、化学建材、铺装材料等。

农产品：基础型农产品、资源型农产品、包装食品（食品饮料）、调味品、草药类食品等。

三、展位价格

（1）标准展位（3m×3m）：8000元/个。

（2）优惠办法：参展企业的每个展位给予6000元补贴，同时对企业展位提供免费特装。展位费先交后补。

四、展品运输

为参展企业的展品去程运输提供免费服务，展品回运由各企业自行负责。

有意参展的企业，请认真填写参展企业报名表并加盖公章，于2008年6月26日前传真至：022-23035213。

联系人：刘莉、梁国超、刘朋、何丽艳。

电　话：022-23325965、23036750、23035220、23035223。

特此通知。

附件：第六届中国—东盟博览会参展报名表

天津市国有资产监督管理委员会

二〇〇九年四月二十八日

附件：第六届中国—东盟博览会参展报名表

公司名称	中文：		
	英文：		
公司类型	□生产商　□经销商　□批发商　□零售商　□进出口商　□其他		
地　址	中文：		
	英文：		
邮　编		进出口企业代码	
工商注册号		注册资金	
联　系　人		职　务	
电　话		传　真	
电子邮箱		网　址	
主要展品（中英文）			

填表日期：　　　　　　　　　　　　　　　　　　　单位盖章：

请在下列专题中选择填写贵公司所申请的展位规格和数量，并选择展示商品所属类别：

商品贸易专题

◆室外展区（净地：　　m^2）

工程机械及运输车辆展：□ 工程机械　□ 运输车辆

◆室内展区（展位：　　个）

（1）加工与包装机械展：□ 加工机械　□ 包装机械

（2）电力与能源设备展：□ 电力设备　□ 新能源

（3）电子电器展：□ 电子信息 □ 家用电器

（4）建筑材料展：□ 建筑材料 □ 建材设备

◆分会场——广西展览馆（展位：　　个）

农业展：□ 农用生产资料 □ 农产品 □食品

注：1. 请用正楷填写。以上各项均需填写清晰、完整，参展单位签字盖章。

2. 填写内容将录入博览会会刊中。如需更改，要重新填写。

3. 报名截止日期：2009 年 6 月 26 日，传真：022-23035213。

4. 此表不作为参展确认凭证。企业参展确认资格以中国—东盟博览会秘书处正式盖章的《展位确认书》为准。

（资料来源：http：//www. tjzfxxgk. gov. cn/tjep/ConInfoParticular. jsp？ id = 17880）

◆［拓展阅读 6-2］

天津市促进会展业发展办法

〔津政令第 41 号〕

第一章　总　则

第一条　为促进本市会展业发展，完善会展业发展环境，规范会展行为，根据相关法律、法规的规定，结合本市实际，制定本办法。

第二条　本办法所称会展，是指举办单位（包括主办单位和承办单位）以招展方式引入参展商，在固定场馆和预定时期内，通过物品、技术、服务或者形象的展示，进行信息交流，促进经贸、科技发展的商业性活动。

本办法所称主办单位，是指负责制定会展方案和计划，对招展办展活动进行统筹、组织和安排，并对会展承担主要责任的单位。

本办法所称承办单位，是指根据与主办单位签订的合同，负责招展办展、宣传推广、安全保卫、交通运输等具体会展事项的单位。

第三条　本市行政区域内会展的经营、管理和发展，适用本办法。

第四条　本市会展业的发展与规范，遵循市场规则，倡导有序竞争，鼓励行业自律，进行适度监管，依法维护会展活动各方的合法权益。

第五条　本市会展业发展纳入国民经济和社会发展规划，并根据国民经济和社会发展规划编制会展业发展中长期规划。

第六条　商务主管部门负责会展业的统筹规划、综合协调和规范管理。

发展改革、工商、公安、市容园林、旅游、卫生、海关、质监、知识产权、交通港口、口岸服务、检验检疫等部门在各自职责范围内做好相关管理工作。

第七条　市会展行业协会应当制定行业服务规范、建立会展评估体系、组织会展数据统计、发布会展资讯信息以及引导会员规范经营。

各类专业性行业组织应当在利用专业信息资源，组织、举办专业性会展的活动中，发挥自律作用。

第八条　本市积极推动会展业与旅游业的合作发展。

会展业和旅游业行业组织应当建立合作机制，积极推动企业间的合作。

第二章　招展和办展

第九条　主办单位应当在每年1月前和6月前，将本年度上半年和下半年拟办会展的信息报市会展行业协会，由市会展行业协会向社会公布，同时通报工商、公安、知识产权等有关部门。

第十条　主办单位举办会展，应当具有独立法人资格，能够承担相应民事责任，并拥有与会展规模相适应的资金。

两个以上单位联合主办会展的，应当至少有一个单位符合前款规定的要求。

第十一条　承办单位承办会展，应当根据与主办单位签订的合同履行义务。未经主办单位同意，承办单位不得委托其他单位承办。

第十二条　有关单位或者人员可以向商务主管部门或者市会展行业协会咨询下列信息：

（一）会展业相关法律、法规、规章和政策。

（二）本市会展业发展状况和服务环境。

（三）重要会展介绍。

（四）会展项目动态。

（五）会展业从业单位信用信息。

（六）其他依法可以公开的会展业信息。

第十三条　主办单位应当在开展前依照国家和本市规定向公安机关申请大型群众性活动安全许可，并通过消防安全检查。需要在户外临时悬挂宣传品或者设置各类广告的，还应当到市容园林部门办理行政许可手续。

大型会展可能影响周边区域交通的，主办单位应当在开展前将会展时间、地点、规模等相关信息报告公安交通管理等部门，有关部门应当及时为其提供指导和服务。

举办国际性经济技术、科技、出版、文化、广播影视、教育等会展的，还应当依照法律、法规、规章的规定报经有关部门审批。

第十四条　举办国际性或者大型会展并依照本办法第九条的规定报送会展信息的，商务主管部门应当为其提供许可、审批、报告方面的指导和服务。

第十五条　举办单位发布招展信息应当客观、真实，不得进行虚假和引人误解的宣传。招展信息发布后，无正当理由不得变更会展名称、主题、时间、地点和价格等内容；有正当理由确需变更的，应当立即告知参展商和相关部门及人员。

依照本办法第十三条的规定应当经许可、审批和报告的会展，其招展信息变更的，举办单位应当进行变更许可、审批和报告。

第十六条　会展场馆应当符合卫生、消防和安全要求，在显著位置设有安全警示和引导标志。

举办金银珠宝饰品、钻石、钟表、字画、文物（根据文化部令第19号《文物藏品定级标准》，达到三级或者三级以上）等珍贵物品会展的展区，除应当符合前款规定的要求外，还应当设置单人出入通道和符合防护要求的展台展柜等。

场馆方应当定期维护场馆及设施，优化服务，合理收费，建立场馆安全防范制度，配备专职安保人员，指导举办单位、参展商做好安全、消防等工作。

第十七条　主办单位应当与参展商签订书面合同，明确双方权利义务及参展期间知识产权保护的相关内容。

市会展行业协会依照有关规定可以制定会展合同示范文本，引导主办单位和参展商使用。

第十八条　举办单位应当在开展前对参展项目、展品、展板、展台和相关宣传资料进行知识产权审查，参展商应当配合并提供相关权利证明。对未能提供权利证明的，不得允许其以相关知识产权名义进行展示和宣传。

知识产权主管部门认定参展商侵犯知识产权成立的，应当依法予以处理。

第十九条　展台搭建和展品用具使用应当符合安全生产和消防安全要求，存在安全隐患的，举办单位、场馆方应当向参展商提出整改要求；参展商拒绝整改的，举办单位、场馆方应当及时向商务、安全监管、公安等部门报告。

第二十条　参展商应当保证展品的质量和安全，展品造成消费者权益损害的，依法予以赔偿。

第二十一条　举办单位应当在会展现场设立投诉处理点，公布投诉举报电话，接受并处理相关投诉。工商、知识产权等部门可以派员进驻会展场馆处理投诉。

举办大型会展，工商、知识产权等部门应当派员进驻会展场馆提供服务。举办单位应当为相关部门提供必要的工作条件。

第二十二条　商务主管部门应当建立会展业从业单位信用档案，鼓励和监督会展业从业单位诚信经营。

第二十三条　商务、工商、公安、市容园林、卫生、质监、知识产权、版权等部门应当加强对会展活动的巡查，维护会展秩序，保障会展各方的合法权益。

禁止政府部门和其他组织在会展中乱摊派、乱收费。

第三章　鼓励和扶持

第二十四条　市人民政府对下列事项进行资助和奖励：

（一）会展项目、企业、场馆和相关配套服务机构的发展。

（二）会展人才的培养和引进。

（三）会展宣传和招商推介。

第二十五条　市和区县人民政府对下列活动给予支持：

（一）举办国际性、全国性或者大型会展。

（二）设立会展企业总部或者地区总部。

（三）投资大型会展场馆建设。

（四）其他符合本市会展业政策的活动。

第二十六条　市商务主管部门应当编制会展业发展指导目录，明确本市会展行业发展重点和引导方向。

第二十七条　鼓励国内外知名会展企业来本市办展，对本市重点发展的会展项目，在项目培育期内给予重点支持。

鼓励会展项目扩大办展规模，对本市重点发展的会展项目扩大办展规模给予重点支持。

第二十八条　建立品牌会展名录，对经市会展行业协会评选列入名录的会展优先宣传，并给予宣传费用资助。

鼓励国内外品牌会展来本市办展。

鼓励品牌会展进行商标注册保护，申报驰名商标和著名商标。

第二十九条　鼓励国内外各类投资主体和机构通过独资、合资、合作、参股等形式在本市设立会展企业。

第三十条　鼓励会展项目和会展企业加入国际展览业协会，取得国际认证。对取得国际展览业协会相关认证的会展项目和会展企业，给予认证费和会员费资助。

第三十一条　鼓励国内外各类投资主体和机构投资会展场馆建设。

鼓励专业管理公司和会展企业参与会展场馆经营。

会展场馆实行工业用水、用电、用气、用热价格。

第三十二条　对符合本市需求的高级会展人才，按照本市相关规定享受户籍迁入、子女入学等优惠政策。

第三十三条　鼓励发展会议服务、会展信息技术服务、展台搭建、广告、策划、物流等会展配套服务机构，对本市重点发展的会展配套服务机构给予支持。

第四章 法律责任

第三十四条 违反本办法第十条规定，不符合条件的主办单位举办会展的，由商务主管部门责令改正，并可处3万元以下罚款。

第三十五条 违反本办法第十三条第一款、第三款规定，主办单位在开展前未经有关部门许可、审批的，由有关部门依法予以处罚。

第三十六条 违反本办法第十五条第一款规定，举办单位发布虚假和引人误解的招展信息的，由工商行政管理部门依法予以处罚。

第三十七条 违反本办法第二十一条第一款规定，举办单位未在会展现场设立投诉处理点的，由商务主管部门责令改正，并可处1万元以下罚款。

第三十八条 违反本办法第十九条规定，展台搭建和展品用具使用存在安全隐患，参展商拒绝整改的，由安全监管部门或者公安机关依法予以处罚。

第三十九条 商务主管部门发现会展业从业单位在招展办展过程中有违法行为应当由有关部门处理的，应当提请有关部门进行处理。

商务主管部门应当将以上情况记入会展业从业单位信用档案。

第五章 附 则

第四十条 本办法所称大型会展，是指展览面积1万m^2以上或者标准展位500个以上的会展。

第四十一条 本办法自2011年12月1日起施行。

（资料来源：http：//www. tjzfxxgk. gov. cn/tjep/ConInfoParticular. jsp？id＝28010）

本章小结

招展就是指通过各种方式将那些与拟办展览主题相符的产品（或服务）的制造商、供应商、成果拥有者、服务提供者吸引进展览，让其在展览上展示和推销自己的产品、服务和技术成果的活动。招展工作在展览运营管理中的重要地位：参展商在展览价值链中处于核心地位；参展商连续参展是展览组织者的利益所在；参展商参展收益是展览效益的综合体现。招展基础工作包括：建立目标参展商的数据库、展区和展位划分、确定参展商的选择标准、招展价格的制定、招展分工、招展函的编制与发送、招展预算、拟定参展合同书条款。一般来说，展览的招展代理主要有以下几种：独家代理招展、一般代理、承包代理。招展代理的原则有：经济原则、控制原则和适应原则。

招商，即组织展览目标观众，具体来说就是通过各种方式将那些对拟办展览所展示的产品有需要和感兴趣的采购商和其他观众引进展览，邀请观众到展会来参观的活动。招商具有3个特征：经济的间接性、工作的隐形性、效果的滞后性。按照不同的分类标准，展览的观众可以划分为不同的类型：专业观众和普通观众，有效观众和无效观众。招商的基础工作包括：建立目标观众数据库、目标观众的信息收集及选择依据、观众邀请函编印、招商分工、招商预算。

复习思考题

1. 为什么说招展、招商工作在展览运营管理中具有十分重要的地位？
2. 招展、招商基础工作各包括哪些内容？
3. 招展代理的方式有哪些？招展代理的原则有哪些？
4. 招商的基本特征有哪些？
5. 按不同的标准，观众可分为哪些类型？

案例分析

案例分析一　第六届中国花卉博览会确立招展工作重点及方式

第六届中国花卉博览会（简称六博会）是我国加入WTO后的第一次全国性花事盛会，也是第一次在西部举办的花博会。“六博会”由中国花卉协会和四川省人民政府联合主办，由四川省花卉协会和成都市人民政府承办，将于2005年9月28日至10月7日在成都市温江区举行，历时10天，其主题是：让鲜花扮靓生活。办会理念是：以花为媒、扩大对外开放，以花搭台、促进产业发展，以花冶情、美化人民生活。办会目标是：把“六博会”办成历届规模最大、创意最新、影响最广、效益最佳、服务最优，具有浓郁西部特色和国际水准的花博会。办会形式将采用“三结合”，即虚实结合，在举行实地实物展览的同时，推出“在线六博会”，把“六博会”办成首次拥有虚拟花博会的花事盛会；综合展与专题展相结合；展览与交易相结合。

“六博会”主要内容分为两大板块，第一板块为“六博会”综合展、第四届中国花卉交易会、“六博会”摄影精品展以及中国风情画展。第二板块为“六博会”配套活动，包括国际花卉业发展论坛、开幕式、闭幕式、相关文化活动和旅游活动。“六博会”静态总投资预计为7.8亿元，其中基础设施建设投资7.3亿元，办会直接投入5000万元。资金筹措采取“政府投入加市场运作”的方式多渠道解决。预计届时将吸引上千家国内外企业参展，上百万游客参观。

一、“六博会”招展工作的主要内容

“六博会”组委会以花会为载体，采取招展与自筹、花展与商贸相结合的市场运作方式，为国内外花卉园艺界提供展示自己的最新成果、实现花贸合作与交流的机会，促进花卉事业的进一步发展。本届花博会将面向国内外花卉园艺生产经销企业、花卉组织、全国各地园林、旅游单位、全国各大名优企业、园艺爱好者等招展，展示大型花卉造型、花坛、花境、室内外植物展览、盆景、插花、奇花异果、花鸟鱼虫、观赏石、园林产品及园林机具等内容。同时，还将组织花卉贸易、花卉科普、花艺大赛、文艺演出、花饰表演、家庭养花咨询、学术交流等活动。

二、“六博会”招展目标

通过高质量的招商招展，吸引 50 个以上的国家和地区、200 个以上的境内外展团、2000 家以上的花卉企业云集“六博会”，使“六博会”交易额达 10 亿元。

三、“六博会”招展面临的有利条件和不利条件

（一）有利条件

（1）花博会的影响逐步扩大。4 年一届的中国花卉博览会是全国 A 级花卉展览，是我国规模最大、档次最高、影响最大的国家级花事盛会，被誉为花卉界的“奥林匹克”，分别在华东、华北、华南举办的前五届花博会一届比一届办得好，一届比一届影响深远，花博会较强的影响力和吸引力以及良好的发展趋势为各参展商家提供了良好的发展机遇，“六博会”必将引起各花卉组织和企业的高度关注。

（2）花博会有高规格的组织体系。花博会作为中国花协亲自主抓的一项花卉博览和交易大会，有高规格的组织体系，西部开发办公室、林业部、农业部等 9 部委将联合下文促使各省市区组队参展，9 部委和四川省、成都市的主要领导将出任主委会的领导，省市各相关部门的负责人为执委会领导，中国花协还将利用自己广泛的联系，邀请境外花卉组织和团体参展，这为“六博会”的招展工作提供了坚强的组织保障。

（3）西部花木市场前景诱人。西部自然资源丰富，花卉在全国业界地位十分重要，不仅是花卉生产的重要基地，也是一个巨大的花卉消费市场。举办地四川也是全国花木消费大省，省会成都是全国三大花木批发集散地之一，年花卉消费量名列全国第三。随着城市化进程及城镇化建设的加快，花卉苗木的市场需求还将进一步扩大，“六博会”是各花卉企业抢占西部花卉市场的前沿阵地。

（4）举办地温江给予的政策优惠。温江将提供 2000 万元用于各省市区花协提供各种优惠、补贴、奖励，为每个省市区花协提供 50 万元的参展基本补助和 10 万元的组织奖，并将为每个展团成立“一对一”服务组，从交通运输、施工布展到展览期间提供全方位、全过程、全天候的个性化服务。这必将提高各省市花协和花卉企业的参展积极性。

（二）不利条件

（1）花博会的影响有限。花博会到目前为止，只举办过五届，属于正在成长的过程中，在全国的知名度和影响力不是很高，这为我们的招展增加了一定的难度。

（2）招展时间紧，任务重。从 2003 年 8 月 24 日申办“六博会”成功到 2005 年举办开幕式，留给招展工作的时间只有 2 年的时间。而在这有限的时间内，要完成数十个国家和地区、上百个境内外展团、上千家花卉企业的招展，任务相当繁重。

（3）交通不便。“六博会”举办地处于西部地区，参展企业的交通运输、施工布展和交易都有诸多不便，这为招展工作带来了难度。

(4) 招展经验不足。作为在西部地区第一次召开的花博会，举办地的招展经验特别是国外招展经验相对较少，制约了招展工作的顺利开展。

(资料来源：http：//www. whggw. net/sjch _ news _ show. asp？ at = 5&articleid = 1406)

案例思考题：

请就以上材料，为第六届中国花卉博览会确立招展工作重点及方式。

案例分析二　第十四届上海国际车展分析

第十四届上海国际车展于2011年4月19～28日在上海新国际博览中心举行，请阅读以下材料：

材料一：第十四届上海国际车展开设网上展厅，共有90个品牌549款车型在网上展示。网上展厅开设展车图片、购车指导、视频观展等频道使网友能在网上参与车展，并进行实时讨论。但网上展会仅局限于展示，并不提供订单服务。

(资料来源：http：//www. doc88. com/p-416988840696. html)

材料二：第十四届上海国际车展参考票价，如表6-1所示。

表6-1　第十四届上海国际车展参考票价

票　种	使用时间	票价/(元/张)
专业日观众票	4月21～22日	100
公众日当日票	4月23～24日	80
	4月25～28日	50
公众日通用票	4月25～28日	80

案例思考题：

1. (1) 结合以上材料及现实情况分析，与实物展会相比，网上展会有哪些差异？

(2) 结合实际，你认为网上展会能取代实物展会吗？

2. 假设以下情况成立：公众日票为开展前提前销售，但直到4月15日，公众日票仅售出总量的1/3。若你是展会工作人员，你将如何解决此问题？

第七章

展览宣传推广

本章提要

展览宣传推广是促进展览招展、招商，树立展览良好形象和创造展览竞争优势的重要手段。第一节分析展览宣传推广的目的，介绍展览宣传推广的类型。第二节阐释展览宣传推广的特征和方式。第三节阐述展览宣传推广的内容和程序。

学习目标

1. 了解展览宣传推广的目的和类型。
2. 熟悉展览宣传推广的特征。
3. 掌握展览宣传推广的方式。
4. 掌握展览宣传推广的内容和程序。

第一节　展览宣传推广的目的和类型

有效的展览宣传推广活动对扩大展览会的影响、树立良好的公众形象、推进展览会的组织进程和营销活动，均有着明显的促进作用。所以大型的展览会及常设的展览机构都有专门的宣传与公关部门，即使是小型的展览会也须有部门兼管此事。

一、展览宣传推广的目的

1. 提升展览的价值

提升展览的价值是增强展览核心竞争力的重要内容。正确的宣传推广能够帮助展览组织者在激烈的展览市场竞争中脱颖而出。衡量展览价值大小的标准就是能否满足展览的主要服务对象——参展商、观众的需求。只有符合参展商和观众的需要，展览的价值才能显现出来。只要展览组织方敢于突破思维定势，善于通过宣传推广创新来进一步挖掘和体现展览的价值，并且通过宣传推广传递展览的服务内容做得越细、越深、越广，就越能给参展商和观众留下极为深刻的印象，提升他们对展览的良好印象，增强参展商和观众等目标服务对象对展览的信任，使展览在他们心目中营造一种心理消费预期值，进而提升展览在参展商和观众心目中的价值。

2. 扩大展览影响和知名度

宣传推广能把展览各种信息有效地传递给目标受众。如果一个展览在社会上知晓度低，没有多少参展商和观众知道该展览的目标、性质、展品范围等信息，可以说这个展览的参与者也不会太多，它更不可能得以长期举办。只有通过宣传推广，才能让更多需要的潜在参展商、观众及时准确地了解展览的基本情况、特点、优势、与众不同之处，对自身产品营销、企业形象塑造、商贸合作等提供帮助。通过采取各种宣传推广方式的组合宣传，如制作广告、新闻发布、重点报道、网上展示等各种形式，能让广大受众知晓并喜欢该展览，树立该展览的良好社会形象，吸引更多的目标参展商和观众的高度关注，从而能够不断提升展览的社会影响力和知名度、美誉度。

3. 推动展览招展和招商

招展和招商工作是展览举办前的两个重要任务。招展、招商工作的成效在很大程度上与展览的宣传推广力度是密切相关的。展览宣传推广与展览的招展、招商工作是相互交织在一起的。展览的组织机构在进行宣传推广时的重要任务之一就是围绕招展目标、招商目标进行针对性的策略、方法选择。如果展览宣传推广效果好，就能吸引很多有实力的行业企业前来参展，这非常有助于提升展览的档次和影响力；如果展览宣传推广效果好，还能吸引很多参展商的目标观众前来观展，这将有效地促成参展商和观众之间的信息互换和配对，还能大大提升展览中参展商及其目标观众之间的贸易对接的成功率。所有这些都离不开宣传推广工作的有效推进。

4. 培育展览品牌忠诚度

从某种程度上说，品牌等于客户，拥有客户才意味着拥有品牌，没有客户，品牌也就不复存在。因此，提升品牌实质上就是强化客户的忠诚度，而宣传推广是提升展览客户忠诚度的有效方法。宣传推广可通过多种形式和手法，全方面、多视角地解读展览价值、可能给参展商和观众带来的效用，这能够在参展商和目标观众心目中建立一定的正偏好，从而在展览与客户（参展商、观众）之间搭建起稳固的心理纽带。宣传推广是达成客户对展览品牌认同的重要手段，能够为建立起客户对展览的忠诚、信赖和崇拜创造最佳的传播效果，成功抓住客户心理，为他们提供一种愿意以及持续参展、观展的理由和判断依据，形成稳定的“认牌消费”心理倾向。

二、展览宣传推广的类型

1. 显露型宣传推广

以迅速提高展览的知名度为主要目的，其宣传推广的重点是展览的名称，办展时间和办展地点等简单明了、便于记忆的展览信息，让人知道有这么一个展览，至于展览的详细内容则不作过多介绍。这种宣传推广多在展览的初期，或者是展览已经有了一定的名气后，作为对客户进行定期提醒的手段。

2. 认知型宣传推广

主要目的是使受众全面深入了解展览，增加受众对展览的认知度，其宣传推广的重点是展览的特点、优势等较详细的内容。这种宣传推广多在行业对展览已经有了一些初步了解之后，作进一步的招展和招商时使用。

3. 促销型宣传推广

主要目的是在短期内推动展位的销售或招揽更多的观众到会参观，其宣传推广的重点是参展商或观众所关心的主要问题。这种宣传推广多在展览招展和招商时使用。

4. 竞争型宣传推广

主要目的是与竞争对手展开竞争或进行防御，其宣传推广采取与竞争对手针锋相对的措施，是一种针对性很强的宣传推广活动。这种宣传推广多在本展览受到竞争对手威胁，或者本展览意欲与其他展览展开竞争时使用。

5. 形象型宣传推广

主要目的是扩大展览的社会影响，建立展览的良好形象，不单纯追求短期销售的增长，其宣传推广的重点是追求目标受众对展览定位及形象的认同，积极与他们进行信息和感情的沟通，增加他们对展览的忠诚度和信任度。这种宣传推广几乎可以在展览筹备的任何阶段实施。

第二节　展览宣传推广的特征和方式

一、展览宣传推广的特征

1. 系统性

展览宣传推广是一项系统工程。从宣传推广主体、内容、方法手段、流程等各要素方面来看都需要密切配合，需要对宣传推广的实施方案进行通盘统筹规划和各参与要素、力量的有机整合，注重宣传推广工作的整体性和协调一致性，才能形成宣传推广的整体合力。例如，从宣传推广的内容来看，系统性既包括举办展览的宏观外部环境，如政治、经济、社会、法律等，又包括展览的微观环境，如举办机构的优劣势，以及展览的特色、竞争优势，展览配套服务质量等，这些宣传推广内容都将直接影响潜在参展商、观众是否参与展览的决策。只有在宣传推广工作注重整体性，各要素能够在宣传推广过程中上下互通、横向联合，相互促进，才能形成宣传推广工作的“一盘棋”格局。

2. 阶段性

展览的运营从时间上来划分，可分为3个不同的阶段，即展览举办前（展前）、展览举办期间（展中）、展览结束后（展后）。在这3个不同的阶段，展览组织机构需要完成的任务是不一样的，展览所承载的职能是不一样的，因此，作为配合展览运营管理的宣传推广工作一定要结合展览在不同阶段的目标任务进行有重点、有步骤的实施。例如，在展前，重要任务就是配合招展和招商，在宣传推广时要突出展览的主题、特色、优势以及参展、观展能够带来的收益等；在展中，重要任务是围绕展览举办期间的一些活动、数据以及展览的整体形象等进行宣传；在展后，重要任务是总结和回顾本届展览的状况、功能和效益以及下一届展览的相关情况等。

3. 多样性

展览宣传推广工作是一项牵涉面非常广泛的工作，这决定了要取得宣传推广的良好效果，需要打好“组合拳”，采取传统媒体和现代媒体各种可能的组合方法来进行宣传推广。只有通过进行立体化、多元化的宣传推广，将展览全方位的信息用最便捷的途径传递给潜在参展商和目标观众，才能形成良好的舆论导向，增强他们前来参展、观展的兴趣。因此，作为展览组织机构，需要结合展览的特征采取切实行动，开展宣传推广方式的多样化创新，例如，邀请观众最常使用的手段就是向潜在的目标观众发送邀请函，或者是在大众传播媒体刊发广告来邀约普通观众，但是，为了以最少的成本获取最大的宣传推广成效，可在宣传推广时进行创新，例如，可以与网站等机构合作，建立微博、微信，增强传播的即时性、互动性等。

4. 特殊性

这里的特殊性是指展览组织机构向潜在参展商和目标观众进行宣传推广的是展览的产品，即“无形的服务”。作为这种无形的服务产品在宣传推广时与有形产品的宣传推广具有明显的差异性。因为这种“无形的服务”既看不见又摸不着，并且具有产销同步性、不同的客户对同样的服务感受会有差异；而且这种“无形的产品”很难像有形产品那样进行展示，因此，在进行宣传推广时具有一定的难度，特别是不能作一些过大的宣传，否则，当参展商和目标观众在展览现场所接受的服务与宣传与推广时具有一定差距时，将会对展览的品牌化发展极为不利。

二、展览宣传推广的方式

1. 系统内部通告

系统内部通告是我国办展机构进行展览宣传推广的一条非常有用的途径。一个展览有主办方、协办方、承办方、支持单位、赞助单位等多方组织机构参与举办，这些机构往往有非常丰富的客户资源，应该充分利用。由于这些机构的利益与展览的利益直接相连，他们发掘客户的积极性必然很高。如果展览的组织方中有国家主管部门，这种情况下有关部门可以向系统内部企业发出展览的信息和书面推荐意见；如果展览组织方包括有专业行业协会，此时可以由协会发函通知和鼓励会员参与展览；组织方如果有科技、学术组织，他们则可以从科学角度向有关企业发出参展建议。主管部门负有行业内监督、管理、标准制定等责任；行业协会在行业中有较高的信誉；学术机构的意见具有权威性，因此他们的推荐意见较易被企业接受。当然，这种宣传推广方式也有明显的局限性，即带有行政命令色彩，如果使用不当极有可能损害企业的经济利益。我们现在有不少政府主办的展览，常用这种方式进行宣传推广，一些企业不愿意参加，又不得不参加。用行政命令办展，最后伤害的是展览业本身。

2. 直接发函

直接发函是向潜在的展商和客商寄招展书、邀请信以及相关展览的书面材料，邮件可以采用特快专递、挂号信等形式。相比较而言，直接发函是一种正式的展览宣传推广形式。它会使得客户感到对他的邀请是郑重其事的，非常正规的。这一方面能引起客户足够的重视，另一方面容易获得客户的信任。此外，招展书和邀请信内容翔实，便于保存，有利于客户的分析和决策。发函之后，应该进行后续管理，及时了解展商和客商对邀请的反应，否则许多发函工作会成为无效劳动。

3. 个别邀请

通过电话和电子邮件进行个别邀请来开展展览的宣传推广工作，工作量是比较大的，但这种方式传播的潜在客户范围比较广，效果比较明显。电话和电子邮件的个别邀请方式最大的优点是可以和宣传推广对象直接互动，接受宣传推广的客户有什么意见、建议可以直接反馈给展览组织者。在电话中不仅能详细解答客户的问题，还能直接说服客户前来参展。对于拒绝前来的客户还可以了解其拒绝的原因。电子邮件的推广虽然不能做到直接互动，但对话不受时间限制，十分从容。需注意的是电子邮件必须进行信息反馈。

4. 重点邀请

重点邀请是针对一些重点展商和客商进行的。采用小型会议的形式将一些行业中的主要企业请来，热情邀请他们参与展览。双方真诚沟通，提供大量信息，认真倾听意见和建议。这项宣传推广工作应该能够得到足够的重视。因为这些重点展商和客商能否前来，基本决定展览能否成功举办，他们的到来能基本支起展览的框架，他们不来则展览难成气候。

5. 在线宣传

在线宣传是当前网络时代普遍使用的展览宣传推广方式。展览组织机构可以将设计精美的招展书、邀请函，通过国内外展览专业网站和企业网页向社会公众发布。网上发布的招展书和邀请信，不仅图文并茂，而且内容可以十分详尽。观众可以通过点击菜单的方式，一项一项详细地了解展览的所有信息。网页上可以附有参展申请表，可以直接在网上表达参展的意向。这种方式的不足在于难以控制有效的反馈。

6. 新闻发布

新闻发布通过大众媒体进行。一般而言，厂商不大可能依据一条新闻就前来参展和采购。但大众媒体的影响面广，一些中小企业通过大众媒体获得初步信息，如果感兴趣，就可以通过其他方式进一步了解情况，因此它对厂商而言应该是一种辅助的展览宣传推广方式。但是对于一般观众，新闻发布则是最基本、最重要的展览信息传播途径，因为广大群众不可能通过其他途径获取有关信息。当然，新闻发布本身还可以增加展览的知名度。

7. 人员推销

首先，对于重点客户，如行业中领头的企业、排位靠前的企业、影响比较大的明星企业，为了能够吸引他们前来参展和参观，办展机构应该采用派员直接上门拜访，进行直接推广的方法。这种方法在营销原理中称为“人员推销”或“面对面营销”。采用这种方式的好处是能与拜访企业的主要负责人预约，这位负责人能决定是否参加本展会。

其次，人员推销也是开发新客户的一种有效的方法。当然这是一种富有挑战性的宣传推广形式，包括从寻找潜在客户，向其宣传展览的情况，直到说服他们前来参展或参观的整个过程。有些展览公司实行承包、提成制度，即确定推销人员在一定时间内能为一个展览招多少个展商或客商，并将其作为考核指标，与个人效益挂钩，以此来提高推销人员的积极性和责任心。

最后，抓住任何时机进行宣传。例如，在本届展览上对那些参展商和客商进行宣传推广，与他们进行沟通，说服他们下届再来参加等。

上述宣传推广方式都十分有效，同时也各有利弊，各自都有其特殊的适应性。在具体操作过程中往往需要确定一个合理有效的宣传推广方式的组合。在宣传方式组合的选择上，需考虑以下因素：①展览的预计（计划）规模，潜在客户的地理分布；②展览希望引入的客户的层次；③预算规模和限制；④产业的特点；⑤展览自身的影响力。

◆［拓展阅读7-1］

举办展会的网络营销方法

一、VIRAL营销

VIRAL（病毒式）营销方式可以向客户有效地推广展会。做法如下：群发邮件给数据库中所有的客户和准客户，向他们解释清楚这样做的原因，并表示想让他们将该邮件转发给所有可能对此次展会感兴趣的朋友和同事。群发邮件中当然还要包括登录相关公司网站（包含展会所有信息）的链接。

二、租用电子邮件地址数据库

展会组织者要想在近可能短的时间内通知近可能多的人，可以考虑采用租用电子邮件地址数据库的方法，如果此方法使用得当，组织者会获得一个很大的客户源。做法如下：从出租经纪人或直接从拥有数据库的公司租用电子邮件数据库地址。如果你已经同出租客户邮件地址的出版商、协会或其他组织打过交道，那就尽快同他们联系。有一点要注意：这些公司或组织的出租行为必须事先征得其订户或会员的同意。获得了满足要求的数据库后，就可以着手给他们发送推广展会的电子邮件。有些经纪人还从事这种电子邮件数据库的买卖，如果你意欲从他们手中购买数据库，一定要当心。首先要看这些数据是否是最新的或是否符合你的需要的。其次，要查明这些数据的来源及是否事先经过授权。所发送的推广展会的电子邮件用语要生动、简洁，有吸引力。

三、交换链接

交换链接就是指同展会有直接或间接关系的公司、个人交换网站链接。拥有你网站链接的网站越多，展会的出席者可能就越多。交换链接的方法如下：如果一个参展商把你网站的链接加到了他的网站上，那么，你可以相应地把他的链接加到你的网站里。这是个简单易行的过程。但若参展商有偿在你的展会推广网站中增加自己的链接，你就不能免费同其交换了。同理，你还可以同赞助商或准赞助商进行链接交换。专门在你的网站上为赞助商留出一块区域。

四、电子邮件签名

在发送展会推广邮件时，为了确保工作人员在每一封邮件末尾都添加了展会信息和网站链接，你可以使用文本签名文件，该文件能被自动添加到每封境外电子邮件末尾。所有电子邮件软件程序都能自动完成这个过程。

（资料来源：http：//www. gjhzhanwei. com/news_ show. asp？ news_ id =28）

第三节　展览宣传推广的内容和程序

一、展览宣传推广的内容

所有的展览都需要一定形式的宣传推广工作，商业性展览宣传推广的重点在于展览的主旨和效果，文化性展览宣传推广的重点在于展览的定位与档次。小型展览特别是短期展览宣传推广的重点是时间、地点等与展览直接相关的信息，大型展览尤其是长期展览宣传的重点则在于展览的主题及相关活动。展览的级别与目的不同，其宣传推广的内容也有所不同。一般来说，展览宣传推广的内容主要包括以下 3 个方面：

1. 展览基础资讯的宣传推广

各种展览都需要向参加者详细介绍展览的一切基础资讯，具体包括：①开展的时间、场馆地点、交通住宿情况、会务组接待事宜、展览时限等；②参展者情况、往届展会效果、社会评价等；③参展要求与条件等。以上宣传推广内容主要是针对参展方，比较简便的做法是将所有基础资讯编订成册，印发邮寄或进行人员推广。

2. 展览相关活动的宣传推广

展览过程中往往会安排一些活动，一方面丰富展览的内容，另一方面也可以有效吸引参观者，这些活动不仅是展览的有效构成部分，对于一些特定主题展览，甚至可以说是展览的重中之重。展览相关活动是指开幕式、闭幕式、民族风格的表演、场内特设舞台上演的节目、表演、音乐会，或者是主题讨论会、研究会等。会期中的各种表演活动能够增加整个展览的魅力，成为吸引更多观众前往参观的重要因素之一。根据活动的类别划分，可将其归纳为：①正式活动，由主办者举行的开幕式、闭幕式等正式活动；②主题活动，围绕展会主题进行的讨论会、研究会、电影节等活动；③交流活动，出展单位主办的活动；④一般活动，如音乐演奏会、电影、传统艺能、街头表演、盛装游行等。

展览期间活动的宣传推广可以在很大程度上帮助展览聚集人气、突显风格、形成品牌效应。特别是大型展览，例如世界博览会，都将一些重要活动融入展览过程，不仅在展览场地进行，更可以将活动延展至整个城市，从而实现更大的社会效应和经济效应。

3. 品牌的宣传推广

将自己举办的展览逐步培育成在国内外有重大影响力的品牌展览，是每一个展览主办单位不懈的追求和执著的梦想。品牌展览都是通过对展览进行卓有成效的品牌经营才培育出来的。展览品牌经营就是以经营品牌的观念来经营展览，将展览培育成品牌，并通过展览品牌来加强展览与参展商和观众的关系的一种展览经营策略。展览品牌经营的主要目的，是通过对展览进行品牌化经营来提高展览的影响力和市场占有率，并努力使本展览在该题材的展览市场上形成一种相对垄断，因此，展览品牌的宣传推广应着力于独特性与排他性，应在宣传过程中突出品牌展览在行业或领域中的不可替代性。企业也通过承担举行这类活动的一部分或者全部资金的方式获得向来场观众宣传该企业的商品名称或企业名的好机会。

二、展览宣传推广的工作程序

1. 宣传推广的环境分析

宣传推广的环境分析是制定宣传推广目标、确定宣传推广差异化竞争策略的重要前提条件。通过环境分析，可以清晰定位即将举办的展览面临的优势、劣势、机会、威胁，进而确定展览宣传推广的重点、手段，为宣传推广工作的有效开展提供客观依据。一般来说，宣传推广的环境分析包括以下内容：①宏观环境，主要是指经济环境、技术环境、政治法律环境、社会文化环境等；②微观环境，主要是指展览组织者自身所拥有的基本条件和资源、相关联产业状况、同类展览状况等。

2. 宣传推广的目标确定

宣传推广的目标是展览组织机构在未来一段时间内宣传推广工作所要达到的结果，它是宣传推广工作计划的关键内容，是在上述宣传推广面临的环境综合分析的基础上所达成的标的，是制定宣传推广策略和实施方案的根本依据。当然，宣传推广的目标必须是具体的、可测量的，而不是抽象的，并且这些目标必须是围绕展览的战略目标进行具体拟定和细化的，可以这样说，宣传推广的目标是为展览战略目标服务的次级目标，否则这些目标就失去了其存在的基本价值。

3. 宣传推广的工作准备

俗话说："人马未动，粮草先行。"在军事上，就是"不打无把握之仗，不打无准备之仗"的意思。做任何工作都是如此，宣传推广工作也不例外。在确定了宣传推广的目标之后，还不能立即开始进行宣传推广工作。宣传推广的目标能否实现和有没有准备有很大关系，和准备做得好不好也有很大关系。因此，在开展宣传推广工作之前，必须先就宣传推广的资金预算、媒介渠道选择、资料准备等重要事项做好各项准备工作，才能取得事半功倍的效果。

4. 宣传推广的方案执行

执行宣传推广方案是展览组织机构将根据宣传推广的目标拟订的宣传推广工作的具体计

划或规划贯彻施行的过程。这些工作计划具体来说包括：新闻发布会计划、专业媒体计划、同类展览计划、大众媒体计划、专项宣传推广计划、展览宣传推广进度计划、宣传推广预算、宣传推广策略等。方案执行阶段是整个宣传推广工作的关键。宣传推广工作的目标能否实现，各项具体工作计划能否得以贯彻执行，关键在于方案执行阶段工作开展得好坏。为此，必须根据周密的执行计划和步骤，分轻重缓急，按先后顺序，有条不紊地做好工作，以取得预期的宣传推广效果。

5. 宣传推广的工作总结与反馈

管理学中有一个重要原理是“封闭原理”，它是指“系统内的管理过程必须构成一个连续封闭的回路才能形成有效的管理运动”。对于展览宣传推广工作来说，在各项工作结束之后，也应进行工作总结和反馈，查找工作中存在的问题、好的做法，存在问题的原因，并将这些成绩和不足与相关机构、人员进行沟通，达成共识，这既是实施展览人力资源优化配置的基础，又为后续工作能在一个更高的层次上、更富有效率地开展提供更多的经验和指导。

◆[拓展阅读7-2]

（德国）AUMA：参展商偏爱多样化营销

德国贸易展览业协会（AUMA）近期的一项调查显示，B2B参展商除了参加专业博览会这一最重要的覆盖范围最广的营销渠道之外，他们还会选择更多的营销方式：83%的还选择了直接邮寄广告，76%的选择了行业杂志广告，75%的选择了外勤和代理。平均来看企业把40%的营销预算花费到了参加博览会上面，也因此展览会成为了最重要的营销工具。这项研究调查了500家具有代表性的参加行业展会的优秀企业。

经营资本货物的参展商除了参加博览会，在其他营销渠道方面也是最为活跃的。这一领域的几乎所有企业和公司都同时投资数个销售渠道：将近90%的除了参加博览会以外还选择外勤，86%的企业选择直接邮寄广告，同样比例（86%）的公司选择了在专业杂志上投放广告，63%的愿意出席会议，而只有38%的企业选择通过互联网进行销售和营销。

经营生活用品的参展商在营销渠道上的选择与之相比范围明显缩小：虽然有80%的企业选择了直接邮递广告，64%的企业选择了在专业杂志上刊登广告，但是有58%的企业选择了通过互联网进行销售和营销。对经营生活用品的参展商来说博览会具有独特的意义。整体来看，企业的成功建立在多样化相互补充的营销策略渠道上。

（资料来源：http：//www.jia360.com/2011/10152/00194.html）

本章小结

展览宣传推广的目的有：提升展览的价值，扩大展览影响和知名度，推动展览招展和招商，培育展览品牌忠诚度。展览宣传推广的类型可分为：显露型宣传推广，认知型宣传推广，促销型宣传推广，竞争型宣传推广，形象型宣传推广。

展览宣传推广的特征有系统性、阶段性、多样性、特殊性。展览宣传推广的方式为系统内部通告、直接发函、个别邀请、重点邀请、在线宣传、新闻发布、人员推销。

展览宣传推广的内容包括：展览基础资讯的宣传推广，展览相关活动的宣传推广，品牌的宣传推广。展览宣传推广的工作程序包括：宣传推广的环境分析，宣传推广的目标确定，宣传推广的工作准备，宣传推广的方案执行，宣传推广的工作总结与反馈。

复习思考题

1. 为什么要重视展览宣传推广工作？
2. 展览宣传推广可分为哪些类型？
3. 展览宣传推广具有哪些特征？
4. 展览宣传推广的方式有哪些？
5. 展览宣传推广的内容有哪些？
6. 展览宣传推广应遵循什么样的工作程序？

案例分析

案例分析一　提升展商信心的展会推广

一、为什么越来越多的中国汽摩配生产企业选择 CAME 展会

中国（广州）汽摩配件与用品进出口交易会，简称 CAME，伴随着“广交会”一路成长，已经成功举办四届，一直被业界称为中国的“汽车广交会”。CAME 是中国目前唯一能与“广交会”互动的国家级汽摩配外贸展览会，是中国众多汽摩配行业展会中的唯一出口通道。

随着中国汽车产业的高速发展，中国汽车工业已具备强大的实力加入到国际大市场中竞赛，CAME 的举行，是以长期发展的经营思想来打造名副其实的中国“汽车广交会”，这对促进中国汽车摩托车产业更多企业的出口贸易，对促进整个中国汽车摩托车工业的发展与对外交流都具有深远的意义和影响。同时，也为国外企业利用“广交会”商机打入国际市场提供了有利平台。

CAME 将每年春秋两届与“广交会”同期举行，第一，将通过一系列的“广交会”观众邀请途径，利用“广交会”30 多万国内外采购商资源，与“广交会”同步直播，展会互动；第二，将主动去世界重大车展宣传，主动与国外整车企业、采购巨头及行业组织接触，邀请国际买家；第三，将通过国内外 100 多家权威媒体宣传展会，同时直接邮寄 10 万张邀请函和参观券到国内外行业人士手中，CAME 做到了在邀请国际买家的同时，还重视国内买家的邀请。

二、CAME展会的推广和观众来源

（一）媒体宣传

（1）大众类媒体：《广州日报》《南方日报》《羊城晚报》《信息时报》《深圳特区报》《深圳商报》香港《文汇报》《扬子晚报》《钱塘晚报》《温州日报》《重庆商报》《十堰日报》《长春晚报》《新民晚报》广东卫视、南方卫视、凤凰卫视。

（2）贸易金融类媒体：《环球资源》《阿里巴巴》台湾中新社TTG杂志、《国际商报》《中国日报》《中国贸易报》《中国经营报》《财富时报》《世界经理人》。

（3）行业类媒体：亚洲汽车用品网、《中国汽车报》《中国工业报》《中国电子报》《中国汽车画报》《中国汽配商报》《中国机械车讯》《世界汽车》《慧聪商情广告》《九州快讯》《上海汽车报》《深圳汽车导报》《汽车族》《汽车与配件》《汽车电器》《汽车与社会》《商用汽车》《专用汽车》《工程机械》《汽车专家》《车市商情》《汽车制造业》《润滑油品导购》《汽车信息》《汽车商情周刊》《汽车维修技师》《汽车实用技术》《汽车用品导购指南》《中国汽配通》《宏闰商情》《黑马咨询》《汽车与安全》《机械与配件资讯》《汽配咨询》《汽配采购万事通》《汽车时尚报》《摩托车趋势》《中国摩托车》《摩托视界》《摩托车》《摩托世界》《摩托车行情》《摩托车商讯》《摩托车与配件》、中华汽配网、全球汽配采购网、东方汽车网、中国汽车用品网、慧聪网、九州汽车商务网、中国汽车交易网、中国汽车新网、中国汽配商务网、中国重型汽车与工程机械商务网、中国汽配网、全新汽车用品网、中国汽车网城、广东汽车用品网、汽车精品网、中国汽车配套网。

（二）国外重要车展推广

将每年陆续在世界重要汽车汽摩配展览会上订购展位，对展会进行全方位的宣传，广泛邀请世界各国的采购团、采购商（尤其是欧美客户）来中国广州参观展会，为中国汽摩配企业构筑一条与世界对话的通道。

（1）我们将参加德国法兰克福国际汽车及零配件展。

（2）我们将参加美国拉斯维加斯国际汽车零配件及售后服务展览会。

（3）我们将参加俄罗斯莫斯科国际汽车暨配件展览会。

（4）我们将参加沙特国际汽车及汽车配件展览会。

（5）我们将参加泰国国际汽车博览会。

（6）我们将参加德国慕尼黑国际摩托车展。

（三）外交途径邀请

主办单位广州国际交流协会和广州太平洋经济合作委员会通过外交途径邀请国外采购团、采购商。

（1）目前为止，广州市26个国际友好城市、港澳地区6家商会、台湾地区3家商会、境外43家驻穗商务机构和海外1000多家侨商，已有5000多客商、商务代表来函、来电要求参会。

（2）美国、加拿大、英国、法国、德国、丹麦、波兰、荷兰、芬兰、澳大利亚、日本、马来西亚、泰国、菲律宾、越南15国驻广州总领事馆的商务参赞已收到组委会的邀请，广州国际交流协会准备在明年2月份再召开一次动员酒会，全面系统地推介本届展会，做到有针对性地采购，并计划列一批跨国机构采购清单。

（四）第97届广交会采购商组织

（1）在广交会新馆里安排展位，并设展会采购商接待处，派发参观券和参展企业展品中英文专刊。

（2）在广交会新馆地铁口，安排专线大巴接送采购商，并设展会采购商接待处。

（3）在广交会新馆地铁站站厅和站台做数个大型灯箱进行广告宣传。

（4）在广交会新馆公交站台作固定灯箱广告宣传，并在经过该站的公交车上做车身广告。

（5）在《广交会会刊》上做中英文广告。

（6）广交会期间，在三星级以上宾馆房间预留5万张参观券。

（7）广交会期间，在《中国日报》作广告宣传——针对飞机上和广交会会馆里的采购商。

（8）广交会期间，在《中国贸易报》作广告宣传——针对宾馆里和广交会会馆里的采购商。

（资料来源：http：//www. pcauto. com. cn/qcyp/flsq/part718/0708/505090. html）

案例思考题：

1. 总结“CAME”展会推广的特征。
2. 该案例给我们的启示有哪些？

案例分析二　第9届东博国际机床展宣传推广方式

机床厂商花钱参加展会，主要有3个目的：一是寻找合作伙伴、获得订单；二是产品展示、树立品牌；三是了解行业动态、进行技术交流。因此，展会能吸引到多少专业观众前来参观、采购，是机床厂商决定是否参展的主要因素。

本着对广大参展商负责的态度，东博公司通过5大渠道，组织和吸引专业观众前来参观、采购。

（1）通过各行业协会的组织。2007年第9届东博国际机床展得到中国机械联合会、中国汽车工程协会、中国工程机械工业协会、中国船舶工业行业协会、中国纺织机械器材工业协会、上海市机械工程学会、上海市汽车工程学会、中国航空学会等专业协会的大力支持。这些行业协会将发文动员，积极邀请企业会员参观、采购。

除了众多国内行业协会的鼎力支持之外，2007 年第 9 届东博国际机床展，也得到德国工商总会、韩国机械产业振兴会、日本机床协会、英国制造技术协会等海外协会的合作与支持。这些海外协会不仅会协助东博公司组织国外的机床厂商参展，而且会积极组织国外的专业观众前来参观、采购。

（2）通过举办高峰论坛、行业年会等。2006 年 9 月 10 日，中国机械工业金属切削刀具技术协会及上海市金属切削技术协会与东博公司商定，在 2007 年第 9 届东博国际机床展上设立国际金属加工切削刀具、工量夹具专馆，并在展览期间召开“2007 年中国刀协切削技术年会”。而上海市汽车工程学会与东博公司将合作组织全国汽车行业质量控制与测试技术（上海）交流会。

在展会期间，东博公司还将邀请沪上知名学者、海内外知名专家和行业领军人物作现场报告，同济大学的张曙教授将应邀作现场报告，与大家共同探讨“十一五”期间国内外机床工业的发展形势，海外专家学者也将就国际数控机床的发展趋势作现场讨论。

（3）通过全方位的广告宣传。东博公司斥资 500 万制作大型户外广告，每月直邮展会快讯，刊登广告于专业网站及媒体，每周电邮东博 e 周刊等，让展会信息直达 120 000 国内外潜在买家。

由于东博网能够提供便捷的网上报名观展服务，观众登录展会网站后，点击“我要参观”，提交相应的公司信息及个人信息，只需 3 分钟，便可完成参观预登记过程。全国各地的专业观众可以通过网络、电话和传真报名观展。

（4）通过 10 多年所积累的专业观众数据库。东博国际机床展已经成功举办 8 届，东博公司积累了十几万的专业观众数据库。

（5）通过对 VIP 观众的专门邀请。东博公司根据参展商所提供的企业信息和产品信息，有针对性地进行 VIP 观众邀请，而且各大参展商也将有针对性地邀请企业的 VIP 客户参观。

通过这 5 大渠道，预计 2007 年第 9 届东博国际机床展的专业观众将达到 120000 人次，成为机床行业供求双方交流合作的一大盛会。

（资料来源：根据 http：//www. docin. com/p-383650079. html 改写）

案例思考题：

1. 一般而言，展会宣传推广有哪些常用的渠道？第 9 届东博国际机床展利用了其中的哪些渠道开展宣传推广？

2. 请你结合本案例谈谈展会宣传推广的重要性。

第八章

展览现场管理

本章提要

展览现场管理是展览计划的具体落实和办展水平的直接反映。展览现场管理对成功办好一次展览至关重要。第一节介绍展览布展与撤展管理。第二节介绍展览观众组织与接待服务。第三节阐述开幕式的作用及开幕式活动管理的主要内容。第四节介绍展览现场其他管理工作。

学习目标

1. 熟悉展览布展与撤展管理工作内容。
2. 掌握观众组织与接待服务的内容与方法。
3. 了解开幕式的作用。
4. 掌握开幕式活动管理的主要内容。
5. 掌握展览现场其他管理工作。

第一节　展览布展与撤展管理

一、展览布展管理

对于展览组织机构而言，布展就是对展览现场环境进行规划，对参展商、搭建商等的有关工作进行协调和管理，从而为展览正式开幕作好准备的筹备阶段。其主要工作内容如表 8-1 所示。

表 8-1　布展期间的主要工作内容

<table>
<tr><th></th><th>工作项目</th><th>工作描述</th></tr>
<tr><td rowspan="4">搭建展台之前</td><td>到管理部门办理手续</td><td>到工商、消防、公安和海关等部门报批和备案，并办理有关手续（对于有特殊需要的大型国际展览会，还应邀请这些部门现场办公）</td></tr>
<tr><td>与指定搭建商和运输代理商协调</td><td>共同讨论和预防展台搭建、展品运输过程中可能会出现的问题</td></tr>
<tr><td>安排餐饮、旅行等服务商</td><td>预先安排展览会现场的各项服务设施，其中，餐饮服务在搭建展台期间便可向参展商提供</td></tr>
<tr><td>争取其他部门的支持</td><td>要争取卫生、银行、交通、知识产权等部门的支持</td></tr>
<tr><td rowspan="10">搭建展台期间</td><td>展位划分</td><td>根据各参展商租用的场地位置和面积，划分好每一个展位的具体范围</td></tr>
<tr><td>铺设地毯</td><td>在场馆的公共区域、标准摊位等地方铺设地毯</td></tr>
<tr><td>参展商报到和进场</td><td>参展商凭合同或参展申请回执等有效证明到现场报到，办理相关入场手续，并领取相关证件</td></tr>
<tr><td>现场施工管理</td><td>派专人管理指定搭建商和特装参展商的现场施工活动，避免出现现场混乱或存有安全隐患</td></tr>
<tr><td>搭建标准摊位</td><td>完成所有标准摊位的制作，并认真核对展台号及各参展商的中英文名称等信息</td></tr>
<tr><td>海关现场办公</td><td>对于海外参展展品，主办单位应陪同海关进行现场抽查，如果海外展品比例较大，可邀请海关现场办公</td></tr>
<tr><td>现场安全保卫工作</td><td>做好相关安全保卫工作，如定期巡逻、执行出门证件管理制度等</td></tr>
<tr><td>消防和安全检查</td><td>当全部展位搭建完毕后，主办单位应陪同消防、安保部门进行全面检查，以便及时发现和处理安全隐患</td></tr>
<tr><td>布展清洁工作</td><td>及时收集和处理布展所产生的垃圾</td></tr>
<tr><td>接待媒体</td><td>布展期间也会有部分媒体前来采访，因而主办单位还应安排专人负责媒体接待工作</td></tr>
</table>

二、展览撤展管理

对于展览组织机构而言，在撤展期间的主要工作内容如表 8-2 所示。

表 8-2　撤展期间的主要工作内容

工作项目	工作标准	具体描述
拆除展台	安全操作、恢复场地原貌	对于标准摊位或由参展商委托施工的展台，由指定搭建商负责拆除；特装展台则由参展商负责
参展商退还展具	协助参展商顺利退还展具	协调各方面的关系，帮助参展商及时将所租用的展具退还场馆的相关服务部门或指定搭建商

（续）

工作项目	工作标准	具体描述
处理展品	协助参展商妥善处理展品	展览会结束后，参展商处理展品的常用方法有出售、赠送、回运或销毁，必要时主办单位提供协助
展品出馆管理	严格执行出入证管理制度	参展商主办单位申请出门证，场馆保安人员检查放行
展场清洁	恢复布展前的卫生环境	主要安排展会现场保洁人员清扫，各参展商予以配合
安全管理	加强安全和消防保卫工作	定时巡逻，定时消除各种安全隐患

第二节　观众组织与接待服务

做好观众的组织接待工作，是展出服务的第一工作，也是实现最佳展出服务的基础。由于展览参观人数多、人员流动性大，只有认真做好组织接待工作，才能更好地发挥展览的效果。

一、根据接待对象选择接待方法

不同展览观众需要不同的接待方法。参观展览的观众大致可分为有组织的集体观众和个别的零散观众，专业观众和一般观众，重点观众和普通观众，外宾（国外观众）和内宾（国内观众）等几种类型。对不同的观众类型在接待上要采取不同的方法。对于集体参观的观众，可由展览接待部门通过有关组织机构，事先联系，登记预约，按先后顺序安排参观时间和场次，有组织地分期分批集体参观。个别零散观众一般采用购买门票或领取参观券的办法来控制进馆的时间和人数。专业观众是指那些与展览的目的直接有关的观众，如参观经济贸易展览的经销业务人员，参观科技展览的有关科技工作者等，这类观众对参观展览的要求比一般观众要更深入、更具体，是展览服务的重点对象，应尽可能满足他们参观的各种要求，接待方式可采取发送参观证、代表证或专业参观券的方式组织与邀请他们参观。为了便于专业观众进行专业交流、开展专业活动，也可划定几天时间作为专业观众的专场参观时间，不接待其他非专业观众，以免互相干扰。目前国际交往频繁，大型展览多有国外观众参观，应按外事活动的有关规定，热情友好地进行接待。

二、重视现场的注册、接待与管理

（1）做好注册的准备工作。让每位观众注册尽可能快，一定要做好以下几项工作：①注册材料的准备工作要充分（包括观展登记表、观展指南、展览会刊等）；②要尽可能早地让观众都能了解现场注册程序；③注册台的搭建要合理，保证有足够大的注册空间；④注册现场分工要明确，各负其责。

（2）要宣传参观须知，设置导引标志。在观众进展馆参观之前，通过广播和设置宣传牌等方式，反复宣传参观须知，介绍展览情况及有关规定和注意事项。在馆内要设置各种必要的引导标志，指明参观路线，使观众在没有接待人员直接带领时，也能按规定和标志的引导，有秩序地参观。

（3）注意组织协调，使展览顺利开展。观众接待人员，除组织安排好观众进馆参观外，还要和保安人员、讲解人员密切配合，做好观众现场的接待与管理工作，维护好正常的展览秩序，及时处理好观众观展过程中发生的各种问题，保证展出工作的顺利进行。

三、作好对观众的统计分析和调查研究

观众人数多少以及观众的构成情况，是研究分析展览效益的重要依据。接待人员要做好观众人数的统计和分析工作，同时要结合组织接待工作。征求与收集观众对展览的意见和要求（如观众留言、观后感，以及观众的签名、题字、题词）作为进一步做好展出服务的参考和依据。

◆［拓展阅读 8-1］

中小型会展企业如何做好专业观众的组织工作

随着展览公司的越来越多，展览市场开始出现办展质量不高、低层次重复办展现象。尤其是对于一些中小型民营会展企业来说，展会规模较小、展览效果差、展览题材雷同等因素已成为制约其发展的致命因素。而对于参展企业来说，面对林林总总的展会，应该去参加哪一个？答案其实很简单，参展商在展会中得到订单的机会越大，参展的效果就越明显，而得到订单的机会大小又取决于专业观众的流量。由此可见，参展商的参展需求主要通过展会的专业观众实现，也证明了展览会的专业观众邀请工作至关重要。中小型会展企业若想做好专业观众的组织工作，以下几点是不容忽视：

1. 采取适当的方式进行客户邀请，吸引专业观众到会

较常见的客户邀请方式大致为：印发参观券或邀请函并有针对性地向政府有关部门、协会、团体、企业发送，采用电话、传真、寄邮件、明信片、登门拜访等方式。随着会展企业对专业观众邀请工作的重视程度加大，如今在客户邀请方面不断出现新方式，如定期发送电子邮件，利用信息传媒，用手机短信息的方式向专业观众发送展览信息、推行适合潜在邀请客户生活地域习惯的媒体宣传广告，对于忠实的专业观众，建立 VIP 买家信息库，直接邮寄 VIP 专业买家证，凭证件直接入馆采购，避免了需排队、登记入馆的环节，既节省了买家的时间，又体现了买家与会展企业的亲密关系。各种新方式的运用，无非就是达到吸引专业观众到会的目的。

2. 建立专业观众数据库，提高专业观众质量。

对于展会来说，只有努力办成品牌展览，一届一届地持续下去，才能有发展。每届的展会，都要有意识地做好专业观众资料的收集工作，这样才能有效地建立起专业观众数据信息库。对于专业观众信息的收集有很多方式，常见的如采用问卷调查方式，收集和了解观众的职务、个性特点、购买力情况、经济实力等。只有这样通过逐步的积累和筛选，建立了庞大的专业观众数据信息，才能确保到会的观众质量，才能吸引参展企业到会参展。

3. 注重现场活动的组织，体现展会水准。

专业观众除了需要采购展品或者达成项目的开发合作的购买商外，还有的可以称之为潜在的购买商，他们虽然不直接采购，但也是带着一定的目的来进行经济贸易和技术交流活动的。对于会展企业来说，他们都是需要重点关注的专业观众。那么在短短的展期中，如何给这些专业观众留下深刻的印象，让其感到来得值得，就需要展示出展会的水准。如举行一系列层次高、题材广的高峰论坛、研讨会，邀请国家和地区行业协会的权威人士与相关的龙头企业，促进行业供需互动交流。通过高层次的研讨会等吸引业界高端人士到会，显示出展出水准。

4. 探索优质服务，提升现场服务品质。

到会的专业观众来自五湖四海，有着不同的风俗习惯，若想在短短的数天展会期间，让买家留下好印象，感受到展会的服务品质，就更需关注现场服务方面的细节，考虑周到，针对不同种类的专业观众，找准定位，探索适合的服务方式，让专业观众真正感受到宾至如归的服务。目前会展企业通常会采取各种手段来提升服务质量，较常见的如 VIP 服务区、免费上网、茶点供应、免费获得洽谈交流、休憩的场所等；有些企业通过组织酒会等联谊活动，促进专业观众与参展企业的互动；有些企业甚至会提供完善的差旅计划协助客户解决衣食住行问题；各类的服务，其目的就是为了提高专业观众对展会的满意度。

综上所述，企业若想做好展会，创建品牌展会，就要走出只重招展的误区，重视专业观众的组织工作。

（资料来源：http：//www. mice-dmc. cn/readnews. asp？ id =2798）

第三节　开幕式管理

一、开幕式的作用

1. 振奋士气

多数情况下，展会开幕当天的参展、参会企业代表较多、人员较为集中，参会的各方面领导多、规格较高、气氛热烈。营造开幕式积极、热烈的气氛有利于振奋参展商和观众的士气和信心。在心理学上，气氛是指弥漫在空间中能够影响行为过程的心理因素的总和。开幕式热烈的气氛，有助于形成展会参与者紧张、兴奋、期待、积极、友爱、团结等情绪。很多情况下，可以通过调节气氛达到推动行为进程和改善行动结果的目的。例如，通过调控气氛，缓解谈判双方的紧张情绪，有助于双方达成一致。展会也一样，气氛热烈、积极的开幕式，不但活跃了整个展会的现场喜庆气氛，而且还有利于带给参展参会人员一种积极、奋进的情绪，促进彼此间的沟通交流。

2. 宣传推广

展会开幕式既是大型活动中的一个程序，又是一个“信号”，标志着展会的正式开幕。通常展会开幕式都很隆重。现场都要布置拱门、气球、礼花、地毯、鲜花、音响设备等烘托气氛，这样的环境布置不仅是为了吸引周边人群的关注，更是一个重要的展会营销渠道。一些参展企业为了提高知名度和市场影响力，会充分利用展会开幕式这一推介平台，为企业进行“冠名”宣传，有的会在开幕式现场摆放醒目的广告牌，有的会播放企业宣传片或悬挂庆贺条幅，还有的会派发一些纪念品等，这些都是企业利用展会开幕式进行品牌推广的有效方法。

3. 拓展人脉

展会开幕当天，一些相关政府部门领导、企业高层及行业专家会来参加，这就为企业拓展人脉、发掘潜在客户、寻找合作伙伴提供了一个难得的机会。参加开幕式的领导和嘉宾代表在登上主席台前，往往会在主办方提供的“贵宾室”短暂休息，对于企业负责人来说，这是一个难得的机会，他们可以向有关领导和专家咨询一些行业发展方面的问题，或向管理部门负责人说出企业在发展中遇到的问题，寻求帮助和支持。一些领导和专家也可以通过这个机会了解企业或者市场的真实情况。企业的高层也可以借助参加展会开幕式，结识其他企业的负责人，发掘潜在的合作伙伴等。

二、开幕式活动管理的主要内容

开幕式是展览活动正式开始的标志，同时也是主办单位向公众展示展览活动规模和实力的良好机会，因而必须受到重视，更不能有任何差错。开幕式活动管理需要精心设计、周密安排。要办好展览活动的开幕式需要重点考虑好以下内容：

（1）主题。展览的开幕式应该围绕一个鲜明的主题来开展。一般来说，这个主题与本届展览活动的定位是一脉相承的。明确了开幕式的主题后，活动程序、领导发言稿和新闻通讯稿的撰写、表演活动等便有了基调和依据。

（2）时间和地点。确定展览开幕式的时间应遵循“三不宜”原则，即不宜过早、不宜过晚、持续时间不宜过长。因此，大部分展会都将开幕式的时间定在早上9点左右开始。至于地点，则一般选择在场馆前的广场上举行，舞台往往需要临时搭建。另外，策划开幕式的时间和地点时，主办单位还应该充分考虑当天的天气状况。

（3）程序。制定一个清晰而简洁的开幕式程序。展览开幕式的基本程序一般为：开幕前气氛渲染——礼仪小姐引领海内外嘉宾走向开幕式主席台就位——主持人宣布仪式开始并介绍到会的各位嘉宾——举行升旗仪式——嘉宾致词——剪彩或开幕式表演活动——主持人宣布展览开幕式结束——由工作人员带领、主办单位负责人陪同嘉宾进展览现场参观。有时候，展览主办单位还会在开幕式当天举行晚宴或酒会，以答谢主要参展商和相关人士。

（4）出席嘉宾。一般情况下，展览主办方会邀请行业主管部门的领导、行业协会的主管人员、外国驻华机构代表和专家及其他相关人士作为嘉宾出席开幕式。对于所有应邀嘉宾，展览主办方应该提前沟通并确认，落实好接待人员、翻译人员、礼仪人员以及嘉宾在开幕式主席台上的位置等事宜。

（5）讲话稿和新闻通稿。展览活动开幕式上，主要领导的讲话稿和主办单位的新闻通稿是媒体及广大公众全面了解本届展会基本情况的重要材料，且往往是新闻媒体报道的基调，因而必须认真准备。领导的讲话稿和新闻通稿在核心内容上大同小异，两者都会说明本届展览的亮点、创新之处以及对整个行业发展的重要意义，但相比较而言，前者更加口语化，而且可以带有个人的感情色彩；后者则会对展览活动进行全面的介绍，可为新闻记者提供一些背景资料。

（6）应急预案。展览主办方在策划开幕式时要充分考虑天气状况，可求助当地气象部门预测当天的天气状况。如果恰逢炎热天气或雨雪天，应提前通知嘉宾、媒体记者等作好相应准备，对出现意料之外的情况，要预先策划好，以保证开幕式的圆满成功。

第四节　展览现场其他管理工作

一、参展商行为管理

参展商行为管理的主要依据是《参展合同》和《参展手册》。除了在布展和撤展中，展会主办单位需要与参展商进行有效的沟通外，还要在展览过程中对他们进行监督和管理，确保他们的行为符合《参展合同》和《参展手册》的规定，尤其是场馆的使用规定。在展览过程中，参展商容易出现的问题有：

（1）转让或转租（卖）展位。一般情况下，是不允许参展商私自转让或转租（卖）展位的，但不少参展商常以联营名义将展位转给联营单位使用，以供货、协作或挂靠名义将展位转给供货、协作、挂靠单位使用，以借用名义将展位转给（借给）其他单位使用。对于这些违规转租、转让展位的行为，主办方必须及时予以纠正。

（2）从事现场物品买卖活动。很多展会都规定，在展览活动现场是不允许直接销售产品的，因为这会影响到商家之间洽谈业务。

（3）提前撤展。提前撤展一方面会影响其他参展商的展示和洽谈活动，另外也会给展览活动的管理带来困难，还会影响展会的形象。提前撤展是目前国内展会的一个“行规”，虽然主办方都有明文规定不允许提前撤展，但有时对此也无可奈何。相比之下，国外展会甚至是国内展会的外国参展商，他们都不会提前撤展的。

（4）促销活动影响其他参展商。有的参展商会采取发放赠品、免费尝试等方式促销，这往往会吸引大量的观众，但也会影响到周边的展位的展览和洽谈活动；有的展会还会出现相互竞争的两家企业为了在气势上压倒对方而采取一些影响到场馆内其他参展商展出的行为。

对于以上问题，主办方一定要足够重视。一方面，需要参展商改变他们的参展意识；同时，作为主办方一定要严格管理，按合同办事，只有严格遵循既定的规则，才能打造出名牌展会。

二、现场广告和新闻管理

（一）广告管理

利用展览场馆的广告位，在展览期间发布参展机构与展品广告，是许多参展商的重要参展选项。对于场馆商来说，这不仅是一项重要的经营内容和收入，更是一项重要的展览服务和管理。为此，作为场馆商，一是应尽可能科学规划、大力开发建设适宜于发布参展广告的现场广告设施，尤其应大力开发现代化广告媒体，如大型显示屏、多媒体触摸屏等；二是应与组展商密切配合，做好广告位的营销；三是发挥场馆商自身优势尽可能多地承接有关广告的制作业务，如场内宣传海报、电视宣传片制作，但不宜强行搞所谓的“特许广告经营”；四是必须履行好服务管理之责，切实保证广告设施的质量和安全；五是在谋求经营收益问题的同时，务必重视对广告内容的审查把关，切实保证所发布广告的合法性。

（二）新闻宣传管理

充分运用各类媒体的宣传优势和各种新闻宣传载体，开展全方位、丰富多彩的新闻宣传活动，全面展示展览活动的特色、优势、价值以及展览举办地的经济、社会文化、自然人文景观状况，为展览活动的顺利开展提供强有力的舆论支持。具体来说，新闻宣传管理的主要职责有：各类新闻宣传材料的准备（包括会刊、音像制品、电子出版物及其他资料等）；确定邀请媒体名单和邀请方式；新闻发布会现场布置和工作协调；媒体采访的注册、报到和接待工作；落实新闻发布会主发言人及发言稿；确定召开新闻发布会的场地和时间；邀请记者参观展台；向新闻部门提供有价值的新闻稿、新闻图片；协助境内外媒体做好现场报道的技术保障工作等。

三、安全管理

展览活动的一个重要特征是大量的人（展商、观众、嘉宾、工作人员等）和物（包括参展商供展出的各类产品以及辅助用品）在活动进行期间逗留或进出会场。保障场地使用者的人身及物品安全是展览现场管理的首要任务。因此，展览场馆内要配备专门的保安人员，有关安全的设施如消防系统、安全通道、防火装置、警报系统、广播设备、紧急照明系统、后备发电机等都必须时刻保证运作正常。

四、现场保洁管理

展览尤其是大型展览场馆占地面积大，功能区域多且分散，因此，展览的清洁服务工作难度也较大。展览清洁服务包括环境卫生和日常清洁卫生两方面的工作。

（一）环境卫生工作管理

环境卫生又包括场馆外部环境卫生和场馆内部环境卫生。

场馆外部环境卫生的范围有场馆建筑物外墙和屋面、人行道路、广场、室外楼梯和平台、室外餐厅、草地、垃圾站、沟渠、外部绿化养护、停车场及车库清洁、大楼外部保养等。有些场馆还设有水池、喷水池、人造小溪等，也需要进行卫生管理。

场馆内部环境卫生包括各楼层和各展厅及会议室地面、墙面、玻璃、茶水间、停车场、公共厕所、楼梯、各类门、电梯、餐饮区、室内天花、立柱、楼道开关、垃圾箱、灯具以及内部绿化保养等卫生工作。

（二）日常清洁卫生工作管理

根据展览活动的周期，大型展览的日常清洁服务一般分筹展、展中和撤展 3 个阶段。筹展的清洁卫生工作主要有进行场馆卫生检查、制订展会活动的卫生管理计划、确定人员分工与责任区域、制定每个岗位的工作任务和责任，以及对相关人员进行岗位培训等。展中阶段是人流最为密集的阶段，也是最容易发生卫生安全事故的阶段，因此，应按照清洁卫生计划，严格地进行清洁卫生管理，确保展会期间清洁卫生工作的顺利开展。撤展阶段清洁卫生的重点是将场馆环境恢复到与展前的状况一样，以迎接下一个展会。

五、知识产权纠纷的处理

对于日益尖锐的知识产权纠纷，主办方应在现场设立专门办公室，并聘请专职律师咨询。作为展览主办方，在知识产权保护方面应该遵循以下基本原则：

（1）要坚决反对利用展览侵犯知识产权。

（2）用证据讲话。投诉方必须是该知识产权的法定所有者，同时其知识产权必须是经过国家正式批准注册的和有效的。必须提供相关证据文件的复印本，同时，应提供符合法律申诉要求的对方侵权的具体证据，必须承担如败诉将承担的相应法律和赔偿的责任。

（3）被告方如有异议，有申辩的权利，但是也必须提供足够说明其无辜的证据。如无法提供相应证据，则应该暂时撤下有疑问的展品，以求暂时和解。

（4）由于知识产权涉及高科技和复杂的法律问题，在短期的展览中不可能求得最终解决（除非明显地侵犯著名商标的显著行为），最多在展览期间暂时处理（如暂时撤下展品），双方应在展后诉诸法律解决。

六、展品运输管理

许多展览场馆在展览正式开始前，并没有足够大的空间用来接收和存放参展物品，特别是在展览前后还要举办其他展览的时候。因此，在组织参展物流方面，物流公司发挥着重要作用。选定一家物流公司负责展品运输，可以便利运货，客户遇到的麻烦也会少些。一般来说，物流公司负责接收所有的参展物品。这类公司拥有充足的存储场所，而且收费相对低廉，还可以进行大型物品的存储作业。此外，物流公司运力充足，可以在布展所需要的一两天之内，将所有的材料运至展览现场，以便参展商把展前准备时间控制在最短的范围内。

展品的运输和储存费用由参展商支付。如果参展商不知道参展材料应由物流公司负责储存，他们就会把货直接发到展览场馆来。因此应该尽早地选定物流公司，让所有的参展物品直接发到物流公司的库房。物流公司可以让展览主办方将其接货地址通知所有的参展商。这样参展商可以直接向物流公司发货，由物流公司负责收货、保管，并在布置展厅时将所有的物品运到展览现场。等到撤展的时候，由物流公司将这些物品从展厅运回库房，再负责发给参展商。整个工作要有条有理、高效率地运行。有时可将搬运工作交给展厅服务承办者来做。需要将展品贴上标签，标签上有展览的名称、参展者（公司）的名称以及展品的展区、运抵的时间。物流公司给所有参展者以展览之前的自由存储时间，这样做是为了保证所有货物在展前准时运抵展区。

七、突发事件管理

展览举办过程中，在现场可能会发生意想不到的突发事件，组织者的能力在突发事件面前将受到真正的检验。活动组织者在危机和紧急事件中要扮演领导角色，要表现出足够的冷静与魄力。在事前，组织者最好能列出可能发生的紧急事件，按事先设定的措施来处理，以防措手不及。

1. 紧急医疗

在任何情况下，紧急伤病事件都随时可能发生，参加展会的人也不例外。与会者由于饮食改变、睡眠不足、疲劳、处于不熟悉环境、孤独等原因会产生种种不适，需要得到更多的照顾。展会组织者应当通过当地有关部门或机构协助成立一个紧急医疗救护系统，在现场安排医疗人员，并与当地医院联络，一旦有紧急病人立即安排救护。

2. 火灾防范

每一个与会者都应该知道遇到火灾时的应对措施，浓烟和惊慌往往会比火灾本身造成更多的伤亡。组织者有责任告知与会者逃生步骤及紧急出口等消防知识和有关信息。很多展览组织者特地印制防火手册，放在资料袋中提供给与会者。

3. 防盗窃

与会者在展览举办地遇到盗窃事件会给他们留下极为不良的印象，从而会导致与会者对主办者的工作及环境的质疑。因此主办单位在加强警卫工作的同时，应该以书面资料告知与会者相关的防盗事项。

4. 防恐应对

“恐怖主义”的犯罪行为所造成的损失较大，所采用的手法层出不穷，既复杂又精密，且具跨国性的特点。恐怖主义行为除严重侵犯法律所保护的人类的基本价值，例如生命、身体完整性及人身自由（这些都是人类尊严之所在）外，还威胁到社会安宁。因此，需要加强预防及建立遏止恐怖主义的机制。

八、餐饮服务管理

餐饮服务是展览活动中必不可少的服务项目，组展商一般将餐饮服务外包给专业餐饮公司或酒店，由它们为参展商和专业观众提供餐饮服务。

（一）对餐饮服务的要求

展览餐饮服务的重点是现场的午餐服务，此时大部分参展商和专业观众都在展馆内，用餐时间集中、人数多、场地有限，组展商必须认真对待。为了保证展览举办期间参展商、专业观众和其他人员正常的餐饮供应，展览现场餐饮服务商必须达到以下要求：

（1）食品及饮料干净、卫生、安全。

（2）按规定的时间足量供应。

（3）按规定的价格足量供应。

（4）按规定的品种足量供应。

（5）供应的方式方便快捷。

（6）按指定的地点供应。

（7）服从组展商的统一协调和安排。

（8）保持供应现场的清洁和卫生。

展览活动是大型的公共活动，安全和卫生问题是展览风险管理的重点。为了确保餐饮的安全卫生，一般不允许非组展商指定餐饮服务商在展览现场提供餐饮服务。除了现场的午餐服务外，组展商需特别关注的餐饮服务就是咖啡供应。由于国际参展商和观众越来越普遍，为了给商贸洽谈创造更好的环境，国际展览会一般都会设置咖啡供应点，提供咖啡、饮料和茶点，给客户提供环境更优雅的休憩和洽谈的场所。

（二）餐饮服务商的选择

展览举办期间选择现场餐饮服务商的方法有 3 种：指定餐饮服务商、推荐周边餐饮服务设施以及既指定餐饮服务商也推荐周边餐饮服务设施。

1. 指定餐饮服务商

这种方法适用于展馆设有专门餐饮服务区，或者组展商专门划定餐饮服务区的情况。这时组展商可以通过公开招标等方式，根据展馆设施和展览会规模选择一家或几家符合要求的酒店或者专业餐饮服务商进入展览会设立供应点。一般来说，展览会现场需根据客户的不同需求，提供商务套餐、快餐、点心餐、咖啡及各种饮料等多种餐饮服务。值得注意的是，由于以上餐饮都是在现场提供，因此组展商必须注重价格的控制，过高的现场餐饮价格将会引起参展商和观众的不满。

2. 推荐展馆周边的餐饮设施

如果展馆没有专门的餐饮服务区，展览场地不大或者展览规模较小，则展览无法或没有必要在现场提供餐饮服务，组展商需要推荐展馆周边的餐饮服务设施或者引入餐饮的外送服务，以满足参展商和观众的餐饮需求。值得注意的是，组展商推荐的餐饮服务设施必须距展馆比较近，档次较齐全，价格也比较合理。组展商必须将所有供应时间、方式、种类等信息详细地告知参展商和观众，以供他们进行比较和选择。

3. 既指定餐饮服务商也推荐展馆周边餐饮设施

这种方法适用于规模较大，同时展馆周边餐饮设施较多的情况，以便给参展商和观众提供更多的选择。

◆［拓展阅读 8-2］

知识产权保护管理规定

第 19 届中国义乌国际小商品博览会

一、总则

第一条 为保证中国义乌国际小商品博览会的正常交易秩序，维护公平竞争，增强参展企业的产品质量意识和知识产权保护意识，维护知识产权权利人、交易参与者和消费者的合法权益，进一步提升中国义乌国际小商品博览会参展产品的质量水平和品牌意识，特制定本规定。

二、参展与投诉须知

第二条 参展企业须保证其所有展出商品的质量，能提供必要的营业执照、生产许可证、质量合格证等；须保证展品、展品包装、装潢宣传或展位的任何展示部分等各方面均没有违反有关法律法规或侵犯他人权利，包括所有知识产权；进口展品则必须提供官方的检验、检疫证书及其他必要证明文件。

参展方应当合法参展，不得侵犯他人知识产权，服从展会知识产权投诉机构就知识产权问题进行的管理，并对知识产权行政管理部门或司法部门的调查予以配合。参展项目依法应当具有相关权利证明的，参展方应当携带相关的权利证明参展；对参展项目标注知识产权标记、标识的，应当按照有关规定标注。

第三条 参展方从签订《义博会知识产权承诺书》之日起，即视为承诺不侵犯他人知识产权，服从展会知识产权投诉机构对知识产权涉嫌侵权行为的认定和处理，服从和配合知识产权行政管理部门的管理。

第四条 中国义乌国际小商品博览会知识产权保护办公室（以下简称“保护办”）设在大会现场组委会办公室内，是中国义乌国际小商品博览会接受展品质量和知识产权投诉的唯一机构。保护办负责中国义乌国际小商品博览会期间法律咨询及协调处理有关知识产权纠纷的投诉，即受理中国义乌国际小商品博览会期间发生在展览现场的展品质量纠纷和涉嫌侵犯知识产权的投诉。大会邀请工商、质监、检验检疫、卫生、专利、版权等执法管理部门驻会处理投诉，投诉电话：0579－85415315。

投诉人须通过保护办，方可对中国义乌国际小商品博览会期间发生在展会现场涉嫌侵犯知识产权提出投诉。如因未通过保护办，而与涉嫌侵权方进行干涉，在展览现场引起纠纷以致影响交易秩序的，大会安全保卫人员有权将引起纠纷的人员当场请出展馆。

第五条 如侵权指控事实成立，参展企业须同意赔偿中国义乌国际小商品博览会组委会办公室因第三方指控参展企业或组委会侵权而引起的一切费用与损失。投诉人如按照本规定向大会提出投诉，并要求大会对被投诉人采取措施，须同意支付大会组委会因有关投诉所采取措施而引起的费用并赔偿可能造成的损失。

三、处理投诉程序

第六条　参展企业如在展位被人指控侵权，可要求对方向保护办投诉。

第七条　知识产权权利人向保护办投诉的，应当提交以下材料，并填写《投诉请求书》：

（1）合法有效的知识产权权属证明：涉及专利的，应当提交专利证书、专利权评价报告或检索报告（发明专利除外）、专利权人的身份证明、专利法律状态证明；涉及商标的，应当提交经投诉人签章确认的商标注册证明文件，商标权利人身份证明；涉及著作权（版权）的，应当提交调查申请书、权利人身份证明、权利归属的证明。

（2）涉嫌侵权当事人的基本信息。

（3）涉嫌侵权的理由和证据。

（4）委托代理人投诉的，应提交授权委托书。

投诉人不得就同一知识产权对同一被投诉人重复投诉。

对上届已经保护办处理过的专利、著作权（版权）投诉，本届继续发现的同一侵权个案，投诉人还应出示在上届展会闭幕后通过法律途径跟踪处理的法律文件。如投诉人不能出示相关文件的，不予受理。

投诉人须同时承诺，因提交虚假投诉材料或其他因投诉不实给被投诉人带来损失的，由投诉人承担相应法律责任。

投诉材料和承诺一式两份，保护办和被投诉人各存一份。

第八条　有下列情形之一的，保护办对侵犯专利权、商标专用权、著作（版权）的投诉或者处理请求不予受理：

（1）未按本规定第七条提交相关资料的。

（2）投诉人或者权利人已经向人民法院提起侵权诉讼的。

（3）存在权属纠纷，正处于人民法院的审理程序或者管理部门的调解程序之中的。

（4）专利权正处于无效宣告请求程序之中或专利权已经终止，专利权人正在办理权利恢复的。

（5）专利权评价报告（或检索报告）认为专利不具备新颖性、创造性、实用性的。

（6）商标权已经无效或者被撤销的。

第九条　保护办在展会期间处理涉嫌知识产权侵权行为，适用举证责任倒置原则。被投诉方在被告知其展出的展品及宣传品或其他展示部位涉嫌侵权后，应立即签署《承诺书》，并在4个工作小时内作出不侵权的有效举证，向展会知识产权投诉机构出示权利证书或其他证据以证明其拥有被投诉内容的合法权属，并协助工作人员对涉嫌侵权物品进行查验。

被投诉方未作出或不能作出不侵权有效举证的，被投诉方应将涉嫌侵权的物品撤展；拒不撤展的，展会知识产权投诉机构予以撤展或提请执法部门依法处理。

第十条 被投诉方作出不侵权举证的，保护办在2个工作小时内将举证材料送达投诉人（投诉人未在展馆参展的，可电话形式告知），投诉人应同时承诺服从保护办对是否涉嫌侵权作出的认定，不就同一知识产权对同一被投诉人重复投诉。投诉机构在举证材料送达后展开调查认定工作，并在8个工作小时内作出是否涉嫌侵权认定。

第十一条 保护办作出涉嫌侵权认定的，被投诉人应在接到保护办撤展决定2小时内将涉嫌侵权展品撤展，拒不撤展的，保护办予以撤展或提请执法部门依法处理。

保护办作出撤展决定后，被投诉人补充相关材料证明自己不涉嫌侵权的，由被投诉人向展会知识产权投诉机构提交重新确认不涉嫌侵权的申请，由展会知识产权投诉机构重新调查认定。

展会知识产权投诉机构作出新的认定意见前，原撤展决定继续生效。

第十二条 为维护大会的交易秩序，在保护办作出处理且被投诉人接受此处理后至当届义博会结束前，投诉人不得在中国义乌国际小商品博览会展览现场对被投诉人采取其他行动。

第十三条 无论保护办有否对被投诉人作出初步处理，在当届中国义乌国际小商品博览会结束后，投诉人对被投诉人采取的任何一步法律行动，与大会不再有任何关系。

四、责任

第十四条 保护办对涉嫌侵权产品作出处理后，涉嫌侵权的参展企业仍继续违反规定的，组委会办公室将收回其涉嫌侵权展位参展代表人员参展资格证件，封存其涉嫌侵权展位内的一切物品直至当届义乌国际小商品展览会结束，并取消该企业下一年度中国义乌国际小商品博览会的参展资格。

第十五条 有以上行为的参展企业，将被组委会办公室记录在案。参展企业在历届中国义乌国际小商品博览会上的知识产权侵权行为次数累计达到3次的，大会将取消该企业的中国义乌国际小商品博览会参展资格。同时，组委会办公室将当届涉嫌侵权企业名单抄送企业注册地相关政府部门。

五、附则

第十六条 根据世界贸易组织（WTO）《与贸易有关的知识产权协定》相关内容，本规定所指的知识产权包括：

（1）版权及相关权利。

（2）商标权。

（3）地理标志权。

（4）工业品外观设计权。

（5）专利权。

（6）集成电路布图（色痕迹拓扑图）权。

(7) 对未泄露之信息的保护权。

第十七条　本规定所指的涉嫌侵权的参展企业以该展位的申请企业（即楣板所列公司）的名称为准。无论直接涉嫌侵权者是展位的申请企业本身、子公司、联营单位、供货单位或协作单位，根据本规定第四章所规定责任的承担者均为该展位的申请企业。

第十八条　如果被认定（或裁定）的侵权者为展位申请企业的子公司、联营单位、供货单位或协作单位，达到以上规定的侵权次数，将同时对展位申请企业及被投诉单位依法采取处理。

第十九条　证明知识产权的存在及所有权所需的文件，包括国家有关法律、法规中要求的证明文件，以及保护办有关人员根据实际情况要求的证明文件。

第二十条　本规定解释权归中国义乌国际小商品博览会组委会办公室。

第二十一条　本规定自发布之日起生效。

（资料来源：http：//bbs. qjy168. com/298397. html）

◆［拓展阅读8-3］

中国国际中小企业交易会现场服务指南

2006年中国国际中小企业交易会（简称“中交会”）即将于10月25日在苏州国际博览中心拉开帷幕，金鸡湖中小企业国际论坛将与展会同期召开。

2006“中交会”汇集了展览展示、项目推介、产品交易、论坛研讨等多种形式，力求为中小企业提供及时全方位的沟通和交流平台，实现跨地区、跨国界、跨行业的资源整合。2006“中交会”预计展出面积3万m^2，约1200个国际标准展位。目前“中交会”已邀请到包括苏州工业园区的107家世界500强企业在内的专业买家1000个，国内外采购团10个。预计展览期间专业参观观众将达50000人次。

展览会上无缝对接全球产业链、零距离接触海外商家；论坛会中把脉中小企业管理策略、寻找政策背后的无限商机。深秋的“中交会”在即——中小企业的商机盛宴将启。

现场服务指南

一、物品租赁服务

(1) 预租：主办方可提前申请与租赁有关的展览服务项目，预租应最迟在开展前15天办理手续，可享受15%的优惠，开展前15天以后提出的租赁申请一律视为现场租赁，不再按照预租给予优惠。

（2）现场租赁：展馆设有一站式服务中心受理现场展览服务业务，现场租赁采用先到先得制，现场缴付租金和押金，押金待归还租赁物品时退还，如有损坏，照价赔偿。

（3）退租及更改配置：如需取消或更改展具的位置，参展商可到一站式服务中心办理，请勿擅自拆除或更改，收费标准请查阅服务手册价格表或向一站式服务中心查询。

（4）如需要申请展览服务项目表中没有的服务设施及项目，请在进馆前向博览中心客户服务部查询，中心将在力所能及的范围内给予最大限度解决。

二、清洁服务

（1）展会布展和撤展期间，标准展位和公共区域的清洁工作由博览中心负责，对于特装展位，博览中心负责其布展最后一天晚上的吸尘。

（2）开展期间，参展商应保持展位内的清洁，并将垃圾倒入指定的垃圾桶内。

（3）特装清洁押金：布展前特装展位须向博览中心缴纳清洁押金；在撤展期内参展商须将展位内的装修垃圾清理带走，请勿将垃圾遗弃在展馆内及展馆外围区域；清理完毕之后请到一站式服务中心通知展馆清洁管理人员现场确认签字，参展商凭确认单取回清洁押金；现场确认须在撤展期之内进行，逾期未办理的，押金不予退还。

三、商务活动服务

（1）苏州国际博览中心有限公司是展馆红线范围内唯一指定的商务活动经营管理者。

（2）未经同意，任何单位、组织和个人不得在博览中心所辖范围内从事与其展览申报内容无关的商务活动，如室内的广告发布、餐饮、零售、摄影等。

（3）博览中心设有商务中心为参展商办理票务、酒店预订、旅游、邮政等多种服务，以及图文处理、复印、传真等服务。

四、现场广播服务

（1）主办单位涉及一些公益性内容以及展会惯例的普通话广播博览中心可无偿安排人员播报，如消防规定、交通信息、治安规定、场馆开放的时间、会议地点等。

（2）凡涉及专业内容，主办单位需自行安排人员播报，中心安排人员协助。

（3）凡涉及以下内容的广播不予播报：

1）具有明显广告性质的内容。

2）含有违反国家法令法规的内容。

3）报失物品。

4）含有其他对展览秩序或社会有负面影响的内容。

（4）广播程序：主办单位（客户）→填写广播申请表（需由博览中心安排人员广播的，要写明广播内容和需要广播的时间及次数）→由项目经理审核认可→安排播报。

（5）因主办机构广播稿内容编写不当导致的责任，由主办机构自行承担。

五、会议服务

(1) 参展商预订会议室需填写《会议室租用预订单》，在预订确认后7天内支付会议总费用的50%订金，会议结束后当日付清余款。

(2) 如需更改租用时间，必须提前1天通知博览中心客户服务部。临时取消或更改订金不退。

(3) 如需在租用时间之前布置会场，请提前1天向客户服务部提交会场布展平面图或文字方案，并在开会前3小时对现场进行确认，收费标准参照服务手册。

(4) 如需提供配套的服务项目，如午餐、礼仪小姐、鲜花等，需提前1天与客户服务部联系确认。

六、运输服务

(1) 展品发运后请立即将运单号、件数、重量，通知苏州国际博览中心，并用特快专递寄出提货凭证。采用航空运输的，请将货运单传真发至客户服务部。

(2) 请在提货单品名栏注明"展品"，并在展品的包装物上标明你所参加的展览会名称和参展摊位号。

(3) 展品包装要结实、防雨，并适合反复搬运，3t以上的展品请标明重心、吊装线。

(4) 客户服务部为参展商提供各种运输方式的展品回运服务。

(5) 展览会期间，博览中心为参展商提供展品进馆服务：展品卸车、装拆包装箱、运至展台、展品一次就位、空箱保管、展品由展台运至馆外、装车，并收取一定服务费。

(6) 5t以上展品及精密仪器设备，需用叉车搬运的展品，至少需提前3天联系。

(7) 需用吊机搬运的展品需提前7天联系，原则上按体积计价，特殊情况除外。

(8) 本展馆承重限定：

室内展厅：一层展厅承重为$5t/m^2$，二层展厅承重为$1.5t/m^2$。

室外展场：室外展场承重为$2t/m^2$。

请参展商严格遵守展馆承重限定，对超重展品采取有效措施，使之符合承重限定，否则严禁入馆参展。

(9) 展品运输保险由参展商自理，展品在搬运过程中如有损坏，客户服务部负责提供现场记录，并协助解决理赔事宜。

(10) 参展商小件物品可以自行搬运，但必须遵守展馆搬运规定，不得使用非展馆提供的搬运工具。

(资料来源：http：//info. finance. hc360. com/2006/10/19185956302. shtml)

本章小结

对不同的观众类型在接待上要采取不同的方法。对于集体参观的观众，可由展览接待部门通过有关组织机构，事先联系，登记预约，按先后顺序安排参观时间和场次，有组织地分期分批集体参观。个别零散观众一般采用购买门票或领取参观券的办法来控制进馆的时间和人数。

让每位观众注册尽可能快，一定要做好以下几项工作：①注册材料的准备工作要充分（包括观展登记表、观展指南、展览会刊等）；②要尽可能早地让观众都能了解现场注册程序；③注册台的搭建要合理，保证有足够大的注册空间；④注册现场分工要明确，各负其责。

开幕式具有以下作用：振奋士气、宣传推广、拓展人脉。办好展览活动的开幕式需要重点考虑好以下内容：主题、时间和地点、程序、出席嘉宾、讲话稿和新闻通稿、应急预案。

展览现场其他管理工作包括：参展商行为管理、现场广告和新闻管理、安全管理、现场保洁的管理、知识产权纠纷的处理、展品运输管理、突发事件管理、餐饮服务管理等。

复习思考题

1. 对展览办展机构来说，在展览布展与撤展过程中需要承担哪些具体工作？
2. 观众组织与接待服务的内容与方法有哪些？
3. 开幕式具有哪些作用？
4. 开幕式活动管理的主要内容有哪些？
5. 展览现场其他管理工作还包括哪些？
6. 以下是展会中常见的突发事件，假如你是现场服务或管理人员，试分别说明你将如何处理：断电；人流拥挤；偷盗、诈骗；喷淋或水管爆裂。

案例分析

案例分析一　观众登记引起的混乱

在当今信息时代，各会展公司的展会观众登记也都不同程度地使用了信息技术手段。但是，登记效率的提高还是赶不上展会规模的扩大。某展览公司的项目经理为此烦恼。该公司举办的“2004×××展”十分成功，参展商和观众数量都创历史纪录。为此，王经理与数据登记公司商定了现场观众登记方案，安排了每天4000次的登记能力，共计3天。这个观众数字是根据各种信息估计出来的，事实证明展会观众的总人数也大体如此。当然，也可以把接待能力提高1倍或更多，但开支会成倍增加。结果，展会开幕那天上午在观众登记环节就出了问题，人数特别多，登记人手跟不上，观众信息输入和参展证打印速度都较慢，现场出现了混乱现象，引起观众的不满。最后不得不临时决定取消登记手续，观众自由进场，但这样就搅乱了许多观众、特别是专业观众的信息资料，这又造成参展商的不满。同时，错把一些观众名片资料与调查表数据混合，造成数据混乱。王经理十分不清楚问题出在哪里，应如何解决。

（资料来源：http：//www. doc88. com/p-904283066125. html）

案例思考题：

1. 在本案例中，王经理在展会开幕前有哪些问题没有充分地预见到？
2. 分析造成这些（可能的）薄弱环节的原因。
3. 请写出若干提高观众登记效率，改善服务质量的解决方案（至少4条）。

案例分析二　展会开幕式的纠结与创新

自“国八条”出台以后，展会开幕仪式如何安排令办展人大伤脑筋。办，国务院已明令禁止，违背中央精神；不办，缺少气氛，好不容易请来的重要贵宾无法正式出场露面，不好交代。左右为难，十分纠结。于是，有些展会取消了开幕式，有些展会降低了规格，有些展会改成了巡馆；还有一些展会采取了更为精巧的做法，用论坛、峰会取代展会开幕式。

展会开幕式是不是要取消？不能简单从事，一概而论。展会开幕式与展会展览展示属于不同表现形式，但都属于展会内容，都以服务展会为目的。采取何种形式更能体现主题，达到展会举办目的，展会举办者完全可以根据实际需要选择其中一种或适当的组合。

展会的最基本功能是展览展示、信息交流和交易促进，如果仅限于此，展会开幕式似乎无关紧要，在现实中也确实如此。北京京正婴幼童展从2003年创办以来，一直都没有举办开幕式，只是2012年第十届才象征性地搞了一个简单的剪彩仪式；但展会从2000m^2做到七八万平方米，从一年一届做到一年北京、广州各一届。不少专业展会也大多遵循这一原则，或不举办开幕式，或开幕式非常简洁，不在开幕式上花费更多精力，集中精力为参展商和采购商提供细致的服务，确保展会的可持续发展。

但也有一些展会，承担更为繁重的任务，除了促成交易以外，还要为国家战略大局服务：服务于国家对外经济贸易的展览布局、服务于国家的外交战略、服务于国家或地区的产业发展战略。对于这类展会，通过开幕式表达政府意志，传达战略信号，似乎很有必要。商务部战略布局的“东盟博览会”“东北亚博览会”“亚欧博览会”等多属此类展会，开幕式是其重头戏。举办者在展会开幕式上花费了不少心血，每年推陈出新，把展会开幕式做到了极致，也取得了较好的宣传效果。中央也不会一概而论地反对，也大多会派重要领导出席。今年以来，就有国家主席习近平出席博鳌亚洲论坛并发表重要讲话；国务院总理李克强出席京交会的全球服务论坛北京峰会并演讲；国务院副总理张高丽也赴四川参加了在成都举办的财富论坛。另有一些地方政府也需要通过展会开幕式展现政府意向，争取中央和兄弟城市的支持。

所以，不能就事论事地讨论展会开幕式要还是不要，而应当具体问题具体分析。如确实需要举行开幕仪式，就隆重、简省、环保地做好。这里的问题不是要不要开幕式，而是开幕式之后的服务，关键在于能否提供展会本身应提供的到位服务。我们也发现少数展会，开幕式轰轰烈烈，领导致辞、剪彩热热闹闹，但展会现场交流冷冷清清，甚至专门邀请到的专业采购商和展商对接活动都很难组织起来，这就有点喧宾夺主了。作为展会，我们要研究展会本身的规律，恰如其分地将形式和内容有机地结合起来，更好地为展会举办目的服务。

北京科博会在举办开幕式问题上也经历了一个探索改进的过程。最早的北京科博会叫中国北京高新技术产业国际周，多少带有一点节庆的味道，展会在全国农业展览馆举办。国际周每届都举办开、闭幕式。更名为科博会后，逐步取消了闭幕式，开幕式也做了改进和变革，不再专门举办开幕式，策划的科博会主题报告会在人民大会堂专门举行，邀请国际组织领袖、世界知名专家学者、政府官员和著名企业家发表演讲，分析发展趋势，阐述学术观点，发布政策信息。以科博会主题报告会暨开幕式取代了单纯的开幕式；而在中国国际展览中心举行的展会不再举办开幕庆典活动。这样的尝试受到科博会参与者的普遍肯定和支持，认为这样的变革较好地将内容和形式统一起来，开幕活动有形式、有内容，内容重于形式，效果较好。所以，之后创办的北京文博会也没有开幕式，而是以一场精彩节约的演出拉开文博会的序幕。

（作者储祥银系中国会展经济研究会理论指导委员会副主任、对外经济贸易大学教授、博士生导师，资料来源：http：//www.chinatradenews.com.cn/html/zhongdianyuedu/2013/0617/1995.html）

案例思考题：

1. 结合上述案例，你认为开幕式应具有哪些功能？
2. 结合上述案例，“隆重、简省、环保”的开幕式应如何设计？

第九章 展览评估和总结

本章提要

展览评估是检验办展效益和质量的尺子。展览总结对展览组织机构持续办展具有导向、反馈和借鉴参考作用。第一节探讨展览评估的意义，分析展览评估的主体，阐述展览评估的内容，介绍展览评估的程序及展览评估报告的撰写。第二节分析展览总结的作用，阐述展览总结的主要内容，研究展览闭幕后的后续工作。

学习目标

1. 了解展览评估的意义。
2. 熟悉展览评估的主体。
3. 理解展览评估的内容。
4. 了解展览评估的程序。
5. 掌握展览评估报告的撰写。
6. 了解展览总结的作用。
7. 掌握展览总结的主要内容。
8. 掌握展览闭幕后的后续工作。

第一节 展览评估

戴维·奥斯本和特德·盖布勒说：“测量和评估能推动工作；若不测定效果，就不能辨别成功还是失败；看不到成功就不能给予奖励；不能奖励，就有可能在奖励上失败；看不到成功，就不能从中学习；看不到失败，就不能纠正失败；展示成果，能赢得管理公众的支持。”展览评估是理论问题，更是实践和应用性很强的问题。针对展览活动而言，展览评估要解决的问题有：为什么要进行评估？由谁来进行评估？评估什么？怎么样进行评估？分别涉及评估目的、评估主体、评估内容和方法技术，即价值论、主体论、内容论和方法论 4 个相互联系的板块。

一、展览评估的含义和意义

（一）展览评估的含义

所谓评估，就是估量和评价，是对事物和运动的本质、数量及对相关事物的影响程度的定量与定性的判定，总体上来讲是指根据一定的标准和程序对事物的优劣作出结果性的判断。展览评估，就是运用数量统计、运筹学等原理和特定指标，对照统一标准，按照一定的程序，通过定量和定性对比分析，对展览项目在一段时间内的运营管理的效率、能力、服务质量、满意程度等方面作出客观、公正和准确的判断，对展览项目运营管理过程中投入、产出、成果所反映的效果进行评定，划分等级。

（二）展览评估的意义

（1）主办单位（包括政府部门）举办展览是一项投入比较大的经营活动，在筹备和展览进行过程中都会总结很多宝贵的经验和教训，对成本效益的评估、宣传质量效果的评估、招展代理完成目标任务的评估、主办单位是否具有预计的号召力等系统评估，将有利于主办方发现问题、改进工作和提高效率。还可以根据相关的展览评估结果来客观理性地分析、评价当前展览市场的环境和走向，为今后展览项目的市场开发、运营管理提出相应的建议。展览主办单位可根据每次评估的结论和建议，及时调整展览的发展方向、运作管理方式等，扬长避短，来完善自己的会展品牌。

（2）对展览行业主管部门而言，可以根据相关展览评估的标准、结论来制定展览行业发展的行业规章和制度，并可对一些评估良好的展览项目进行重点扶持，帮助它们做强、做大以形成品牌优势；反之，对一些评估差，缺乏市场前景甚至重复举办的展览项目，应予以严格控制，以达到规范展览市场秩序、行业竞争和维护展览城市及场馆形象的目的。对展览评估工作加强监督，扶优汰劣，是展览行业管理机构的一项重要任务。

（3）对于参展商而言，参展企业参加展览需要投入相当多的人力、财力和物力，在展览结束后对会展进行系统的评估、总结，可以通过评估结果掌握展览的真实情况，将有利于参展企业判断已做的投入是否恰当，产出是否理想，以及日后是否仍需继续投入等。有了规范、客观的评估报告，企业就可以为自己是否参展找到客观依据，避免出现很多负面问题。还能把参展与其他营销方式如广告、人员推广等在成本效益方面作出比较，为今后选择何种方式进行市场拓展提供依据。

（4）为展览场馆的出租方提供背景资料，为贸易促进会和展览馆协会提供协会管理的基础数据，为展览项目的品牌建设提供支持。通过对展览项目历年相关会展数据进行纵向比较，分析其存在的问题、市场发展趋势及其未来的发展对策。结合国内类似的大型相关展览活动进行横向比较，分析并借鉴其项目优势。

（5）通过展览活动过程的适时评估来发现展览活动各项组织工作的不足及早期的危机处理方法，为展览运营与管理的过程控制提供早期预警；将事先拟定的工作标准、目标与实际工作结果进行比较，发现偏差，并分析原因，提出针对性的改进措施，为提高展览活动质量提供保障，从而不断提高展览活动的竞争力，密切展览主承办方与客户之间的关系。

二、展览评估主体

展览评估主体是指直接或间接参与展览活动评估过程的组织、团体或个人。它解决了“由谁评估”的问题。从理论上来说，任何一个与展览活动有关的“利益相关者”都可以作为评估主体而存在。现代利益相关者理论认为，任何一个组织或项目的存在与发展都离不开利益相关者的投入或参与，从这个意义上讲，展览项目的评估理所当然地离不开利益相关者的参与。具体来说，展览活动的评估主体包括以下部门或个人：

（一）展览行业主管机构

展览行业主管机构包括对展览行业实施行政管理的相关政府部门以及展览行业性组织。目前在我国，这部分机构主要在管辖区域范围内发挥作用。展览行业主管机构可以对一段时期内展览行业整体发展状况实施宏观评估，也可以对具体的展览项目进行微观评估。

（二）展览组织者

展览组织者对展览项目进行评估是展览项目管理的重要环节，能够为展览后续服务提供基础材料，也有利于调整项目运营策略，进一步推动项目发展，从而塑造项目和企业的品牌形象。这类评估一般由主办方自愿进行，自行组织。

（三）第三方机构

第三方机构是指得到委托或授权对展览项目展开评估的中介机构，如科研机构、评估公司等。由专家学者和社会组织组成的专业性的第三方机构具有中立、客观、专业的特征，特别是具有人才、理论和学术优势，能提出更多专业性的指导意见，能够提供客观而科学的评估结果。展览行业主管机构、展览组织者都可以委托第三方评估机构来评估展览项目。随着我国展览产业的快速发展，由第三方机构承担的展览项目评价将越来越多，第三方机构评价呈现出较快的发展趋势。

（四）展览相关者

展览相关者主要是指参展商、观众等展览活动参与者，赞助商，媒体等相关机构。展览相关者可以从各自的角度出发对参与和涉及的展览项目进行评估，主要是评估展览项目对自身的价值，参与过程、方式与效果。其中，媒体往往以第三方机构的立场对展览项目进行评估和评选。

为使展览评估取得良好的效果，应采取多元化主体参与评估的方式。从上述分析中可以看出，各类型评估主体都有其各自的特点和关注重点，采取多元化主体参与评估可以从全面、立体化、多维的视角来考量展览项目的综合绩效，能够克服单一的评估主体带来的诸多缺陷。另外，在评估主体已经确定的情况下，还需要考虑和落实各个评估主体之间的比例关系及对评估结果的影响程度，也就是说，各个评估主体在整体展览项目评估指标体系中的构成和权重分配比率。不同的主体负责的指标是不一样的，因此其在整体展览评估中的评估分值也有差异。

◆［拓展阅读 9-1］

德国展览评估机构——FKM

德国权威的展会评估机构为博览会和展览会统计自愿审核学会（Society for Voluntary Control of Fair and Exhibition Statistics），其隶属于德国展览与博览会协会（AUMA），德语简称 FKM。

FKM 总部设在柏林，于 1965 年由 6 家德国会展公司共同创建，创建的目的就是制定统一的展览会相关指标统计审核标准，促进会展数据的透明度和真实性。目前直属会员由在德国的 75 家会员及中国香港贸发局、意大利 Verona 展览公司、莫斯科 MVK 等 3 个国外展会机构组成。FKM 只为成员单位申报并主办的展会开展审核，每年 4 月发布对上一年展会的审核结果，并公布当年申报展会的名单。FKM 每年要对德国的 75 家会员审计约 300 个展览，一般德国展会推广方面都会有标记该展览会是否经过 FKM 审核。在奥地利和瑞士都有完全类似的机构，因为都是德语系国家，所以都简称为 FKM，但这两个国家的 FKM 与德国的互不隶属。

FKM 的工作任务是制定展览会数据统计的标准和规则，并聘请专业经济审计机构对展览会主办者填报的展览会统计数据进行审核。FKM 机构的成员要按照 FKM 的规则和标准申报展览会统计数据，接受 FKM 组织的专门机构对统计数据进行的审计，并保证在任何场合和情况下所使用和发布的展览会统计数据均与 FKM 公布的统计数据相一致。FKM 的相关数据和规则由独立的经济审核机构负责审计。授权的经济审计机构通过随机抽查的方式对各成员申报的展览会数据开展审计，包括派员到展览会现场了解情况、展览会结束后对展览会财务进行审计，或者通过问卷调查的方式进行，然后出具审计报告。

FKM 主要进行 3 个指标的量化分析和横向对比，包括：展览面积、参展商数量和观众数量。展览面积包括净展览面积和毛展览面积。净展览面积主要是指国内外厂商所租用的展台面积，另外还包括被称为特殊区的与展览主题有关的图片陈列区和表演区。毛展览面积则再加上公共通道及服务区。参展商是指带有产品或服务的公司及组织，由其职员租用场地参展，如果公司的产品或服务由代理商参展，该公司不列为参展商。观众人数一般由电子入场系统统计，或统计每天售出的参观券数量，此外，FKM 还分析观众结构，是专业观众还是普通观众，以及对观众的来源地、职业、所属行业、职务、年龄、参观频率等各个指标进行细化分析。

经过 50 多年的实践经验，FKM 已经成为德国展览界品牌和质量的象征，受到了参展商和展览主办者的青睐。除德国展览会外，越来越多在德国以外地区由德国主办的展览会走进了 FKM 的审核范围，很多非德国展览会主办者也申请成为 FKM 的海外成员。

（资料来源：http://www.qingdaonews.com/gb/content/2011-06/06/content_8809407.htm）

三、展览评估的内容

展览评估的内容取决于评估的理念与方法。目前，由于我国还没有颁布全国展览会评估标准，各地对展览评估的内容也各有侧重。归纳起来，评估的内容主要包括以下几项：

1. 展览主题

展览评估机构对展览主题进行评估主要是评估展出的内容是否与展览的名称相符、主题是否突出、对相关产业影响力的大小、是否代表了相关产业的发展水平或发展趋势等。

2. 展览组织与管理

展览组织与管理主要是评估办展机构的组织机构是否健全，展出现场的秩序如何，展馆内是否设立咨询报到处、知识产权保护、工商投诉等管理服务机构，是否印制参展商手册及会刊等。

3. 展厅规划与展位设计

展厅规划与展位设计主要是评估展厅面积的有效利用率，展区划分是否合理，公共布展效果，特装展位面积与展位总面积的比例，特装展位数量与总展位数量的比例等。评估不同题材的展览，对特装展位面积或数量的要求也不一样。

4. 展览规模

展览规模主要是评估该展览展出毛面积、净展出面积、展位数量、参展企业数量等。

5. 参展商结构

如果评估的是国际性展览，主要评估境外参展企业的数量及其所占参展企业总数的比例；如果评估的是全国性的展览，则要评估展览举办地之外其他省市参展企业的数量以及所占参展企业总数的比例等。

6. 观众结构

观众结构评估主要是评估观众总数、专业观众数量、专业观众与观众总数的比例、专业观众与参展企业的比例等。如果评估的是国际性展览，还要评估境外观众的数量、境外专业观众的数量、境外观众与观众总数的比例、境外专业观众与专业观众总数比例、境外专业观众与境外参展企业总数的比例等。

7. 参展商满意度

参展商满意度评估主要是针对参展企业的展览效果、对办展机构的组织与服务等相关工作的满意程度。展出效果主要包括接待观众数量、观众质量、结识新客户的数量、发现有价值潜在客户的数量、意向成交与实际成交额等，参展企业对办展机构制定的各项管理制度是否合理、现场管理是否到位、现场秩序是否良好等。参展企业对服务的满意度主要是指办展机构服务人员的态度是否热情，接待咨询是否耐心，专业服务是否熟练，提供服务是否及时、高效等。

8. 专业观众满意度

专业观众的满意度主要是指专业观众参观洽谈的效果，对组织、服务等方面的满意程度。对专业观众来说，参展效果主要包括：是否有感兴趣的企业与产品、展出环境是否满意、参观洽谈是否方便、对展出质量是否满意等。组织工作主要包括与观众相关的管理规定是否合理、入场是否便捷、管理机构是否健全和便于寻找、场内秩序是否良好等。办展机构对专业观众提供的服务主要体现在：服务人员是否热情、有耐心，回答问题是否专业、准确，提供服务是否及时、高效，以及是否提供其他配套服务等。

四、展览评估的工作程序

在进行展览评估时，应首先明确展览评估的含义，确定展览评估的主要原则，然后建立一个系统的展览评估体系，在此基础上确定评估过程及评估的具体步骤。展览评估工作规范化和科学化是展览评估工作有效开展的重要前提，是保证展览评估结果客观、公正、准确的基本要求。

一般来说，展览评估的工作程序可分为3个部分，即展览评估的准备阶段、展览评估的实施阶段、展览评估的总结阶段。每一个阶段又包括若干个具体环节。在准备阶段要解决的问题主要有以下内容：确定评估目标，制定评估计划、评估标准、原则、方法，明确评估内容，组建评估组织等。在实施阶段的主要工作是按照既定的评估计划由评估主体对展览活动展开绩效评价，这个阶段的核心要点就是各种数据的收集。在总结阶段，要对评估的结果进行全方位的分析，对展览项目在展前、展中、展后的运营绩效作出科学的评判，既要总结成绩，又要找出不足，以便于展览活动运营方在下一届活动中予以改进。以下重点介绍其中的重要步骤：

1. 制订展览评估的计划

为了保证展览评估顺利进行，在展览评估之前要对涉及评估对象的目标、主要活动、主要资源以及开展这项评估的主要风险、有关的环境背景进行大量的调查研究和论证，并制订展览评估计划。

2. 建立展览评估的组织

建立展览评估组织包括选择评估主体和培训主体两个方面。在选择评估主体时，评估主体与评估对象、评估目的和评估内容相匹配是一个非常重要的原则。

3. 构建展览评估的指标体系

根据展览行业可持续发展的要求和展览评估的具体目的，构建科学合理的展览评估指标体系是展览评估的核心。要使评估指标体系科学合理，就必须依据系统性、有效性、可操作性、可比性和独立性等基本原则，精心遴选展览评估的各项指标。

4. 选择展览评估的方法

在收集到展览评估指标的相关信息和数据后，需要使用一些科学的定量分析方法对评估信息和数据进行解读。实践证明，同样的评估指标和评估数据，采用不同的定量分析方法其评估结果可能会有所差异，有时可能产生明显的差异。因此，为改善展览评估质量和增强展览评估结果的可靠性和可信性，选择适当的方法至关重要。

5. 比较展览评估结果与目标

通过将相对独立的维度指标得分以及具体量化指标的实际值和参与评估的同类型展览项

目的指标得分和实际值进行对比，结合定性指标的评估标准，可以找出评估对象的优势和存在的差距。通过对评估结果的各种分析比较，不但可以对展览主办方的当前展览运营绩效作出有效的判断，还可以对展览项目的未来发展作出相当可信的预测。

6. 分析和报告展览评估结果

展览评估报告的内容主要包括3个部分：①展览评估的背景资料，介绍评估对象的基本情况和评估实施的基本情况，说明进行绩效评估的目的、评估指标和评估标准等；②绩效评估的基本结论；③展览评估的建议。在展览评估报告中应该同时分析评估对象绩效优劣的原因及相关的影响因素，并明确提出改进建议。

7. 展览评估结果的运用与改善

展览评估的结果要向被评估的对象和利益相关者公开，其目的在于公布、传达展览项目运营的工作绩效，协助被评估对象深入了解展览项目各层面的工作效率、效果及存在的主要问题，督促展览项目主办方不断改善展览项目的服务水平和运营绩效。通过展览评估，即通过对展览活动效果进行诊断的方式，来发现展览运营过程中尚存在的主要问题，并找出导致问题出现的原因，提出下一步的改进计划，推动展览活动的规范化，不断提高展览活动运营的效率和效益，否则，就会使展览评估陷入为了评估而评估的“评估陷阱”。因此，展览评估结果的运用与改善应得到足够的重视。

五、展览评估报告的撰写

（一）展览评估报告撰写的基本原则

1. 客观实际

客观实际是展览评估报告写作的基本原则。所谓客观实际，就是要以实事求是的精神撰写展览评估报告，尊重事实，反映真相。评估者在任何情况下都不能被外界因素所左右而忘记保持价值中立的立场。无论是介绍评估方法，还是作出评估结论和建议，指出问题所在，都要体现客观性原则。要做到不歪曲调查事实、不迎合他人或权威意志。写评估报告的根本原则是：有什么，就写什么。

2. 言简意赅

展览评估报告的语言应该是精确而简练的，任何不是必须的内容都应该省略或者删除。如果追求面面俱到，反而会显得重点不够突出。评估报告的基本原则是：既不要追求长篇累牍，也不能为了追求简明而破坏报告的完整性。评估报告应该具有较强的可读性，考虑到写作评估报告的最终目的是以文字形式传递获得的信息，所以报告中的文字和语句必需简洁、清晰、贴切，通俗流畅而不落入俗套。

3. 合乎逻辑

展览评估报告应该结构合理，遵循必要的逻辑性和完整性。报告的书写顺序应该按照评估活动展开的顺序进行，做到环环相扣，前后呼应。对必要的重复性工作要给予特别说明。为了方便辨别前后内容的逻辑关联性，使评估报告层次清晰、重点突出，有必要恰当地设立标题、副标题甚至小标题，并标明各个部分的编号。

（二）展览评估报告的内容结构

一般来说，完整的展览评估报告应包括正文和附件两部分。

正文部分的内容应当包括评估主体、评估对象及评估指标、评估目的、评估原则、评估方法的采用、评估说明、评估结论等。在正文部分最关键的内容应包括以下3个方面：

（1）展览评估的背景资料。介绍评估对象的基本情况和评估实施的情况，说明进行展览评估的目的、评估指标和评估标准等。

（2）展览评估的基本结论。评估主体以评估对象（展览项目、参展商、观众等）为单位，利用各种渠道获取相关信息，经过加工整理后得出相关评估指标的数值或定性描述，并与其预定的评估标准、目标与指标进行比较，通过差异分析作出优劣判断。

（3）展览评估的建议。由于展览评估报告的目的在于传达展览运营绩效的信息，使展览项目的各方参与者深入了解展览活动相关层面的工作效率、质量和效果等，并帮助改进和提高工作效益。因此，展览评估报告应该同时分析评估对象绩效优劣的原因及相关的影响因素，并明确提出改进建议。这些建议要针对具体的对象，并且尽量做到客观、合理，要具有可行性。

附件部分的内容主要是与评估有关的资料，是正文内容的佐证和补充。通常包括评估实施、参与单位和个人的名单、调查问卷、原始资料的来源等。

第二节 展览总结

一、展览总结的作用

建立在展览评估的基础上，办展机构还需要对展览的策划、筹备、招展、招商、宣传推广以及展览现场管理和服务等做全面的总结工作，进一步进行分析评估，总结好的经验，以便下一届继续发扬，找出工作中的不足，以便在下一届展览活动中加以改进，促进展览各项工作质量的提升。具体来说，展览总结具有以下作用：

1. 通过总结各种经验，可以继续发扬好的做法

从展览最初的策划立项、招展招商到最后圆满闭幕，各个工作人员都充分发挥自己的聪明才智，努力地工作。每个工作小组都充分调动各方面的积极性，协调配合，努力把各种筹备工作做好。在上述各种工作中，一定会涌现出一些富有创新意义的做法，对于这些好的做法，办展机构要好好总结。如果这些好的做法富有普遍性，可以将它们吸收进办展筹备的正式业务流程，在以后的工作中继续发扬；如果它们是针对某一问题的良好解决办法，办展机构可以将它们作为备案保存，以备今后需要时使用。通过经验总结，可以将各业务人员的智慧集中为公司的智慧，将各工作人员的经验汇集为公司的经验，这样，今后的筹展工作将越来越顺利。

2. 通过总结发现问题，以改进以后的工作

展览工作是一项大型的社会公众性活动，工作繁杂，工作人员众多，牵涉面广，在筹备工作中难免会出现这样或那样的问题。对于这些问题，办展机构要通过及时的会展总结，分析问题发生的原因，探讨当时解决问题的办法是否最优。通过总结，发现问题、分析问题、解决问题，以便在今后的工作中能提前预防问题的出现，减少问题的发生。通过总结，发现现工作流程中某些不合理的做法，以便在今后工作中加以改进。

3. 为继续办好下一届展览会作准备

进行展览总结，固然是为了发现好的做法，避免问题的继续存在，但进行展览总结的一个根本目的，是为继续办好下一届展览作准备，为下一届展览铺平道路。通过展览总结，使本届展览的一些好的做法在下一届继续发扬，让本届展览出现的一些问题不至于在下一届再出现。展览总结，对于吸取本届展览活动的经验教训，改进下一届展览活动的策划、招展招商、展览服务以及现场管理等具有重要作用。

二、展览总结的主要内容

展览总结是展览情况、工作效果和建议的全面反映。一份完整详细的展览总结的内容包括展览会概况和展台、市场和竞争对手、展台情况、展览服务工作和展览成果等情况。

（1）展览会概况，包括展览会名称、日期、地点、规模、性质、内容、参观者数量、参展商数量、展览活动、展览整体效果和评估结果等。

（2）市场和竞争对手情况，包括数量、展台面积、展示内容、展示活动、展示方式、成果和评估结果等。

（3）展台情况，包括展出目的和目标、内容、展馆面积和位置、评估结果等。

（4）展览服务工作，包括整体组织和管理工作、展品运输、设计和施工、宣传和推广、公关和交际、行政和后勤、展台人员的素质及表现、评估结果等。

（5）展览成果，包括成交额分类统计、接待客户数及分类统计、宣传效果和评估结果等。

（6）收获和建议，包括经验和教训、改进意见和建议等。

根据需要，展览总结涉及的各项内容也可以分开写。分开写时要求内容更加全面详细，可以划分为展览招展招商工作总结、展览策划工作总结、展览筹备工作总结、展览宣传推广工作总结、展览人力资源配置工作总结、展览客户关系管理工作总结、展览现场服务工作总结、展览财务工作总结、展览服务商安排工作总结等。

三、展览闭幕后的后续工作

（一）致谢并邮寄资料

展后的致谢不仅是一种礼节，而且是建立双方良好关系的有效手段。在展览后续服务中应注意致谢工作的开展。

1. 致谢对象

对参展商、专业观众、协助与合作单位、媒体、赞助商、承办场馆等都应发函致谢，表示出对对方的重视，并让对方感受到我方与之合作的诚意。感谢的对象还应包括本公司为展览活动辛勤工作的员工。展览活动是相当复杂烦琐的工作，千头万绪，离不开所有员工的共同努力。活动结束后，企业应根据具体情况采取一定的方式对员工进行物质或精神上的奖励，以示感谢，同时也可利用这一契机增强企业的凝聚力。

2. 致谢方式

展览活动结束后，可采用不同的方式表达谢意。一般对于大多数的对象，发函致谢即可，只不过要及时快速。对于重要的单位或人员，最好是登门拜访，或者通过宴请以示谢意。电话致谢也是一种方式，客气周到的问候与感谢可给人留下良好的印象。对于重点参展单位和用户单位，表示感谢并报告活动成果。

3. 邮寄资料

在展会结束后，把所有收集到的专业观众资料、论坛资料、参展商资料等汇总到一起，刻录成光盘，寄给参展单位，或者把文字资料通过电子邮件、传真等方式发给参展单位。这项工作也比较烦琐，但是对于下一届展会的帮助将是无形的。

（二）展后宣传

展后的宣传在某种程度上对展览活动更是起到持久的促进作用，积极有效的宣传将会为展览活动的持续发展做好铺垫。展览活动的闭幕并不意味着工作的结束，在其后要抓住时机进行必要的宣传，通过媒体等其他渠道制造一定的舆论影响，是展览活动持续发展的必要措施。

在活动结束后的一段时间里，要有计划地对活动的成果进行持续宣传，以进一步扩大影响。一般主要通过报纸、专业杂志、各种网站进行宣传，也可以借助相关协会组织的会议等渠道进行宣传。

召开新闻发布会是一个行之有效的方式，不仅可以通过媒体的报道扩大活动的影响，还可获得较为突出的效果，加深客户的印象。组织联谊会也可增强活动的宣传效果，同时还可以彰显企业的经营理念与诚意。此外，活动简报等文字资料可充分利用本次展览活动的专业网站进行宣传与扩大影响。

（三）结清账目

展览活动结束后，主办单位、承办单位、会议中心及酒店等相关单位之间的费用应及时结清。结清账目时主要有两类，一类是由活动组织者支付，另一类是由参加活动者个人承担，在具体运作时要按照活动的合同或约定进行。

1. 为参加者个人的账目结算

（1）合理安排结账时间，通知客户在不同的时间段结账，以免过于集中而出现拥挤。

（2）根据客流量配备相应的收银人员和收款设备，及时增加人手以保证结账顺畅。

（3）收银人员应熟练操作，努力缩短结账时间，提高效率，以保证客人的准时出行。

2. 与相关单位之间的账目结算

（1）核对账单。在核对时，重点核对款项与合约有无出入，在展览活动期间容易发生一些变更，所以要仔细核对。

（2）按照《租馆合同》的规定和交接后共同确认的情况，支付相关的费用，与展馆、会议中心等方面将账目结算清楚。

（3）根据相关的合作协议，对涉及布展、运输、安保、餐饮等单位进行费用结算，并及时支付费用。

（4）根据相关的合作协议，向相关合作单位报告财务状况，及时进行结算和分成。

（5）按照规定进行税务处理，按时纳税。

（6）单位之间的费用多为银行转账，这就要求财务人员保持与银行的联系，验证对方的资信程度，以随时查证对方的款项是否到账，尽量避免坏账、死账的发生。

（四）处理投诉

展览服务涉及面广，由于各个环节信息沟通的延迟或疏忽，难免会让客户产生不满而进行投诉，对此工作人员应客观地、认真地听取客户意见，及时处理客户投诉，给其一个满意的答复，同时，要注意维护本企业的利益。

1. 处理投诉的基本原则

（1）真心诚意地帮助客户解决问题。

（2）认真聆听，不要同客户争辩。

（3）不损害本企业的利益。

2. 投诉的处理

（1）对活动现场的设备投诉。活动现场的空调、水、电、照明、视听设备、电梯等设备有时可能会出现一些意外，影响客户的正常使用。在处理此类投诉时，一定要立即去实地查看了解，然后根据情况采取措施，事后还应该进行反馈，以确认客户的要求已得到满足。

（2）对异常事件的投诉。因天气或其他原因，客户无法按时返程，或是没有合适的酒店入住等，都是不可预计和避免的事件，此类事件的投诉难以人为控制。对于客户的此类投诉，应在力所能及的范围内帮助解决，如实在有困难，应尽早向客户解释清楚，注意态度要和善，解释要合理。

（3）对服务态度和接待质量的投诉。员工的服务态度与接待质量是最容易引起投诉的，同时也是影响较大的问题。对此类问题处理的关键是加强对工作人员的业务培训，提高其基本职业技能与素质，树立良好的服务态度，具备优秀的服务技能。

（五）征询客户意见

客户意见反馈表或意见征求表是展览活动组织者常常采用的意见征询方式，通过客户的意见反馈，可对整个活动有一个大体的把握，这对改进展览活动的组织、接待与管理具有很高的价值。意见征求表一般可于展览开始时同其他会议资料一起发放，也可在活动进行中安排专人进行逐一征询调查。对于反馈回来的意见表，工作人员应认真阅读，仔细归类、统计、分析，然后决定改进的具体措施。工作如果更深入的话，则可发函致谢或致歉，并由企业负责人署名，以表达对对方的重视与尊重。所有的意见征求表以及处理结果的书面材料都应及时完整地汇总到客户档案中。

（六）更新客户数据库

一届展览活动结束后，办展机构的客户数据库可能会发生变化，如有新客户的加入、有老客户的流失，也有客户信息的变更等，办展机构要及时准确地更新客户数据库，并根据客户信息的变化，调整客户工作的方式和方向。更新展览数据库既包括对参展商和观众数据库的更新，还包括对各种展览服务商以及业务代理商资料的更新。

（七）准备启动下一届展览会

展览会闭幕后，办展机构要开始着手准备下一届展览会的相关筹备工作。例如，策划新的方案，制订下一届展览会的招展和观众组织计划，策划宣传推广方案，编印招展书、观众邀请函，制定展区和展位划分办法等。每届展览会都进步一点，是每一个“展览人”的追求。这样，展览会才不会由于因循守旧而走向衰落。

◆［拓展阅读9-2］

关于2013中国旅游产业博览会的总结报告

在市委、市政府的正确领导下，在国家旅游局的精心指导和联合国世界旅游组织特别支持下，在各省市、自治区旅游部门及国内外旅游协会、旅游企业、新闻媒体等各方面的大力支持与密切配合下，2013中国旅游产业博览会于9月5~8日在天津市成功举办，取得了丰硕成果。旅游产业博览会期间，参观者接近20万人次；参加业务洽谈人数3.8万人次；签订采购房车、游艇、旅游大客车、旅游设施及旅游商品等合同220项；意向签约942项，交易和意向金额达32.5亿元。现将有关情况简要汇报如下：

一、中国旅游产业博览会主要活动及成效

2013中国旅游产业博览会深入贯彻《国务院关于加快发展旅游业的意见》，认真落实市委十届三次全会《关于加快建设美丽天津的决定》，按照天津市委、市政府和国家旅游局关于大力发展旅游业、推动旅游装备制造业发展的部署要求，以建设旅游强市、打造国际旅游目的地和集散地为目标，搭建旅游产业和旅游装备制造业交易的平台、旅游推介和旅游演艺展示的舞台、旅游创新和区域合作交流的讲台。

中国旅游产业博览会受到了国内外的广泛关注并产生了良好影响。国家旅游局邵琪伟局长和亚太旅游协会副主席以及越南国家旅游总局、韩国仁川广域市及济州特别自治道等旅游部门和协会负责人应邀出席博览会并参加有关活动。来自美国、英国、韩国、瑞士、意大利、澳大利亚、日本、纳米比亚、斐济、也门等10多个国家和北京、河北、山西、陕西、广东、海南、新疆、云南、浙江和福建等31个省市区旅游部门参会参展。东方航空、奇尼斯通用飞机、红太阳游艇、烟台领航国际、海德龙游乐、中天房车、艾威房车、长城汽车以及北京美好家园等400多家国内外知名企业参展参会。

2013中国旅游产业博览会在天津梅江会展中心举办。展览面积达5万m^2，设标准展位3000个，参展商品有大型旅游装备产品、景区设施设备、户外旅游用品、旅游节能环保设备、旅游电子信息设备、水上游乐设施、宾馆饭店用品、特色旅游商品共十大类、上千种。按照展览内容分为7个展区：房车及旅游户外装备展区，邮轮、游艇水上设施及通用航空展区，智慧旅游展区，国际和地区展区，国际酒店用品及旅游时尚精品展区，国家、地区及省市旅游展区，以及山西旅游文化主题展区。通过这些展区，集中展示了国内外旅游产业特别是旅游装备制造业的最新成果，展示了全国各地的文化旅游资源，展示了各具特色的旅游产品。

2013中国旅游产业博览会与前四届相比，主题更突出、商品更丰富、活动更精彩、交易更火爆、影响更广泛。主要活动有10项：

(1) 国际旅游装备产业发展高峰论坛。亚太旅游协会负责人及业界知名人士，围绕邮轮游艇、房车旅游等高端产业，融资租赁与旅游产业发展，国际旅游新业态发展趋势，产业营销环节热点问题进行了深入研讨。会议达成了“满足需求、加快发展、注重合作、携手共赢”的共识。

(2) 智慧旅游高峰论坛。国家旅游局领导、有关专家、旅游城市、专业机构和科技企业参会，交流介绍创建智慧旅游城市的经验，推广智慧旅游最新科技应用，研究智慧旅游发展趋势。就充分利用信息技术的新成果引导新消费、提升旅游产业素质、加强行业管理，把旅游业发展成为高信息含量、知识密集的现代服务业等问题进行了深入研讨。

(3) 第三届旅游纪念品大赛。该活动充分挖掘和弘扬津味文化，传承和发展了民间艺术，提升了旅游纪念品的创意、研发和市场化水平，活跃了我市旅游纪念品市场，形成了天津旅游纪念品产业。本次大赛共收集实物类作品和设计类作品共1000多件。对其优秀旅游纪念品进行了展示，评选出了获奖作品并举行了颁奖仪式。

(4) 2013中国旅游拍客大赛。中国旅游拍客大赛是以“旅游拍客”为概念的全国性摄影大赛。本次大赛以“我游我拍乐享精彩”为主题，得到了广泛影响和积极参与，吸引了来自全国20多个省市的500余名拍客参赛，逾30万人关注并收看官方微博。征集了涵盖上述主题的精彩照片1200多幅，在博览会上集中展示了旅游拍客的优秀作品，评选出了拍客大赛各主题奖项。

(5) 中国旅游产业园招商会于9月7日在滨海旅游区举行。参加博览会的有关旅游企业、旅游专家和新闻媒体等与会，会上介绍了中国旅游产业园的建设情况、发展前景和天津旅游产业的投资商机，推介招商项目和进行投资洽谈。会上有数十家旅游企业与旅游产业园达成了投资意向。

(6) 酒店用品导购洽谈会。此项活动由参展企业推介酒店用品新产品、新理念，培育我市酒店用品市场的形成，推动我市及环渤海城市酒店建设及改造提升的需求。

(7) 博览会专项活动。旅游产业博览会期间，分别组织了国际邮轮线路和物资采购洽谈会和私人飞机、游艇、房车融资洽谈会、旅游装备产品说明会、旅游新产品推介会、采购洽谈会等一系列旅游宣传推介和专项活动，宣传各地特色产品和旅游资源，促进旅游企业对接。同时，在登录大厅进行了各地特色旅游文艺表演，受到了欢迎，聚集了人气。此外，我们还邀请了甘肃甘南州、青海黄南州等对口支援地区参加旅游产业博览会，统筹专项资金为其免费提供博览会展位和食宿接待，并组织旅游宣传推介活动，宣传对口支援地区的特色旅游产品，拓展旅游市场，活跃旅游经济，为当地经济社会发展作出新贡献。

(8) 观光考察活动。旅游产业博览会期间，我们组织参会领导和嘉宾考察旅游景区，安排有“近代中国看天津”文化游、都市博览游、海河风光游、滨海休闲游、山野名胜游等旅游新项目和新线路。借此机会充分展示天津城市建设新成果，宣传推介天津丰富的旅游资源，展现天津大气洋气、清新靓丽、中西合璧、古今交融的城市风貌，宣传了天津“天天乐道、津津有味”的城市形象，进一步提高了天津的知名度、美誉度和影响力。

(9) 旅游活动嘉年华。旅游产业博览会前后及举办期间，我们先后举办了天津港湾文化旅游节、渔阳金秋旅游节、中国·天津五大道旅游节、宁河七里海湿地河蟹节、西双塘文化旅游节、东丽旅游节、滨海汉沽葡萄文化旅游节等一系列特色旅游活动，进一步丰富和充实旅游产业博览会内容，活跃旅游市场，吸引更多游客。

(10) 全国旅游规划发展座谈会。国家旅游局为扩大旅游产业博览会影响，推动旅游装备制造业发展，借助旅博会的平台，组织召开了全国旅游规划发展座谈会。此次会议，为贯彻落实即将实施的《旅游法》，促进旅游业进一步健康规范发展，就拟出台的旅游规划、旅游景区和乡村旅游等方面的有关配套制度进行讨论研究，并就相关的管理办法征求意见和建议。全国各省市区旅游部门负责同志出席会议。

连续五届中国旅游产业博览会的成功举办，进一步扩大了天津的知名度、美誉度和影响力，增进了天津与全国和世界各地的友好交流与合作，宣传了“天天乐道、津津有味”的天津城市形象，促进了人流、物流、信息流的汇集，带旺了旅游市场，推动了旅游装备制造业和相关产业的蓬勃发展。

二、2013 中国旅游产业博览会的主要特点

(1) 坚持节俭办会，绿色环保成为主旋律。为贯彻落实中央和市委、市政府有关规定，我们始终坚持节约办会、绿色办会的原则。在国家旅游局的大力支持下，今年的博览会取消了开幕式，仅此一项就节省了大量人力、物力，节约开支 90 万元。从筹备开始到招展期间，我们一直倡导简约设计展位，减少印刷品发放、控制展位宣传音乐音量，使 2013 中国旅游产业博览会成为一届绿色、环保、节约的博览会。

(2) 坚持便捷服务，交易火爆成为本届博览会的一大特点。我们主动征求商家意见，满足不同需求，在博览会期间，分别组织了新品展示会、客户见面会、购销洽谈会等，积极促成买卖成交。参加本次博览会的世界著名的中天房车、艾威房车、雪豹特种车、雅迪特种车、澳大利亚 JB 房车公司等知名房车制造商推出的许多新型房车，刚一展出就被慧眼商家看中买走。来自山东省的一家房车企业和滨海新区某集团公司一次就达成了20辆房车的交易协议，成为最大的赢家。除房车外，游艇、木屋等大型旅游装备和设施也呈现出展销两旺的局面。一家代理美国游艇的销售企业售出4艘游艇，最大的一艘售价70余万元。博览会期间，澳大利亚JB房车公司还与西青区精武园景区签订了投资5亿美元兴建大型国际标准房车营地的协议。

(3) 坚持旅游与科技相融合，智慧旅游成为新亮点。智慧旅游是旅游与科技融合的产物，成了本届博览会的一大亮点。每天前来参观体验智慧旅游特别是球幕电影的观众排起了长队，利用云计算、物联网、移动通信等新技术，模拟旅游场景体验等，让参观者充分感受智慧旅游所带来的新感觉、新乐趣，人们无不为科技与旅游结合带来的新鲜体验而称赞。

(4) 坚持招商引资，以展会促园区建设成为新的突破点。作为全国唯一的由国家旅游局和天津市人民政府共同创办的中国旅游产业园，是中国旅游产业博览会的成果之一，经过几年的建设已初具规模。产业园的招商投资以博览会为平台，博览会以产业园为载体，使其成为旅游产业特别是旅游装备制造业的研发中心、展示中心和交易中心，成为永不落幕的中国旅游产业博览会。9月6日，作为中国旅游产业博览会重要活动之一的产业园招商会在滨海旅游区举行。有10多家旅游装备制造企业与产业园达成了投资意向。

(5) 坚持宣传推介，立体化宣传报道是本次展览会的一大看点。市旅游部门与宣传部门制定了旅游产业博览会宣传报道方案，先后两次举行了旅游产业博览会新闻发布会，组织了多家新闻媒体实地跟踪采访。《人民日报》、中央人民广播电台、中央电视台及凤凰卫视都对旅游产业博览会进行了宣传报道。《中国旅游报》连续两次在头版刊登了宣传旅游产业博览会及天津旅游业发展的文章，人民网、新华网、新浪网、凤凰网、北方网等10多家网络媒体报道旅游产业博览会消息达40万余条。在博览会开幕之前，《天津日报》《今晚报》、天津人民广播电台、天津电视台等本地主流媒体就已经将开幕时间、地点、各展厅设置内容等在显著版面或黄金时段进行了详尽介绍。在博览会举办期间，本市各大媒体进行了不间断的报道。其他新闻媒体也都加大了宣传力度，集中宣传了旅游产业博览会和近年来天津旅游业发展的新成果，形成了多角度、立体化、全方位宣传中国旅游产业博览会的局面。

三、成功举办中国旅游产业博览会的主要原因

(1) 领导重视，部门联动。市委、市政府高度重视旅游工作，2013年年初就把举办好中国旅游产业博览会列入市委、市政府工作报告和年度工作计划。市政府和国家旅游局专题听取旅游产业博览会筹备工作汇报，黄兴国市长提出明确工作要求。任学锋副市长亲力亲为，为办好旅博会倾注了极大心血和精力，多次主持召开专题会议，听取筹备工作情况汇报，及时给予指导和帮助，协调解决了一系列关键性问题。朱军、金华副秘书长积极协调解决相关问题，给予了强有力的支持。市各相关部门积极发挥职能作用，有关区县密切配合，形成了办好旅游产业博览会的强大合力。国家旅游局对举办好中国旅游产业博览会非常重视，邵琪伟局长已连续五届出席了中国旅游产业博览会。邵琪伟局长和王志发、吴文学副局长等领导专门听取筹备工作汇报，并给予了热情指导和大力支持。

（2）超前策划，精心组织。为高质量、高水平地办好2013中国旅游产业博览会，成立了由黄兴国市长和邵琪伟局长为主任、任学锋副市长和王志发副局长为副主任的组委会，设立了由30多个单位组成的办事机构。2013年年初，我们就启动了中国旅游产业博览会筹备工作，认真制定了中国旅游产业博览会总体方案，细化并落实了18个专项工作方案。经过精心组织，通力协作，确保了旅游产业博览会顺畅、有序开展。

（3）明确分工，落实责任。本届旅游产业博览会与前四届相比，与会人员多、活动内容多、场馆点位多，组委会印发了详细的职责分工，各工作组认真研究落实工作方案，重点加强了安全工作部署和检查，明确了交通疏导、安全保卫、食品卫生、设备安检、维护稳定等方面的责任部门和责任人。各相关部门和单位认真履行职责，针对不同客人需求，热情周到地做好接待工作，受到了国内外嘉宾一致好评。

（4）团结拼搏，艰苦工作。本届中国旅游产业博览会展会规模、工作难度都超过前四届。组委会各部门工作人员齐心协力，全身心地投入工作，讲奉献、顾大局，发扬了“五加二、白加黑”的精神。特别是在旅游产业博览会期间，市旅游局领导带头，亲力亲为，带领干部职工加班加点、废寝忘食地工作，许多干部每天仅休息几个小时，饿了，泡包方便面，困了倒在沙发上眯一会。有的带病坚持工作，以高度的敬业精神出色地完成了各项任务。

2013中国旅游产业博览会取得了圆满成功，切实办出了实际效果和良好的影响，但还存在不足，与市委、市政府和国家旅游局的要求有差距，如组织工作在有的方面还不够细致，有的活动还不够严谨，博览会的国际化、市场化需进一步提高等。这些问题需要今后认真研究加以解决，力求使中国旅游产业博览会办得一届比一届更好，不断开创天津旅游工作的新局面，为推动天津服务业又好又快发展，为建设美丽天津，为实现天津城市定位作出新的更大贡献。

天津市旅游局

2013年9月16日

（资料来源：http：//www. tjzfxxgk. gov. cn/tjep/ConInfoParticular. jsp？ id =45170）

本章小结

展览评估，就是根据展览项目运营管理的效率、能力、服务质量、满意程度等方面的判断，对展览项目运营管理过程中投入、产出、成果所反映的效果进行评定和划分等级。展览评估的意义：有利于主办方发现问题、改进工作和提高效率；对展览行业主管部门而言，可以根据相关展览评估的标准、结论来制定展览行业发展的行业规章和制度；有利于参展公司判断已做的投入是否恰当，产出是否理想，以及日后是否仍需继续投入等；为展览场馆的出租方提供背景资料，为贸易促进会和展览馆协会提供协会管理的基础数据，为展览项目的品牌建设提供支持。

展览评估的主体有展览行业主管机构、展览组织者、第三方机构、展览相关者。展览评估的内容包括展览主题、展览组织与管理、展厅规划与展位设计、展览规模、参展商结构、观众结构、参展商满意度、专业观众满意度。展览评估应遵循如下的工作程序：①制订展览评估的计划；②建立展览评估的组织；③构建展览评估的指标体系；④选择展览评估的方法；⑤比较展览评估结果与目标；⑥分析和报告展览评估结果；⑦展览评估结果的运用与改善。

展览评估报告撰写的基本原则是客观实际、言简意赅、合乎逻辑。一般来说，完整的展览评估报告应包括正文和附件两部分，其中正文部分的内容应当包括评估主体、评估对象及评估指标、评估目的、评估原则、评估方法的采用、评估说明、评估结论等。

展览总结的作用有：通过总结各种经验，可以继续发扬好的做法；通过总结发现问题，以改进以后的工作；为继续办好下一届展览会作准备。展览总结的主要内容包括展览会概况、市场和竞争对手情况、展台情况、展览服务工作、展览成果、收获和建议。展览闭幕后的后续工作包括致谢并邮寄资料、展后宣传、结清账目、处理投诉、征询客户意见、更新客户数据库、准备启动下一届展览会。

复习思考题

1. 为什么有必要开展展览评估工作？
2. 展览评估的主体有哪些？
3. 展览评估主要包括哪些内容？
4. 展览评估应遵循怎样的程序？
5. 一个完整的展览评估报告应包括哪些内容？
6. 展览总结具有哪些作用？
7. 展览总结应包括哪些内容？
8. 展览闭幕后有哪些后续工作需要继续完成？

案例分析

案例分析一　展览会评估从温州开始

评价一个展览会的质量到底该依据什么标准？由谁来评价？其客观公正如何保证？这是一直困扰中国会展界的热点问题。也正是由于大家对依据标准的争论不休，因此尽管业界千呼万唤，却始终没有一个统一的标准出台。2004 年 3 月“城贸联”颁布的《专业展览会等级划分及评定》标准，由于可操作性不强，基本等于一纸空文。到目前，虽然也不时听到各地有进行展览会评估的尝试，但都没有产生应有的影响力。这其中，温州会展业协会开展的会展评估工作成为唯一的亮点，获得了业内的赞许和好评。实际上，正因为全国会展整个大盘子无法说服各方定下一个统一的标准，温州会展业协会的评估工作就起到了一定的示范效应，引起全国的关注。近日，本刊记者采访了温州会展业协会秘书长徐日盈，听他详细介绍了该协会的"温州经验"。

徐秘书长介绍，伴随着温州经济近 10 年的快速发展，温州会展业也在会展中心建成后迅速发展起来。目前，温州现有展览企业 17 家，以民营企业为主，2002 年共办展 26 个，展会面积达 63855m^2，总成交额达 55.53 亿元。办展规模也大大提高，有的展会已达到 900 个展位以上，中国轻工用品博览会展位更是达到了 2000 个。

但各地存在的重复办展、无序竞争等问题也阻碍着温州会展业的进一步发展。配合温州市开展的"信用温州"活动，温州会展业协会也开始大力倡导"信用会展"，其中最重要的一项工作就是建立行业自律机制，先后制定和通过了"温州市会议展览业行规行约""温州市展会评估工作细则""展览协调操作规则""申报品牌展览的条件"等游戏规则。这其中最基础性的工作就是展览会的评估。评估的过程为：首先，成立由各行业权威人士组成的评估专家委员会；然后，在评估会上先由展会承办单位根据评估的内容与标准进行自评；最后，由评委会进行评议，评委以无记名的方式进行评分。根据评分分为"优秀、良好、合格、不合格"4 类。评估结果作为来年举办展会的参考依据。2003 年度先后进行了 3 次评估，有 26 个展会参加了评估。

徐秘书长强调，评估工作取得的效果是明显的，达到了对一些展会项目进行重点扶持，帮助它们做强，形成品牌优势的目的。反之对一些评估差的展会，也达到严格控制、规范市场秩序和行业竞争的目的。因为协会是以中立的身份主持评估工作，因此做到了公正与公平，其评估结果可信度高，得到了展览会主办方和参展商的信任。现在，这项工作各公司都比较重视，评估的成绩直接关联到展览企业本身的声誉，无论本地公司还是外来办展公司都希望自己承办的展览会能通过评估获得好的成绩，为自己将来在温州会展市场的发展打下基础。

徐秘书长最后告诉记者，在评估工作开展两年的基础上，从 2004 年起，温州市决定对 200 个以下的展位实行备案制，对 400 个以上展位实行核准制。同时，对没有列入协会安排的年度计划的展会也要实行核准制。这些工作都将与评估工作相结合，充分考虑协会对展会评估优劣的情况，凡被评为优秀的展会在同等条件下将予以优先安排。

（资料来源：李向东．展会评估从温州开始［J］．中国会展，2004（2））

案例思考题：

1. 根据上述内容，总结温州展会评估的经验有哪些？
2. 结合上述内容，你认为进行展会评估应作好哪些准备？

案例分析二　展会效果的评估方法

有效的调研与评估是确定展会是否成功、监测工作绩效、决定企业是否有必要继续采用这种营销推广方式的依据之一。目前，国内对展会活动的评估意识和专业知识还不是很健全，大多数停留在展后写活动总结和员工心得的层面，事实上这还远远不够。科学的评估体系的建立，不应局限在展会之后对市场反馈的监测和整理上，而是一个贯彻在展前、展中、展后的由专门研究展会绩效评价的组织负责的整体工作。科学的展会效果评估体系的构建是监测和跟踪展会效果的重要保证。

参展企业可以建立一个数据库，既可以方便将来邮寄销售，又可以评价过去的参展效果，还可以为将来参展作参考。具体而言，参展企业在展会中的评估可以根据展会的时间分为如下 3 个阶段：

1. 展会举办前期

参展企业在对举办该次活动的投入成本以及预期目标有了明确认识的基础上，应该通过各种渠道了解展会背景及主办方情况。借助以前举办的同类或相关展会的记录，考察主办方及相关人员是否有足够的经验和能力来保证展会活动各环节的顺畅进行。对于参展企业来说，如果面对的是一个新市场，这时还须对潜在收益与存在的风险进行评价。

2. 在展会举办的过程中

一方面，评估人员可以通过调查、走访、问卷等形式，考察诸如参展人员的构成、参观者对本参展企业及竞争对手展示的印象、有多少参观者有购买意向等问题。另一方面，要抓住机会尽量多地收集竞争对手的相关资料。通过参观竞争对手的展位，了解其推出的新产品，努力收集一切有助于本企业自身发展的信息，如对方的定价、产品比较、付款条件、交货方式等。寻找自身在产品、销售人员、展品、宣传资料、顾客评价和展会前的营销策略及实施效果等方面的差距，进行评估与调整。

3. 展会后期

在展会后期，参展企业应将其在展会中收集到的信息纳入本企业的营销信息系统中，对获得的市场信息进行分析和评估。针对展会过程中及后期调研得到的反馈信息，做一些细致的数据整理和热点追踪，对重点客户、潜在客户应及时进行会后跟踪联络。参展企业还应及时将展览结果与预定目标进行比较，总结效果如何、分析原因何在。此外，根据展后所掌握的行业发展趋势和业内动态，参展企业应致力于寻找自身存在的差距和不足，尽快重新调整，优化生产结构，提高管理水平，确定企业新的发展战略和新的目标任务。

一般来说，展会的效果难于精确评估，其原因主要是有些成果可立刻产生，但更有可能在展会后的一段时间之后产生。而展会的组织者为了帮助参展商进行展会评价，一般会提供有关展会与会者的统计信息。参展企业可根据这些统计信息并结合自身实际情况对参展的效果进行评估，并就下次是否参加该展览会作出初步决策。

（资料来源：中国安防产品信息编辑部．展会效果的评估方法［J］．中国安防产品信息，2005（5））

案例思考题：

1. 结合上述材料，你认为要做好展会效果评估工作，参展企业在展前、展中、展后各需要做好哪些具体工作？

2. 在展览会评估中，从承办单位角度的评估和从参展企业角度的评估有哪些不同之处？

第三部分

会议运营与管理篇

第十章

会议策划与会前准备

本章提要

做好会议策划是开好会议的先决条件。对会议作出事先安排与准备是会议服务工作中的重要环节和提高会议效率的必要条件。第一节介绍会议策划的含义与特点，阐述会议策划的功能，梳理会议策划的程序，阐述会议策划的要素。第二节介绍了会议文件资料、会议用品与设备的准备、会场布置和座次安排。

学习目标

1. 了解会议策划的含义与特点。
2. 了解会议策划的功能。
3. 熟悉会议策划的程序。
4. 掌握会议策划的要素。
5. 熟悉会议文件资料的准备内容。
6. 熟悉会议用品与设备的准备内容。
7. 掌握会场布置和座次安排。

第一节　会议策划

一、会议策划的含义与特点

（一）会议策划的含义

策划一词最早出现在《后汉书·隗嚣传》中：“是以功名终申，策画复得。”其中，“画”与“划”相通互代，“策画”即“策划”，意思是设计规划，密谋计划。会议策划就是为了使会议取得预期的目标而进行构思、设计，拟订出合理可行的方案的过程。也就是说，为了把一次会议（或活动）组织好，我们要预先决定开什么会，为什么开会，何时、何地、何人开会，如何去开，谁来组织，谁来主持等一系列问题。策划其实就是运筹帷幄，它如同一座桥，引领着我们从起点走向既定的目的地。

（二）会议策划的特点

1. 目的性

既然会议本身就是“因事而（集）会、因事而议（讨论）”的，那么，为会议而作的会议策划自然要根据会议目的、针对会议目标而展开筹划活动。从大的方面来说，或是为了促进地区经济的增长，或是为了传递有关的信息、知识、观念，或是为打造城市品牌，促进经济一体化发展，总之都有一定的目的。

2. 预测性

会议策划是对未来行动所作的一种设想和会议活动的总体构思，是对会议过程中各个环节所做的初步安排和打算，是在事情发生之前的一种预先分析和抉择，具有明显的预测性。它是基于对面临的客观背景和未来发展趋势的研判，通过运用现代科学技术和方法，高瞻远瞩，了解会议市场的时空条件、影响后果等，从定性、定量、定时、概率等各方面作出的较为科学的、具有可行性的行动方案。

3. 科学性

会议策划是建立在科学基础上的预测和筹划，它不是某人的突发奇想，更不是谁的率性而为。人们在会议策划时要通过充分的调查研究、多方了解比较、全面概括总结，然后才能作出较为科学的预测。也就是说，会议策划需要对会议的诸多方面制定科学设计和安排。如果会议策划缺乏科学性，将会给会议活动造成无法弥补的损失。

4. 可行性

正确的会议策划必须是可行的，如果高不可攀，或者根本办不到的行动方案没有任何实际意义。因此，在会议策划时必须避免“天花板效应”，更不需要那些不切实际的方案。会议策划是为了实施，要实施就得具备会议策划实施的现实条件。会议策划通过对现实条件认真分析比较，对会议策划实施的人力、物力、财力、时间和技术等各方面提出要求，避免了盲目性。

二、会议策划的功能

（一）会议策划是会议活动取得成功的保证

《论语·述而》曰：“好谋而成者也。”这说明了成功只会留给有准备的人。在开展会议活动前，必须进行全局的谋划。举办会议是一项复杂的活动，涉及的问题是多方面的，只有会前进行认真的思考和准备，将每一个方面的问题都想清、想透，会议才有可能取得成功。会议决策为会议运营各个环节引航导向、指明目标，通过会议策划规范每一个会议参与者的行为，使会议运营的人力、物力、财力、信息等要素达到合理配置，以提高会议管理效率。成功的会议策划是会议活动成功的关键。

（二）会议策划为会议行动提供指南与纲领

会议策划是一个思维与行动、主观与客观之间必不可少的联系环节。会议策划的过程，就是认识的过程，发挥会议策划者主观能动性的过程。建立在科学基础上的会议策划，使会议的方案安排更加符合客观现实。同时，为会议的运营管理提供了一个基本的指南和纲领，使每一位会议参与者的行动不会是盲目的，而是有计划、有步骤、有方法的。因此，一个目标清晰、任务明确、计划周密的会议策划方案是会议成功举办的前提。会议活动将在策划活动提供的纲领指引下迈向成功。

（三）会议策划增强了主办者的竞争力

会议策划是一项创新活动，它根据会议市场的需要，在把握自身优势和特色的基础上，在会议内容和形式上努力创造全新的亮点，从而塑造会议品牌，提升竞争实力；会议策划还有助于会议运营团队自身行为的规范化和科学化，为会议运营团队塑造良好形象设定规范和尺度。

三、会议策划的程序

会议策划的程序主要包括如下几个阶段：会议目标确定与信息收集分析阶段，会议方案设计阶段，会议方案论证、比较和确定阶段，实施、评估和反馈阶段，如图10-1所示。

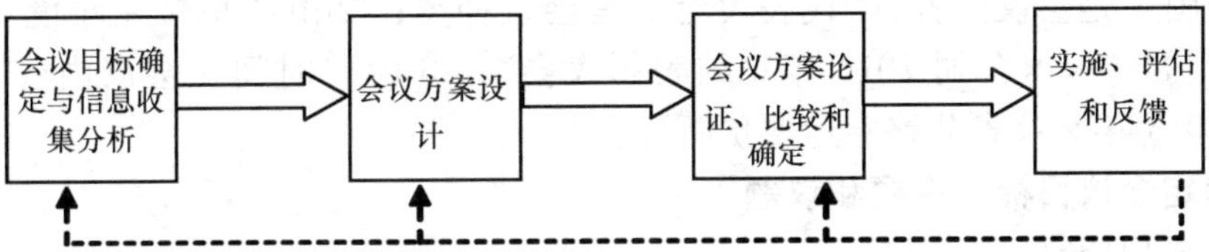

图10-1　会议策划的一般程序

会议策划过程中各阶段的主要任务如下：

（1）会议目标确定与信息收集分析阶段。这一阶段的主要任务：一是要明确会议目标；二是对内、外部环境的调查和分析，包括：会议市场外部环境的PEST分析，如政治和政策、经济、社会、科学技术环境及会议市场变化等方面的情况，以及会议举办者的SWOT分析，即举办方的自身优势（Superior）、劣势（Weakness）、所面临的机遇（Opportunity）和挑战（Threaten）。

（2）会议方案设计阶段。这是会议策划的关键环节。在这一阶段，要求在前一阶段资料收集和分析的基础上，运用现代相关的会议策划技术和方法，来论证、设计各种可行的会议方案。会议策划方案设计要以市场调查和自身优势为依据，寻求实现会议目标的途径和办法。会议策划方案的工作质量对会议的质量有着重大的影响。

（3）会议方案论证、比较阶段。该阶段主要是会议决策者对所有可行性会议设计方案进行综合评估，权衡利弊得失，选择一个或者综合出一个最优方案的活动，即从若干个可行性方案中比较、鉴别，选择出最优方案。抉择会议策划方案之所以是整个会议决策过程的关键一步，是因为多个备选方案，尽管都是可行的、正确的，却还是有优劣之分，需要会议决策者从中选出市场前景最好的方案。

（4）实施、评估和反馈阶段。这是会议决策的最后一个阶段。会议方案最终确定之后，就要付诸实施，并根据实施结果对整个会议方案进行及时评估、反馈和修正。现实中，人们往往比较重视会议策划方案的制定和实施，而忽略了会议策划方案评估和反馈工作，使会议策划方案这一子系统成为一个没有反馈回路的开环体系。实际上，有效的会议策划方案是与对它的评估及对实施结果的及时反馈分不开的，否则，我们就很难知道会议策划方案的优劣，也就不可能有效地指导会议的运营管理工作。

四、会议策划的基本要素

（一）会议名称

会议名称是向外部提供关于会议基本信息的引领性标题。俗话说，名不正言不顺。正式会议必须有一个恰当而确切的名称。会议名称要求能概括并能显示会议的内容、性质、参加对象、主办单位或组织、时间、届次、地点或地区、范围、规模等。

一般来说，确定会议名称有如下 3 种方法：①由“单位 + 内容 + 会议种类”构成，如“中国共产党第十八次全国代表大会”，其中“中国共产党”是组织名称，也可称为单位，“第十八次全国”是会议内容，“代表大会”是会议种类；②由“单位 + 年度 + 内容 + 会议种类”构成，如“××公司 2013 年总结表彰大会”；③由“时间 + 会议内容 + 会议类型”构成，如“2013 年××省公路春运票价听证会”。

（二）确定会议目标、主题和议题

1. 确定会议目标

会议目标是吸引并鼓励他人参与会议活动的主要原因，即举办某个会议的宗旨，这个宗旨的确定，可能是主动策划的结果，也可以是被动接受的结果。一般来说，会议的目标可以有很多种类，例如，增进计划性和协调性、汇聚集体之智慧和增进相互间的启发、增进良好的人际关系及提高共同的团队意识、提高参与感和责任感以及工作知识的学习和培训等。因此，可以说会议目标是事关会议举办起因和结果的重要问题，是会议各项工作的指挥棒，是会议日程安排和内容的基础。

[拓展阅读 10-1]

博鳌亚洲论坛

博鳌亚洲论坛（英文名称为 Boao Forum for Asia，缩写为 BFA）（以下简称“论坛”）是一个非政府、非营利性、定期、定址的国际组织。

论坛由菲律宾前总统拉莫斯、澳大利亚前总理霍克及日本前首相细川护熙于 1998 年倡议，并于 2001 年 2 月 27 日正式宣告成立。中国海南博鳌为论坛总部的永久地所在，从 2002 年开始，论坛每年定期在博鳌召开年会。

论坛得到亚洲各国普遍支持，赢得世界广泛关注。论坛目前已成为亚洲以及其他大洲有关国家政府、工商界和学术界领袖就亚洲以及全球重要事务进行对话的高层次平台。论坛致力于通过区域经济的进一步整合，推进亚洲国家实现共同发展。

论坛的宗旨是立足亚洲，面向世界，促进和深化本地区内和本地区与世界其他地区间的经济交流、协调与合作，为政府、企业及专家学者等提供一个共商经济、社会、环境及其他相关问题的高层对话平台。通过论坛与政界、商界及学术界建立的工作网络为会员与会员之间、会员与非会员之间日益扩大的经济合作提供服务。

（资料来源：http：//www. boaoforum. org/gylt/index. jhtml）

2. 确定会议主题

会议主题就如同写文章的题目，把会议的实质问题画龙点睛地勾画出来，并尽可能反映时代特征或问题的紧迫感。会议主题服从会议目标。例如，达沃斯论坛（又称世界经济论坛）是以研讨世界经济领域存在的问题、促进国际经济合作与交流为宗旨，2012 年夏季达沃斯论坛（天津）的会议主题为“塑造未来经济 ”，2010 年夏季达沃斯论坛（天津）的会议主题为“推动可持续增长”，2008 年夏季达沃斯论坛（天津）的会议主题为“下一轮增长的浪潮”。

3. 确定会议议题

会议议题是会议所要讨论的、报告的主要内容，是会议所要研究的课题或是所要解决的问题。会议议题是对会议主题的细化。议题必须具有必要性和重要性，又必须具有明确性和可行性。确定会议议题时应遵循高效、准确、适量、主次分明的原则。以由世界休闲组织、杭州市政府、浙江大学主办，杭州世界休闲博览会组委会办公室、余杭区人民政府、浙江大学亚太休闲教育研究中心、中新社浙江分社承办的 2007 休闲发展国际论坛为例，本届休闲论坛以“休闲城市”为主题，围绕休闲与城市经济、休闲与城市文化、休闲与社会保障、休闲与社区生活四个专门议题对休闲作了深入探讨与交流。

◆［拓展阅读 10-2］

2012 夏季达沃斯论坛（天津）确定的中方议题

中方议题分别从全球、区域和新领军者城市 3 个层次，以及达沃斯论坛等视角切入，包括“新兴经济体如何改变全球化”“发达国家制造业回归与智能制造”“新兴经济体：寻求经济增长和可持续性之间更好平衡点的挑战”“全球贸易格局的调整”“金融制度创新与金融监管的有效性”“新的能源地图与新能源——页岩气的开采”“信息公开与媒体职业道德”“大学职能的多样化”“对新兴产业的辨别与对发明的鼓励”“市场需求转型与企业创新”“可替代能源的开发与利用”“人民币汇率制度改革与人民币国际化""中国经济增长速度放缓与经济增长方式转变""老龄化社会：我们都身在其中""智能城市建设""区域经济自主性增长的引擎""探索可持续发展的城市化模式"等。

（资料来源：http：//native. cnr. cn/city/201208/t20120827_ 510686467. html）

（三）会议参加对象

确定会议的参加对象，既要防止人数太少，不能集中反映群体思想，又要避免因为人数过多而造成一部分人的消极参与。所以，应根据会议的目的、性质、议题、议事规则等确定合理的会议参加对象。一般来说，按以下 4 种情况具体确定会议的各参加对象：①法定会议，根据组织章程或议事规则确定；②会谈、谈判、国际多边会议等，由发起者、主办者和成员之间根据议题协商代表人选；③协会和学术会议，由协会会员和学术界有关人士自己决定是否出席会议；④纵向会议和部分横向会议由会议组织者或领导决定。

（四）会议形式

不同类型、不同规模的会议常采取不同的形式。适合的形式对会议效果会起到促进作用。会议形式主要有现场办公会、观摩会、座谈会、研讨会、论坛、辩论会等。随着卫星传输手段的发展，视频会议、网络会议逐渐成为会议的主要形式，这种"虚拟实境会议"，既可以减少成本，也可以省却与会者的车马劳顿之苦。

（五）会议规模的确定

会议规模是指主要会议出席人员（正式代表）、特邀代表、列席人员、工作人员（包括服务人员）的总体数量。

1. 确定会议规模的原则

（1）能少则少的原则。避免与会议议题无关的人或对会议起消极作用的人与会。

（2）依法原则。某些会议（如代表大会）规定了依法享有参会权的人员。相关会议活动必须遵守有关法律规定。

2. 确定会议规模的相关要素

（1）会议的效率。会议的规模直接制约会议的效率。一般来说，会议人数越少，会议所花的时间就越少，会议效率就越高，反之，会议效率就越低。

（2）会议举办的成本。会议规模与会议成本成正比关系，会议规模越大，会议成本越高。在确定会议规模时，先要考虑能够承受的会议成本，做到量力而行。

（3）会议场地情况。一般来说，会议规模决定会议场地，但会议场地对会议规模也会产生相应的限制。因此，决策会议规模之前应先考察会议场地条件。

（4）会议效果。会议规模与会议效果密切相关。有的会议保密性较强，必须严格控制与会人数与会务人员，以防会议内容的扩散。有的会议要求造成声势，扩大影响，需要达到一定的规模才能产生效果。需要根据会议性质、会议目标，因时制宜、因地制宜。

（六）会议场所和地点

一方面，应根据距离和交通情况、举办会议历史、食宿及配套设施、费用、安全、景点等选择举办会议的所在城市；另一方面，应根据会议目标、形态、需求、与会者的期望来选择会议具体场所和地点。通常来说，饭店、会议中心、大学、轮船、疗养地、主题公园、公共建筑、公司内部会议地点等都可作为举办会议的具体场所。

会议策划者要求的会议地点的特征：

（1）适当的会议空间：是否有足够的会议空间以使会议正常举行。

（2）充足的客房：尽可能地把所有与会者安排住在同一家酒店。

（3）足够的展示空间：如果会议同时举行大型的展览活动，还需要在酒店内或附近有足够的展示空间。

（4）优越的地理位置：中心位置对很多业务繁忙的社团组织成员很重要。

（5）服务：员工的专业知识对提供优质的服务十分重要。

（七）会议时间

会议时间包括3种含义，即一是指会议召开的时间；二是指整个会议所需要的时间、天数；三是指每次会议的时间限度。召开时间的确定要注意以下几点：

（1）要避开关键日期、节假日、重要运动会及特殊活动、季节性等。

（2）要与会议主持人、主办单位的主要领导及被邀请的主要嘉宾的其他活动时间不冲突。

（3）要与多数参会人员的正常工作安排不冲突。

（八）会议的议程、日程和程序

1. 会议议程

会议议程是一次会议所讨论的问题及进展程序。一般来说，会议议程有开幕式、大会发言、分组讨论、其他事项、通过报告书、闭幕式等。

在确定会议议程时，需要考虑以下具体情况：

（1）根据到会主要领导的情况，确定会议主持人。

（2）根据会议的主题，确定会议发言人。

（3）围绕会议主题，确定会议讨论题目，并根据会议规模，确定讨论方式。

（4）根据会议拟达到的目的，安排主要领导作好会议总结。

2. 会议日程

会议日程是将各项会议活动（包括仪式性、辅助性活动）落实到单位时间。例如，第四届中国会展经济国际合作论坛议程及日程（CEFCO 2008），如表10-1所示。

表10-1 第四届中国会展经济国际合作论坛议程及日程（CEFCO 2008）

2008年1月14日（周一）	
09：00～22：00	会议注册 （水晶厅外廊）
12：30～14：00	论坛顾问午宴

（续）

2008 年 1 月 14 日（周一）	
16：00～17：00	论坛开幕式 （水晶厅Ⅰ、Ⅱ、Ⅲ、Ⅳ）
17：00～18：00	欢迎酒会 （三层咖啡吧）
18：00～20：00	成都市人民政府欢迎晚宴 （宴会厅）
2008 年 1 月 15 日（周二）	
08：00～18：00	会议注册 （水晶厅外廊）
08：30～08：50	论坛全体会议一：2007 年中国会展业发展现状——发布《中国会展经济发展报告 2007》 2007 年是中国会展业承上启下的关键性一年。一年间，中国会展业的整体发展态势如何？发生了哪些标志性事件，会展产业链各环节的发展现状如何？未来中国会展的力量格局将如何变迁？本届会议将正式发布《中国会展经济发展报告 2007》，并对上述问题进行剖析
08：50～10：15	论坛全体会议二：中国，可信赖的新秀场：国际展览公司在华拓展业务的经验、战略与期待 经济全球化加快了展览资本、项目和人才的全球流动，使世界展览经济结构重新调整，中国会展业在此背景下迅速发展；而中国展览经济的快速发展也为全球经济的共同繁荣贡献了力量。经过近十年的战略策划与实施，国外展览公司已经成为中国会展业一支不可忽视的力量。2008 年，国际会展业巨头聚首容城，群英荟萃，同台论道，畅谈经验与得失，发布近期的合作构想，展望未来的发展愿景
10：15～10：30	茶歇 （水晶厅外廊）
10：30～12：00	论坛全体会议三：魅力会展城市发展新机遇 全球化进程进一步加速，奥运会、世博会接踵而至；“十一五”规划全面推进……未来三年，对于中国会展业，尤其是具有广阔成长空间的中型会展城市，将迎来空前的发展机遇。谁能把握先机，发挥自身优势，谁就能在中国会展城市中脱颖而出。本届会议将特邀这些会展城市市长演讲，探讨城市会展业发展的规划和前景
12：00～13：15	自助午餐 （水晶厅Ⅴ、Ⅵ）
13：15～14：15	论坛全体会议四：在制高点审视——中国产业发展及经济态势解析 对中国“十一五”规划提出的经济发展模式转型目标的推进，已经全面展开。作为宏观经济的晴雨表和风向标，会展业发展势必受到这种转变的影响。“中国的哪些产业部门最有希望继续增长？”“近期中国经济发展走势如何？”会议将邀请著名经济学家就上述问题展开分析，引发与会者对未来中国会展业发展方向的战略思考
14：15～15：45	分组会议一：节庆活动，城市营销新名片 大型节庆活动作为会展业的组成部分，正成为国家和城市营销的新名片。会议将邀请国内大型节庆的主办方代表和国际节庆活动的资深人士，共同探讨节庆活动的运作模式和营销效果
	分组会议二：会议策划与主题创新 会议运营是会展业的重要组成部分，会议主题策划是会议的灵魂。面对当今数目繁多、鱼龙混杂的会议项目，如何结合宏观形势，把握行业发展脉动，打造别具一格的思维盛宴，最终塑造拥有影响力和美誉度的会议品牌，将是本届会议探讨的核心内容

（续）

2008年1月15日（周二）	
15：45~16：00	茶歇 （分会场外廊）
16：00~17：30	分组会议三：会展评估认证和行业标准制定 当今中国会展业，品牌展会远未达到理想比例，行业服务水准亟待提高，“规范与提升”已经成为行业发展主旋律，会展评估和行业服务标准制定也已提上日程。行业标准究竟能为中国会展业带来什么，该如何科学规范地制定，国际上可资借鉴的范本有哪些，值得我们交流探讨
	分组会议四：关注会展人才——培养模式与市场需求 未来的竞争归根结底是人才的竞争。在中国会展经济快速发展的背景之下，我们有必要对中国会展人才培养模式的经验和创新进行探讨，找到应用型人才培养的最合理方式，以期更好地适应会展业发展需求，从根本上推动中国会展业的健康可持续发展
17：30~18：30	特别板块 品茶会友——为参会代表安排的自由商谈机会（茶点供应） 国内外会展届人士将在这个特定的时间和空间，享有自由交流的机会。本活动旨在赋予与会者更多的自主性，营造轻松愉悦的商谈氛围
18：30~20：30	中展集团欢迎宴会 暨中国注册会展经理证书颁发仪式 （水晶厅Ⅴ、Ⅵ）
20：30~22：30	VIP酒会（赞助商邀请）
2008年1月16日（周三）	
08：30~10：00	分组会议五：现代会展企业管理启示录——组织架构与领导决策 会展业的微观管理永远是企业领袖最为关心的话题之一。他山之石，可以攻玉，优秀的企业快速成长的奥妙何在？他们曾经如何演绎辉煌？怎样使自己的企业提高效率和效益？我们将邀请国内外大型会展企业高管与专家学者同台论道，为您启迪新知，开阔思路
	分组会议六：关注年轻一代的购买和决策模式 年轻一代即将或已经成为当今世界的消费主体，他们是能够为企业带来更多、更持久品牌收益的人群。年轻一代的网络化生存方式决定了他们时尚鲜明的购买和决策模式，对此问题的研究便带有了前瞻性和标本化意义。会议特邀资深学者解析年轻一代的购买和消费决策模式对展会策划的影响，为展览组织者给出展会策划与会展管理的建议
10：00~10：15	茶歇 （主会场外廊）
10：15~10：30	特别发布——UFI“世界展览场馆地图”全球首发
10：30~12：00	全体会议五：新兴市场风云——俄罗斯、中东、印度、中国澳门 欧洲、美国展览业已有百余年发展历史，而以中国、俄罗斯、印度、中东国家等为代表的新兴展览市场近年来崭露头角，发展迅速。本届会议，来自会展新兴国家和区域的会展机构及企业代表将分别介绍本土的会展业发展现状，展开多方讨论与对话
12：00~12：30	闭幕式 （水晶厅Ⅰ、Ⅱ、Ⅲ、Ⅳ）
12：30~14：00	下届承办城市欢迎午宴 （水晶厅Ⅴ、Ⅵ）
14：00~15：00	参观展中展 成都新国际展览中心

3. 会议程序

会议程序是指在一次相对独立的单元活动中将所有的工作环节和活动细节按照时间先后加以排列而形成的顺序。需要制定程序的会议有两类：一类是大会中的单元活动，如大会的开幕式、闭幕式、选举、表决等；另一类是单独举行的仪式，如签字仪式、颁奖仪式、开工仪式等。一次会议所要讨论的问题及进展程序如表 10-2 所示。

表 10-2　一次会议所要讨论的问题及进展程序

××会议

日　期	时　间	内　容	议　题	发言人	主 持 人
×年×月×日	8：30～9：30	开幕式	领导致辞	××	××
	9：30～10：45	学术交流	××论文	××	××
	10：45～11：00	茶歇			
	11：00～12：00	学术交流	××论文	××	××
	12：00～13：30	午餐			
	13：30～15：15	学术交流	××论文	××	××
	15：15～15：30	茶歇			
	15：30～17：30	学术交流	××论文	××	××
	17：30～18：30	晚餐			

（九）会议公关与宣传

在会议公关宣传开始之前，会议组织者必须明确会议目标对象，即会议的参与者是谁，属于哪个层次，他们有哪些具体需求，从而采取针对性的会议公关与宣传策略。会议公关和宣传按时间可分为会前、会中、会后 3 个时间段。在不同的时间段，会议公关与宣传具有不同的目的，应采用不同的方法。例如，在会前和会中，应充分采用各种宣传媒体，全面展示会议的主题、意义、筹备进展以及会议议题、议程、日程、出席领导和嘉宾、焦点问题、会议实况等情况，达到营造一个浓厚的、健康向上的会议舆论氛围。会后公关和宣传主要是让公众及时获取会议资讯及取得的成果，扩大会议的社会影响，增强会议主办方的良好声誉。

（十）会议预算

除单位内部的一些例会外，组织会议会有一定的开支，事先作出会议经费预算是保证会议顺利进行的重要一环。会议预算应本着节约、精简、实用、周到的原则，严禁铺张浪费、滥发钱物、以会谋私。会议开支包括的项目有住宿费、餐费、交通费、会议室租用费、宣传费、各种办公用品费、工作人员劳务费，会议预算要保持收支平衡，即便超支也必须保持在一定的金额之内。

［拓展阅读10-3］

夏季达沃斯论坛——新领军者年会

一、“新领军者年会”的由来

世界经济论坛被誉为非官方的国际经济最高级论坛，是全球各界领袖研讨全球敏感问题最主要的聚集场所，其企业成员囊括了全球1000强企业，这些跨国公司控制着全球85%以上的财富，年营业额合计超过45万亿美元。

按照世界经济论坛的定位，每年在瑞士举办的冬季达沃斯论坛，是世界1000强企业同各国、各地区政府间的对话，主要讨论全球性热点问题或趋势性问题，是观察世界经济发展新成就、新理论、新走向的重要窗口，并对世界经济发展走势产生一定影响。在此基础上，2007年，论坛首次走出瑞士，在中国举办。

二、“夏季达沃斯论坛”，即“新领军者年会”

纵观当今世界，中小型创新企业在世界工业领域扮演着越来越重要的角色。“全球成长型公司”就是世界经济论坛的一个单独、重要的会员组，包括世界上最重要的一些创新型企业，它们的营业额在1亿~50亿美元之间。论坛将协助这些新兴跨国公司发展成为下一代全球企业的先锋，成为推动经济发展的主要力量。

“新领军者年会”是世界经济论坛的旗舰品牌，其目标是全球成长型公司聚集一堂，共同规划未来工商业的发展远景，并同世界1000强企业、各国和地区政府之间展开对话，从而为新老角色、为东西方创造一个强有力的互动与合作平台。“新领军者年会”都将在中国举行，这体现了中国日渐提高的全球领导力和影响力，更体现了世界经济论坛对亚洲和正在崛起的新经济体的关注。因此，“新领军者年会”被称为中国的达沃斯论坛。

三、夏季达沃斯论坛——新领军者年会

在中国举办的夏季达沃斯论坛，是由论坛主席施瓦布教授和中国国务院总理温家宝共同提议设立的，其目的是为“全球成长型公司”创造一个与成熟企业共同讨论、分享经验的平台。由于夏季达沃斯论坛参会者以全球成长型公司为主，所以被命名为“新领军者年会”，该年会作为世界经济论坛第二大支柱，与“冬季达沃斯年会”相映生辉。

自2006年5月起，世界经济论坛开始在中国甄选“新领军者年会”的举办地，经过多轮筛选，最终确定首届年会在大连市举办、第二届年会在天津市举办。2006年9月28日，世界经济论坛邀请天津市、大连市领导共同出席在北京人民大会堂举行的新闻发布会，正式宣布此事。

第一届夏季达沃斯论坛于2007年9月4~9日在大连举行，主题是“变化中的力量平衡”，内容涉及全球商业环境、中国经济发展等重要话题。这是世界经济论坛首次举行针对成长型企业的“新领军者年会”，而且将长期在中国举行，这是对中国经济发展的充分肯定。

第二届夏季达沃斯论坛于2008年9月27～28日在天津举行，主题是“下一轮增长的浪潮”，主要话题包括走向全球、中国：全球化的积极参与者等。

第三届夏季达沃斯论坛于2009年9月10～12日在大连举行，主题是“重振增长”。中国国家主席胡锦涛出席了这次年会。

第四届夏季达沃斯论坛于2010年9月13～15日在天津梅江会展中心举行。这是继成功举办2008年夏季达沃斯后，天津又一次承办此项年度经济盛会。该届论坛主题为“可持续增长”。

第五届夏季达沃斯论坛于2011年9月14～16日在大连举行，该届论坛的主题是“关注增长质量，掌控经济格局”。

第六届夏季达沃斯论坛于2012年9月11～13日在天津举行。为期3天的本届论坛以“塑造未来经济”为主题，与会者围绕创造性应对当前挑战、认识科技领域新前沿等议题展开讨论。

第七届夏季达沃斯论坛于2013年9月11日在大连开幕，本届夏季达沃斯论坛的主题是“创新：势在必行”。

（资料来源：http：//www. tj- summerdavos. cn/system/2013/12/06/011515301. shtml）

第二节　会前准备

一、会议文件资料的准备

（一）会议通知

会议通知是上级对下级、组织对成员或平行单位之间部署工作、传达事情或召开会议等所使用的应用文。会议通知是向与会者传递会议信息的载体，是会议组织者和与会者沟通的重要渠道。会议通知有正式和非正式两种。正式通知属于公务文书，要按公务文书的要求书写，按公文处理程序处理；非正式通知，也称便条通知，它经常以便条形式出现，其载体，或是纸质，或写在单位的公告栏内。不论哪种形式，都包括时间、地点、主题、参会人员等内容。时间最好能精确到分；地点应具体到哪个房间，怎么走，坐什么车可以到达等。会议通知最好将议题一一列举，对参会人员的要求也应准确。根据受邀参加会议人员的身份不同或参会目的不同，可以采用不同的样式。

对于邀请的嘉宾可采用会议请柬、邀请函的形式，会议请柬和邀请函均是为邀请客人而发出的专用通知书，但二者之间既有共同之处，也存在明显的差异。二者的共同点如下：①具有明确的确指性，即发送对象是特定的单位或个人；②具有礼仪性，即都具表达尊重、联络情感的意味。二者的差异点如下：①邀请函内容更具体，更详细、朴实，用语比请柬随意；②请柬比邀请函更具庄重性；③邀请函对象较宽泛，发给不确定对象，请柬一般给平级或上级。

其他参会人员采用一般会议通知形式或带回执的会议通知。一般来说，重要的会议、需要提前确定参会人数的会议或需要安排与会者食宿的会议，会议通知中应附有会议报名表或会议回执，请与会者填写后寄回，如表 10-3 所示。

表 10-3　首届科技成果转化对接高端峰会

回 执

<table>
<tr><td>单位名称</td><td colspan="7"></td></tr>
<tr><td>详细地址</td><td colspan="5"></td><td>邮编</td><td></td></tr>
<tr><td>参会代表</td><td></td><td>手机</td><td></td><td>电话</td><td></td><td>传真</td><td></td></tr>
<tr><td>参会代表</td><td></td><td>手机</td><td></td><td>电话</td><td></td><td>传真</td><td></td></tr>
<tr><td>网　址</td><td></td><td></td><td>电子邮件</td><td colspan="4"></td></tr>
<tr><td>企业简介</td><td colspan="7"></td></tr>
<tr><td>企业发展进程中最希望得到的服务</td><td colspan="7">技术、资金、政策和媒体宣传等</td></tr>
<tr><td colspan="5">回执截止时间：×　年×　月×　日
地　址：山东省济南市二环东路 2912 号
电　话：×　××　　传 真：×　×　×
联系人：×　×
手　机：×　×　×
电子邮件：×　×　×

注：因参会人员名额有限，请参会代表务必在×年×月×日之前将加盖单位公章（在单位名称处）的会议回执表发送到电子邮箱×　×　×　，或者传真到会务组×　×　×。</td><td colspan="3">备注：
食宿统一安排：
是（　）　　否（　）
收费标准：500 元/位

指定汇款：
户　名：山东高端科技工程研究院
开户行：工行山东省分行营业部高新支行
账　号：×　×　×</td></tr>
</table>

（二）会议资料

会议资料可分为来宾资料、会务资料和沟通资料 3 类。会议组织人员应提前作好充分的准备，按时分发或恰当使用。

（1）来宾资料。来宾资料是来宾报到时分发的资料，整理后用资料袋装好，形成一份份的材料袋，无须来宾个人领取或索取。资料袋中应包括：会议文件资料（如重要人物讲话提纲等）、会议手册（会议日程表、会议须知等）、分组名单、笔记本、文具、代表证、房卡、餐券等。

（2）会务资料。会务资料包括接站一览表、会议签到表、住宿登记表、用餐分组表、会议讨论分组表、会议乘车分组表、订票登记表、会务组成员通讯表（每人一份）等。

（3）沟通资料。沟通资料主要包括会议宣传资料、会议参考文件、与会议有关的此前各种记录、各种与会议有关的协议书、合同书等相关资料。

（三）会议文件

会议文件是指提请会议讨论和审议事项的文书材料。会议文件有以下不同的类型：

（1）主旨文书，如大会报告、领导讲话、传达提纲、法律草案、计划草案、决议草案、开幕词、闭幕词。

（2）议案文书，如议案、方案说明。

（3）信息文书，如会议记录、会议简报。

（4）议决文书，如会议纪要、决议、决定、公报、公告、通知。

（5）事务文书，如会议通知、参会指南、会议细则、代表须知、日程安排、代表名单、选举办法、生活管理制度、当地经济社会、风物特产介绍。

二、会议用品与设备的准备

会议用品与设备是保证会议顺利进行的基本保障。一般来说，以下用品和设备是必备的，如文具、桌椅、茶具、照明设备、空调设备、讲台、话筒、写字板及水笔、视听设备、投影和屏幕、录像机、VCD/DVD、音响设备、同声翻译系统、镭射笔、定时钟、预演室、免费电子邮件服务、麦克风、灯光等。这些会议用品与设备应在会前配齐，并完成调试工作。例如，检查空调设备，必要时作好开机准备，一般要在会议前两小时开机预热或预冷；检查好灯光、扩音设备；检查黑板、白板，确保已擦干净；准备好粉笔、指示棒、板擦等；安放图架，准备好配套图表和足够的纸张；如有陌生人或外来人参加会议，摆放好姓名牌，注意文字要大小适当，清楚易认；在每人座位前摆放纸笔；多媒体电视需要安放投影机、屏幕、录音设备等；如果有选举、表决、表彰的议程，还需要准备好投票箱、计数设备和奖励用品；会期较长的会议，要安排好茶水、饮料，并指定专人服务；如果是电话、广播会议，须提前检查线路，保证音响效果良好。

三、会场布置与座次安排

（一）会场环境布置

一般来说，根据不同类型的会议形式，会场环境布置要求不一。例如，人民代表大会要求庄严隆重；中国共产党代表大会要求朴素大方；各种形式的庆祝会要求热烈喜庆；座谈会要求和谐融洽；纪念会要求隆重典雅；日常工作会议要求简单实用。

对于主席台的装饰，一般需要有会标、会徽、标语、国旗、背景、台签、花卉或绿色植物等；对于会场四周的装饰，一般需要在会场四周和会场口悬挂横幅标语、宣传画、迎宾牌、广告、彩色气球等。

（二）会议室布局安排

会议室布局安排有以下形式：

（1）上下相对式会场，即主席台和代表席采用上下相对的形式，整个会场气氛显得比较严肃和庄重，它可以分为礼堂型会场、教室型会场和弦月形会场。这种形式适合大型会议，例如，在礼堂、会堂、会议会展中心、宾馆大型会议厅等地举行会议。

(2) 全围式会场，即不设专门主席台，与会的领导和会议主持人与其他与会人员围坐在一起，容易形成融洽、合作、民主的会议气氛，体现平等与相互尊重的精神，有助于与会人员之间相互了解、熟悉与不拘形式的发言、插话，使与会人员能够畅所欲言，充分交流思想，沟通情况，也便于会议主持人细致观察每个与会人员的意向、表情，及时准确地把握与会人员的心理状态，从而保证会议取得成果。它可以分为多边形会场、椭圆形会场、长方形会场和圆形会场等。

(3) 半围式会场，这种会场布置介于相对式会场和全围式会场之间，即主席台的对面和两侧安排代表席，形成半围式的形状，既突出了主席台的地位，又增加了融洽的气氛。它可分为桥形、T字形和马蹄形3种。

(4) 分散式会场，即将会场分为若干个中心，每个中心设一桌席，与会者根据一定的规则安排入座。与会领导所在桌叫主桌。这种格局既在一定程度上突出了会议领导，又给与会人员提供了多个谈话、交流的中心，使会议气氛轻松、和谐。常见的形式有方桌形、V字形、圆桌形等。

(三) 会场座次安排

1. 主席台人员座次安排

一般来说，主席台座次是依职务的高低和选举的结果安排座次，职务最高者居中，按先左后右、前高后低的顺序依次排列；主持人的座次根据依职务高低以及会议主持人的位次来安排，不必排在主席台第一排的最侧边；如果是报告会和联席会，一般采取报告人或主办单位负责人或联席各单位负责人相间排列的方法。

2. 会场内其他人员座次排列

并非所有的会议都需要对会场其他人员的座次进行排列，但一般中型以上的较严肃的工作会议、报告会议或代表会议，都要对座次进行适当排列。常见的排列方法有以下3种：

(1) 横排法，即按照参加会议的人员的姓氏笔画或单位名称笔画为序，从左至右横向依次排列座次。通常是先排出会议的正式代表和成员，后排出列席代表和成员。

(2) 竖排法，即按照各代表团和各单位成员的既定次序或姓氏笔画，从前至后纵向排列座次。选择这种排列方法时，也应注意将正式代表和成员排在前面，职务高者排在前面。

(3) 左右排列法，即按照参加会议人员的姓氏笔画或单位名称笔画为序，以会场主席台中心为基点，向左右两边交错扩展排列座次。选择这种方法排列时应注意人数，如果一个代表团或一个单位的成员人数为单数，排在第一排的成员应居中；如果一个代表团或一个单位的成员人数是双数，那么排在第一、第二位的成员应居中，以保证两边人数的均衡。

本章小结

会议策划就是为了使会议取得预期的目标而进行构思、设计，拟订出合理可行的方案的过程。会议策划具有如下特点：目的性、预测性、科学性、可行性。会议策划具有如下功能：①会议策划是会议活动取得成功的保证；②会议策划为会议行动提供指南与纲领；③会议策划增强了主办者的竞争力。会议策划的程序主要包括如下几个阶段：①会议目标确定与信息收集分析阶段；②会议方案设计阶段；③会议方案论证、比较、确定阶段；④实施、评估和反馈阶段。会议策划的基本要素包括：①会议名称；②确定会议目标、主题和议题；③会议参加对象；④会议形式；⑤会议规模的确定；⑥会议场所和地点；⑦会议时间；⑧会议的议程、日程和程序；⑨会议公关与宣传；⑩会议预算。

会议通知是上级对下级、组织对成员或平行单位之间部署工作、传达事情或召开会议等所使用的应用文。会议资料可分为来宾资料、会务资料和沟通资料3类。会议文件有不同的类型，主要包括：①主旨文书；②议案文书；③信息文书；④议决文书；⑤事务文书。

对于主席台的装饰，一般需要有会标、会徽、标语、国旗、背景、台签、花卉或绿色植物等；对于会场四周的装饰，一般需要在会场四周和会场口悬挂横幅标语、宣传画、迎宾牌、广告、彩色气球等。会议室布局安排有以下形式：①上下相对式会场；②全围式会场；③半围式会场；④分散式会场。一般来说，主席台座次是依职务的高低和选举的结果安排座次，职务最高者居中，按先左后右、前高后低的顺序依次排列。会场内其他人员座次排列常见的排列方法有以下3种：①横排法；②竖排法；③左右排列法。

复习思考题

1. 会议策划具有哪些特点和功能?
2. 会议策划应遵循怎样的基本程序?
3. 会议策划包括哪些基本要素?
4. 会议资料具体包括哪些类型?
5. 如何做好会场的环境布置?
6. 会议室布局具有哪些形式?
7. 主席台座次应怎样安排?

案例分析

案例分析一　失控的工作会议

某公司召开办公会研究销售工作，会议预计8：30举行，11：30结束，主持者是新上任的总经理，他在会议开始前说明了会议议题是：提高产品销售量，请分管副总经理、销售部经理和几个片区经理分析产品销售下降的原因，提出解决问题的方法。会议开始后，分管副总经理报告了年度总体销售情况，谈到销售量下降的原因是产品质量没有市场竞争力、产品品种不适应市场需要，应该增加花色品种、加强生产管理、对生产现场严格控制等。不知不觉中话题一说开，谈到工人迟到、早退等，足足用了50min，等到销售经理和几个片区经理发言时，因大家平时与总经理见面时间就少，又是面对新的总经理，很想表现一番，于是在汇报时除谈到各地的营销情况，有的还谈了各地的风土人情、趣闻趣事，有的还谈了营销工作重要性、营销的理论等，等到最后一位发言时，时间已是中午12：30，总经理虽然要求他们发言简洁，但还得耐着性子听下去，到最后13：00发言结束，与会者已显饥饿和劳累，但会议还没有一个提高产品销量的解决方案，总经理只好宣布下午继续开会。

（资料来源：谭红翔，季永青，杨媛坤. 会议运营管理［M］. 重庆：重庆大学出版社，2007）

案例思考题：

1. 本案例中工作会议失控的主要原因是什么？
2. 针对上述案例，请提出改进上述会议的具体措施。

案例分析二 一次营销成功的国际会议

国际病理学会是病理界在世界上最大的学术组织，它在每个国家都建有分支机构，称为某某国家分部，例如国际病理学会中国分部。国际病理学会每两年举办一次大型国际会议，时间通常安排在双数年，例如，2002 年在日本的名古屋举办，2004 年在澳大利亚的布里斯班举办。国际病理大会每届都会有上千名会议代表参加。而在单数年时，各个地区举办地区性的国际会议。亚洲地区和太平洋沿岸地区算一个地区，简称亚太地区，2003 年第 3 届亚太地区的病理会议是在泰国曼谷举办的，在那届大会上一致同意 2005 年第 4 届会议在北京举办。通常参加地区性会议的代表要比参加国际病理大会的人数少得多，泰国的会议规模只有 300 多人，来自泰国之外国家的代表只有 102 名。如何提高全世界病理界专家和学者的兴趣，使他们能来北京参加第 4 届亚太地区病理会议是会议组织者面临的重要问题。

国际病理学会中国分部获得会议的主办权之后，就邀请了在我国举办国际会议最富有经验的专业会议管理机构——中国国际科技会议中心共同主办此次国际会议，希望借助其丰富的组会经验，吸引更多的病理界人士前来参加会议。首先，双方认真拟定了本届会议的营销计划。由于本届会议仅仅是一个地区性会议，有很大的地区局限性，而在同期欧洲和北美等地区也会举办地区性的国际会议，因此营销计划的关键是本届会议要有更多更好的卖点，吸引更多的国外代表前来参加。能否邀请到国际上一流的学者作大会报告是任何一个国际会议都十分关注的卖点，也是会议能否成功的一个基本保证。中国分部的主席吴炳铨教授是我国病理界德高望重的学者，在国际病理界也有一定的知名度，为此吴教授亲自出面向国际病理界的世界一流专家发出邀请，得到了他们的积极响应，在很短的时间内就落实了世界上学术水平最高的 6 名专家，他们均是国际著名学者，分别为来自意大利的 Juan Rosai，中国香港的 John K . C. Chan，澳大利亚的 Phillip Allen，美国的 Jefbey Sklar、Ciive Taor 和 David L. Page，他们将在诊断病理学、分子病理学、免疫组织化学等方面作大会发言，这些专家的学术报告水平不低于 2004 年澳大利亚布里斯班国际病理大会特邀大会报告，对许多国家的病理界同行都具有极大的吸引力。吴教授还精心策划了 19 个专题研讨会，这些研讨会涵盖了当前国际病理界所有感兴趣的专业题目，例如细胞学、医源性疾病等，专题研讨会的组织者也都是这些专业领域中的佼佼者，他们的专题报告展示了他们最新的研究成果，足以引起同行的关注。这是营销计划的第一个卖点。营销计划中的第二个卖点是精心安排了会议旅游，由于我国病理界的国际交流活动并不十分活跃，特别是近10年来没有在我国举办过大型国际病理会议，因此，我国丰富的旅游资源会对国际病理界的人士具有一定的吸引力。会议精心设计旅游路线，共安排了一条会前旅游路线和四条会后旅游路线，这些线路基本涵盖了我国所有的旅游热点城市。后来证明旅游路线的设计是成功的，例如仅参加会前旅游团的人数就多达40人。营销计划中的第三个卖点是低廉的价格，由于亚太地区发展中国家较多，因此会议的各种费用要尽量收得比较低，像会议的注册费仅为380美元，比起布里斯班会议1000美元的注册费就显得很便宜了；宾馆费用和旅游的费用也都相对比较便宜。会议的时间选择在2005年8月，是为了让那些在大学任教的教师能够利用假期时间前来参加会议，同时也是为了避免和其他地区的会议“撞车”。

会议的这些卖点基本落实后，2004年4月随即就开始着手编写会议通知书，上述这些会议卖点在会议通知书上都有详尽的描述。通知书的封皮选用我国著名的万里长城作为基本图案，任何人在得到这本通知书之后马上就能意识到这是一个将在中国举办的会议。通知书的封底选用了几幅彩色照片，分别是西安兵马俑、桂林的漓江和拉萨的布达拉宫。为了邮寄方便，会议通知书选用32开本。同时会议还印制了具有长城图案的招贴画。

会议通知书在2004年6月印刷完毕，此时离会议召开的时间提前了整整14个月，使得会议组织者有充分的时间开展国际会议的宣传活动。宣传活动选用3种方式，第一种也是传统的方式就是邮寄，会议组织者分别向日本名古屋和泰国曼谷的会议组织者索取了会议代表名录，进行认真筛选后，向全世界各个国家邮寄了近800份通知书。第二种方式是通过参加布里斯班的国际病理大会进行现场宣传。中国分部组织了17人参加2004年10月在澳大利亚布里斯班召开的国际病理大会，带了1500份会议通知书和100张会议招贴画。中国代表团的成员在会上积极努力地工作，将会议通知书放在所有的分会场门前的桌子上和注册台附近专门摆放材料的台子上，并将会议的招贴画贴在后面的背景板上，由于会议的招贴画和会议通知书的基本颜色都是蓝色，营造出了一种蓝色气氛，给每一位参加布里斯班会议的代表都留下了深刻的印象，他们人手一册会议通知，达到了让全世界都知道这个会议的目的。代表团成员还热情接待每一位前来咨询的人，认真回答他们提出的来中国参加会议的各种问题，中国代表团成员的工作精神感染了每位会议代表，许多代表当时就表示一定要来北京参加会议。

经过对曼谷会议参会代表的国别分析发现，参加那届会议的日本和澳大利亚两个国家的会议代表最多，占了整个国外会议代表人数的42%。据分析，澳大利亚和日本也将有可能是参加本届会议人数最多的国家，因此营销的第三种方式就是委托这两个国家的旅行社，由他们和本国的病理分部取得联系，共同组织该国的病理界人士到中国参加这次会议。例如，日本就委托了旅友旅行社，该社的社长亲自登门拜访了国际病理学会日本分部主席防卫大学的松原教授，同意旅友旅行社在日本病理年会上推销北京会议。

由于成功地制订了营销计划，并经过积极努力的宣传，取得了很好的效果，最终参加北京病理会议的国外代表人数达到300多人，是曼谷会议的3倍；其中日本26人，澳大利亚31人，占国外代表总人数的19.4%。特别是吸引了一些亚太地区之外国家的代表参加了会议，例如，仅来自美国的会议代表就有95人，来自加拿大的有19人，占代表总人数的39.47%，参加会议旅游活动的有61人，占了代表总人数的20%，这个比例远远超过近几年来多数国际会议参加旅游的人数。

（资料来源：肖庆国，武少源．会议运营管理［M］．北京：中国商务出版社，2008）

案例思考题：

1. 你认为在所有营销亚太地区病理会议的计划中什么是最重要的？为什么？
2. 除了案例中描述的几种会议的宣传方式外，你认为还有哪些方式可以采用？

第十一章

会期服务和会后工作

本章提要

有效执行会期服务工作各环节的工作细则是提高会议运营与管理效率和参会者满意度的重要保证。一次会议能否达到应有的会议目的和效果，会议结束后的系列后续工作相当重要。第一节介绍会议接站和会议签到的具体实施，阐述会议记录的基本要求，介绍会议住宿和会议餐饮服务的相关内容。第二节介绍会议结束后的后续工作环节及其内容。

学习目标

1. 了解会议接站的注意事项。
2. 了解会议签到的基本程序。
3. 熟悉会议记录的基本要求。
4. 了解会议住宿服务、会议餐饮服务的相关要求。
5. 掌握会议结束后的后续工作环节及其内容。

第一节　会期服务

一、会议接站

接站是跨地区、全国性和国际性会议活动接待工作的第一道环节。会议活动的接站同一般接待活动的接站在许多方面具有共同之处，但由于会议活动的接待对象人多面广，因此要特别注意以下几点：

（1）确定迎接规格。重要领导或外宾前来参加会议，要事先确定迎接的规格，主办方应当派有一定身份的人士前往机场、车站、码头迎接。

（2）作好接站准备。会议接待部门接受会议领导部门下达的接待任务后，要通过汇总回执、报名表以及打电话等渠道，尽快充分掌握接待与会人员的人数、身份；要弄清楚他们所乘飞机、火车、汽车或轮船等交通工具的班次、抵达日期和具体时间，及早安排接待人员、车辆，安全准时接站。

（3）竖立接待标志。与会者集中抵达时，在接站处以及交通工具上要有醒目的接待标志。可用牌子或横幅，上面要标明“×××会议接待处”的字样。以便与会者辨识。接站现场较大、人员较杂时还要准备好手提式扩音机。

（4）介绍宾主双方。与会者到达时，迎接人员应迎上前自我介绍，并主动与其握手以示欢迎。如果领导人亲自前去迎接重要的与会者，且双方是初次见面，可由接待人员或翻译人员进行介绍。通过先向来宾介绍主办方欢迎人群中身份最高者，然后再介绍来宾。主客双方身份最高者相互介绍后，再按先主后客的顺序介绍双方其他人员。这种介绍有时也可以由主方身份最高者出面。

二、会议签到

与会人员到达开会地点时所办理的登记注册手续，是会议为了准确地统计到会人数的必备环节，为下一步更好地安排会议工作作好准备。

（1）布置签到处。签到处设置在会场门口等醒目位置。签到台要一字排开，上铺台布，放置签到簿、签字笔等，并可摆放鲜花点缀气氛。签到指示牌放在签到台侧前方，签到旗帜悬挂于签到台后面。大型会议住宿的酒店一般设立签到处（填写签到簿）、交费处（交办会务费、培训费等）、资料领取处（领取会议相关资料、代表证、餐票等）、票务办理处（预订返程票等）。

（2）确定参会资格。根据报到人员的会议通知或介绍信确认其报到与会资格。

（3）指示登记内容。会议签到登记常用以下两种方法：①簿式签到，即与会人员在签到人员预先准备好的签到簿上填上自己的姓名、职务、单位、电话等相关内容，表示到会。②会议工作人员代为签到，即签到人员根据事先印制好的会议花名册，在人名后画上规定的符合，如“√”表示到会，用“×”表示缺席，用“0”表示请假等。

（4）预收各项费用。与会人员的会务费、住宿费、资料费等费用要在签到时一并交纳，迎接人员要按规定开具收据。

（5）发放会议资料及用品。迎接人员发放的资料袋中一般包括关于会议的详细资料及入住说明。如会议出席证、会议议程表、日程表、餐券、笔记本、签字笔等。

（6）发放房间钥匙。按照事先安排好的住宿方案发放住宿房间钥匙和入住登记表，安排住宿，提醒与会人员有关住宿的注意事项。

三、会议记录

所有的会议都必须有会议记录。因为绝大多数参会人员都只会关心与自己相关的会议内容或者决定事项，而对和自己关系较远的公共事项就几乎不去理会。因此，想要了解会议全貌就必须凭借全面的会议记录。在这个记录中不仅要记录谁说了什么话，还要将大家同意的观点记录下来。会议记录不但能在会后更好地传达会议精神，使会议的各项决议能在今后的工作中得到充分贯彻和执行，而且也能给以后检查执行情况提供根据。它是当次会议的永久档案。所以做好会议记录是一项非常重要和必要的会间工作。在会议记录时应注意以下事项：

（1）不能遗漏与会者的重要发言。一字不漏地记录与会者的发言内容，非常难以办到，通常也不需要。但是无论如何，记录人员也不能把发言者的主要发言内容遗漏掉。这是会议记录的最低要求。

（2）必须尊重发言者的愿意。与会者发言时多使用口语，虚词使用频率高，而且还会出现语意重复。记录人员在记录时需要适当去掉这些于意思表达没有帮助的部分，但是要确保这样做了以后，没有改变发言者的原意、原话特点以及原来的语气。记录人员千万不可使用自己的语言随意加工、概括发言者的意思。

（3）不能随意猜测。发言者的口语表达总是会带着自己的方言以及个人表达习惯的特点。记录人员对于发言中个别不清楚、不理解的字、词、句，不能随意猜测定论，不能马虎了事，必须在会议休息时间或者会后及时向本人进行确认，直到完全清楚。

（4）插话的处理。会场上经常出现在对某个问题热烈或激烈讨论时，与会者发言不断被打断。面对这种情况，首先，应排除掉无意义的表示情绪的插话。其次，重要的插话，要在记录中将它保留在应该的位置，并加括号表示这句话是插话。

（5）笔迹清楚，表达顺畅，易于理解。不能使用自造的简称或者文字。

（6）选用耐久性的书写材料，比如不易褪色的碳素墨水、蓝黑墨水等，保证字迹耐久、清晰，有利于存档和长期保管利用。

（7）必须使用专门的记录纸。会议记录不能拿来什么纸都用，尤其不能使用活页纸。这样做看似方便，但是纸质脆软轻薄，容易损坏，不利于会议记录的长期保存。

（8）如果会议现场使用录音设备进行辅助，应该尽快地根据录音整理出会议记录的文字材料。

（9）如果会议有重要的会议决定，那么会议主持人应该审核会议记录并签字。

四、会议住宿服务

会议与会者的住宿问题，应该作为会议服务中的重点工作之一。住宿的安排既要体现节约的原则，又要考虑与会者的身份等客观情况作具体的安排。总之，要以舒适为标准，并使与会者有宾至如归之感。

（一）房间选择

考察会场时，应该注意到客房的分布情况（房间的数量及类型）。虽然各酒店对自己的客房叫法不同，在酒店业中还是有一些标准的分类：

（1）单人房。供单人使用，房内只有一张床，通常还根据酒店档次配备冰箱、饮水设备、梳妆台等。

（2）双人房。供两人使用，房内设有成对的单人床及其他起居设施等。

（3）套房。带有独立起居室的客户。

（4）经理套房。大双人房，通常还有办公桌或者起居空间以及像熨衣设备和高档洗漱用品这样的便利设施。

（5）总统套房。这是酒店里最好的套房，通常带有两间或三间卧室，数个起居室，专用厨房和小酒吧。

（二）尊重与会者的职务级别

一般情况下，酒店会对其会议室提出报价，视其他客人租房情况而定，会议组织者可以根据这个报价租用一系列不同类型的房间。不过，要对一些特别身份的与会者给予特别的对待。贵宾包括总经理、高层管理人员、名人演说者、重要的赞助者、著名艺人以及其他公司的重要客人。酒店方面的会议经理经常把会议组织者以及会议组织部门的部分工作人员安排到一间较好的房间里，这要看房间多少。当涉及与会代表时，一定要一视同仁地对待同一级别的人。代表们通常把会议看成是一种奖赏，事实上，会议有时仅限于公司的上层人士参加。因为这个原因，务必要注意，假如与会代表中有等级身份之分的话，这种等级应当受到尊重。如果身份与会议不相干的话，要确保每个人分配到同样标准的房间。

五、会议餐饮服务

餐饮服务是会期服务项目中的一个重要组成部分。对于与会者而言，餐饮服务在物质方面最重要的作用就是给与会者一个休息的机会，另外餐饮服务在会议中还可以创造社交机会，能够让与会者彼此增进了解；对会议组织者而言，会议餐饮服务的安排要认真考虑，既要使与会者满意，又要控制在预算成本之内。为此，会议组织方应做好以下工作：

1. 制定会议餐饮服务方案

会期较长的大型会议活动，要事先依据会议活动整体要求制定一套详细的饮食工作方案，其主要内容包括以下几个方面：

（1）确定就餐标准。就餐标准要分解到早、中、晚三餐的具体支出中。根据会议的经费和人员等情况确定会议餐饮的标准。一般主办方负责付费的会议餐饮标准，都要根据会议经费的预算情况，量入为出，制定统一的餐费标准。由与会者自己付费的餐饮，会议一般要给予一定的补贴。

（2）确定就餐形式。这是决定采取围餐式、自助餐式、半自助餐式还是分餐式。就餐形式应根据会议的规模、性质、经费和时间来确定，提倡实行自助餐制和分餐制。一般性的会议除了开头和结尾的宴会采取包桌餐外，大多采取自助餐的方式。自助餐方便卫生，俭朴节约。

（3）确定就餐时间。就餐时间一般要根据会议活动的作息时间综合考虑。事先与提供餐饮的单位确定好就餐时间。

（4）确定就餐地点。如果人数较多时，要多安排几个就餐地点。需要事先确定好就餐地点。

（5）确定就餐凭证。即是凭就餐券入场还是凭会议证件入场就餐。就餐的凭证应事先设计和确定。

（6）确定就餐人员组合方式，即就餐时是自由组合还是按会议活动编组的方式组合。

（7）制定保证饮食安全的具体措施。

2. 预订餐厅

餐厅的选择要考虑以下几点：

（1）餐厅大小。要考虑餐厅是否能够容纳会议活动的全部人员就餐，就餐人员中应包括与会者和工作人员两部分。

（2）交通方便。餐厅与会场和代表住地的距离是否适当，要方便抵达。

（3）卫生条件。餐厅是否达到规定的卫生标准。

（4）饭菜品种。菜系品种是否多样化。

（5）饭菜质量。质量能否满足要求。

（6）价格合理。价格是否合理。

3. 制发就餐凭证

就餐凭证一般采取两种办法：一是凭会议证件进入餐厅就餐；二是印制专门的会议活动就餐券。

4. 统计就餐人数

就餐人数应包括与会人员和工作人员。可采用两种方法统计：一是根据会议签到的实际人数；二是分组统计，综合汇总。

5. 确定菜单

拟定菜单应根据就餐的形式及预算的经费来安排，既要符合“餐饮适量”的原则，又要看对象、讲搭配、有新意。事先要与就餐单位一起商定科学、合理的菜单。

6. 餐前检查

就餐前，要对饮菜份数、质量、卫生状况等进行必要的检查，发现问题，要及时纠正或调整。

7. 餐后反馈

与会者就餐后，会务人员注意听取他们对饭菜质量以及餐厅服务态度的意见，以便及时整改，提高服务质量。

◆［拓展阅读11-1］

会议茶水服务礼仪须知

一、会议茶水服务准备礼仪

1. 茶叶的准备

可能的话，多准备几种茶叶，使客人可以有多种选择。上茶前，应先问一下客人是喝茶还是喝饮料，如果喝茶习惯用哪一种茶，并提供几种可能的选择。不要自以为是，强人所难。如果只有一种茶叶，应事先说清楚。

2. 茶具的准备

在会议开始之前一定要先把茶具洗干净，尤其是久置未用的茶具，难免沾上灰尘、污垢，更要细心地用清水洗刷一遍。在冲茶、倒茶之前最好用开水烫一下茶壶、茶杯。这样，既讲究卫生，又显得彬彬有礼。如果不管茶具干净不干净，胡乱给客人倒茶，这是不礼貌的表现。

3. 个人卫生准备

在会议开始前，负责给客户倒茶的服务人员要先检查自己的妆容，特别注意手部的清洁，试想一下：有谁愿意喝手部不太干净的人倒的茶水呢。

二、会议倒茶礼仪

1. 倒茶的方法

倒茶的时候我们先说茶叶，茶叶不宜过多，也不宜太少。茶叶过多，茶味过浓；茶叶太少，冲出的茶没有味道。假如客人主动介绍自己喜欢喝浓茶或淡茶的习惯，那就按照客人的口味把茶冲好。

再说倒茶，无论是大杯小杯，都不宜倒得太满，太满了容易溢出，把桌子、凳子、地板弄湿，如不小心，还会烫伤自己或客人的手脚，使宾主都很难为情。当然，也不宜倒得太少，倘若茶水只遮过杯底就端给客人，会使人觉得是在装模作样，不是诚心实意。一般以杯子的七八分满为宜。

2. 端茶的礼仪

会议倒茶的时候应该在与会人员的右后方倒茶，在靠近之前，应该先提示一下："为你奉茶。"以免他突然向后转身倒了一地。如果是女士的话，杯子的拿法应该是右上左下，即右手握手着杯子的1/2处，左手拖着杯子底部；如果是男士的话，则双手水平拱握着杯子的1/2处，摆放在饮水者右手上方5～10cm处，有柄的则将其转至右侧，便于取放。

3. 添茶礼仪

添水时，如果是有盖的杯子，则用右手中指和无名指将杯盖夹住，轻轻抬起，大拇指、食指和小拇指将杯子取起，侧对客人，在客人右后侧方，用左手将容器添满，同样摆放在饮水者右手上方5～10cm处，有柄的则将其转至右侧。

（资料来源：http：//www. tjhuiyifuwu. com/news/liyi/112844. html）

◆[拓展阅读11-2]

会议会务服务人员岗位职责及工作内容

（1）根据会议接待预订单做好会场布置计划工作。

(2) 上岗应统一着装，佩戴工牌，做好会议接待服务工作。

(3) 仪表清洁，举止端庄，保持微笑服务，使用礼貌用语。

(4) 会前，根据客户要求，做好会前桌椅、灯光、空调，音响和会议用品等设施及各项服务工作的准备工作。

(5) 会中，应随时满足宾客的服务需求，原则上15min添加一次茶水。

(6) 会议结束时，及时收拾清理茶具，整理桌椅，关闭照明、空调等设施。检查是否有客人遗留下来的物品。如有遗漏应及时联系相关人员。

(7) 负责各会议室之间的工作协调配合。

(8) 组织会议中心接待员做好每日会场清扫保洁工作，包括地面门窗、桌椅、植物及部分室内设施并及时发现问题。

(9) 负责做好每月会议中心物资的盘存及统计工作，采取积极有效的方法，设法降低各类物资、能源耗损。

(10) 负责员工的日常部门培训和纪律教育，确保员工安全正确地操作，言行举止符合相关制度的要求。

(11) 熟悉会场内各类设施设备使用维护的基本常识。

(12) 完成上级安排的其他工作。

(资料来源：http：//www. tjhuiyifuwu. com/news/liyi/120347. html)

第二节　会后工作

会议结束后，还有一些工作需要继续完成，这些工作虽不像会前、会中工作那样重要，但也是不容忽视的，正是在这些细节的操作方面，才能体现出会议运营与管理的高水平。会后工作做好了，会议才算圆满地完成。一次会议的圆满结束，预示着下次会议将会有一个良好的开端。

一、送别参会人员

安排专门的工作人员，在会场外、宾馆门口欢送参会人员离开。对于一般的参会者，可安排礼仪小姐或其他工作人员送行；对于身份特殊的参会者，则应当安排身份对等的人员送行。送行时应当充分注意礼仪，向对方表现出诚挚的惜别之情。

二、结清会议费用

在会议的组织过程中，有多项费用需要等到会议结束才能进行结算和支付，例如场地租赁费用、设备租赁费用、食宿费用、人员劳务费等。组织方应当在会议结束后安排专门的财会人员办理此项工作。结算会议费用时应当做到账款两清、准确无误，将相关的票据、合同和账目妥善保管，防止混乱和丢失。参会人员如果需要发票，可以向其开具正规的票据。同时协助酒店办理参会人员的退房手续。

三、安排人员送站

和报到时不同，会议结合后人员离会往往比较集中，在短时间内需要大批车辆送站，因此会议组织者应当提前安排足够的车辆和人员为与会人员服务。如果会场距离机场、车站较远，为了满足需要可以安排大型客车集中送站。送站之前，会议工作人员可根据所预订车票的情况合理分配车辆和运力，保证参会人员能及时到达车站或机场，以免延误行程。

四、安顿好暂留人员

由于各种原因，有部分人员在会议结束后暂时不能离开，需要主办方继续做好服务工作，妥善安排他们的住宿、饮食和出行。暂留人员中有一部分是外地人员，可能会存在旅游或购物需求，会议组织者应适当给予必要的协助。暂留人员中还有一部分是会议工作人员，由于进行会后工作而需要继续驻留，应当合理安排费用，尽快完成全部工作。

五、做好会后旅游安排

一般来说，会议组织者提前指定一家或多家旅游公司作为大会的会后旅游代理商。这样可充分发挥旅游公司的独特优势，并与目的地旅行社或管理公司合作，承揽相关旅游考察业务，协调活动中涉及各级目的地、各部门的接待工作，保证会议参与人员的会后旅游活动顺利进行。此时，会议组织者也需要与承接会后旅游的公司保持密切联系，为参与会后旅游的参会者提供必要的服务。

六、撰写会议纪要及会后新闻报道

会议纪要是对会议的进行情况、会议的一致性意见和会议决定事项整理而形成的公文。在实际会议活动中，需要会议组织者指定专门人员或组成专门的起草班子，并按照特定的程序进行会议记录的编写工作。另外，一些公开的会议，会议中形成的有关决议和方针，一旦形成文字，经大会秘书长审核把关后，即可通过传播媒介广泛宣传，以推动会议精神的贯彻落实。

七、感谢方方面面对会议的帮助和支持

1. 感谢与会者的参与

与会者能来参加会议是对会议的最大支持，没有与会者，会议的组织就无任何意义。所以应首先感谢与会者的积极参会。在会议闭幕时，就要集中对与会者表示感谢；在与会者离去后，还应通过一定的方式再次对他们表示感谢，欢迎他们参加以后的会议（如果是系列会议的话）。

2. 感谢会议嘉宾、主持人、演讲者的与会

会议嘉宾、会议主持人、会议演讲人是会议的卖点，他们的到来为会议带来了一定数量

的会议参加者，他们的演讲、讲话是会议产品的重要组成部分。所以，应该对他们表示深深的谢意。

3. 感谢政府有关部门的支持

一次成功的大会（特别是大型国际会议）离不开政府有关部门的支持，包括精神上的支持（例如公开表态对会议的申办、举办的支持）和物质（例如对会议进行财政补助）、政策（例如对会议的境外与会者给予签证绿色通道待遇）和行动上（例如为会议提供安全保障）的支持，所以，在会议结束时应对政府有关部门和有关人员表示感谢。

4. 感谢协办单位、赞助单位的支持

协办单位为会议举办提供某些方面的帮助和支持，赞助单位为会议的举办提供财力或物力上的支持，它们的帮助和支持使会议能够顺利地进行。所以也应对它们表示衷心的感谢。

5. 感谢其他单位或个人的支持

所有对会议的举办提供支持和帮助的单位或个人都不能被忘记，都应表示感谢。

6. 感谢的方式

可以采用的感谢方式有：打电话，发电子邮件，寄信，赠送礼品、纪念品。

八、做好会议总结和评估

在进行会议总结和评估时，首先要考虑会议组织者希望了解哪些情况并且准备如何使用收集到的相关信息。通常而言，对会议的总结和评估可以围绕以下内容进行：

1. 会议组织策划、管理及其效果

（1）整体组织工作是否成功有效？

（2）是否实现了预期的目标？

（3）会议主题是否定位准确？

（4）会议日程是否安排妥当？节与节之间的衔接是否合理？

（5）会议形式是否需要改进？

（6）会议举办时间是否选择适当？

（7）会议地点和场地是否选择适当？

（8）会议现场掌控是否适宜？

（9）演讲内容及其演讲人的水平如何？

（10）参会人员是否对会议效果感到满意？从中有何收获？

2. 会议宣传扩大及代表组织

（1）会议对外宣传和推广效果如何？

（2）宣传资料发出去后多长时间可以得到反馈？

（3）会议注册情况如何？此次会议的参会人员与上届相比是增加还是减少了？

（4）参会人员构成情况如何？与上一届相比有何变化？

（5）哪些分组或平行会议或者活动对参会人员更有吸引力？

（6）参会人员是否能够准时参会？会议开始与结束时人员的变化情况如何？

3. 工作人员

（1）工作人员的配备数目是否适当？分工是否合理？

（2）工作人员在会前是否培训得当？对其所负担的工作是否有明确的了解？

（3）工作人员是否能够胜任分配的工作？

（4）工作人员是否能够积极与参会代表、赞助商、贵宾和演讲人沟通，并了解他们的需求与反馈？

（5）工作人员与场地提供方的合作及场地方的反馈意见如何？

（6）工作人员现场处理问题的应急能力如何？

（7）工作人员间的沟通与配合是否顺畅？

4. 后勤保障及现场服务

（1）会议资料准备和发送情况如何？

（2）会议设施和设备是否适宜？安装是否及时？布置是否得当？

（3）会议注册是否运行良好？

（4）现场服务是否到位？包括现场咨询、礼宾接待和餐饮服务等。

（5）住宿和旅行安排是否适当？

5. 经费运作情况

（1）会议经费运作情况如何？

（2）是否对会议支出进行了有效的管理？

本章小结

会议接站时应做好以下相关工作：①确定迎接规格；②作好接站准备；③竖立接待标志；④介绍宾主双方。会议签到时应做好以下相关工作：①布置签到处；②确定参会资格；③指示登记内容；④预收各项费用；⑤发放会议资料及用品；⑥发放房间钥匙。

在会议记录时应注意以下事项：①不能遗漏与会者的重要发言；②必须尊重发言者的意愿；③不能随意猜测；④做好对插话的处理；⑤笔迹清楚，表达顺畅；⑥选用耐久性的书写材料；⑦必须使用专门的记录纸；⑧如果会议现场使用录音设备进行辅助，应该尽快根据录音整理出会议记录的文字材料；⑨如果会议有重要的会议决定，会议主持人应该审核会议记录并签字。

为做好会议住宿服务，应提前根据参会人员的人数作好房间选择，在房间分配时应尊重与会者的职务级别。为做好会议餐饮服务，应提前制定会议餐饮服务方案、预订餐厅、制发就餐凭证、统计就餐人数、确定菜单，做到餐前检查、餐后反馈。

会议结束后的工作不容忽视，主要包括：①送别参会人员；②结清会议费用；③安排人员送站；④安顿暂留人员；⑤做好会后旅游安排 ；⑥撰写会议纪要及会后新闻报道；⑦感谢方方面面对会议的帮助和支持；⑧做好会议总结和评估。

复习思考题

1. 会议接站时应注意哪些工作内容？

2. 会议签到应遵守哪些基本程序？
3. 在会议记录时应注意哪些事项？
4. 为做好会议住宿服务以及会议餐饮服务，应做好哪些工作？
5. 会议结束后的后续工作环节及其内容有哪些？

案例分析

一次虎头蛇尾的会议

某省语言学会2009年学术年会于2009年5月15～17日在某宾馆举行。大会接待工作比较到位，会议议程安排也非常合理：15日全天报到，16日全天会议，17日到清东陵参观旅游。与会者对此非常满意。5月18日早晨7点钟，大会秘书处负责人突然接到天宇轩宾馆的电话："我们明天要在大会议室接待另一个会议团体，你们昨天的会议条幅需要撤下来，是给你们保存着，还是撤下来扔掉？我们服务员已经把桌牌和废纸一起扔掉了。你们没有发完的纪念品什么时候拉走？还有，我们在会议室捡到一件夹克衫，不知是谁落在这儿的。论文集还剩下5本，是否还要？餐饮费和会议室租赁费倒不着急，你们近几天来结就可以，别忘了就行。"一连串的问话，把这位负责人从梦中惊醒，他马上打电话，吩咐工作人员到现场收拾，以免相关的文件和物品丢失。上班后，他又到财务处要来支票，吩咐工作人员去宾馆结账。结清宾馆的账目，工作人员拿着各种票据，回到财务处进行结算。填好报销单据，拿给财务处长审核。财务处长说，超出会费预算1200元，按领导指标，只报销三万元，超出部分你们自己承担。结算任务没有完成，工作人员拿着报销单来找会议负责人，负责人找财务处长理论，财务处长说要坚持原则，建议他找上级领导批准。这位负责人回去后重新进行计算。结果发现，多印出的论文集和多定制的纪念品占去超支部分的900元，在清东陵的午宴也高出了原定标准。这样看来，这些超支费用只能自己想办法解决了。剩下的论文集不发愁，送给准备考语言学研究生的几位学生，可剩余的纪念品怎么解决？那件夹克衫是谁的？没想到，会议结束了还有这么多问题要解决？

（资料来源：向阳，强月霞，龙新辉，等．会议策划与组织［M］．重庆：重庆大学出版社，2010）

案例思考题：

某省语言学会2009年学术年会的承办者忽视了会议的哪些环节？这样会造成什么后果？

第四部分

会展运营专项管理篇

第十二章

会展人力资源管理

本章提要

市场竞争归根到底是人才的竞争。会展人力资源管理对会展企业经营成功及各项目标的实现具有极其重要的作用。第一节介绍会展人力资源招聘的作用、内部招聘和外部招聘以及招聘测试的方法。第二节介绍会展人力资源培训的意义、程序和方法。第三节介绍会展人力资源考核的功能、内容和方法。第四节介绍会展人力资源激励的作用、类型和方法。

学习目标

1. 了解会展人力资源招聘的意义。
2. 熟悉内部招聘和外部招聘。
3. 掌握会展人力资源招聘测试的方法。
4. 了解会展人力资源培训的意义。
5. 掌握会展人力资源培训的程序和方法。
6. 了解会展人力资源考核的功能。
7. 掌握会展人力资源考核的内容和方法。
8. 了解会展人力资源激励的作用和类型。
9. 掌握会展人力资源激励的方法。

第一节　会展人力资源招聘

一、会展人力资源招聘的定义和意义

（一）会展人力资源招聘的定义

对会展企业而言，当企业规模扩大、现有岗位空缺、现有岗位上的员工不能适应岗位要

求、员工离职、原有人员晋升和退休时，就必须通过人力资源招聘来满足会展企业发展对人力资源的需求。会展人力资源招聘是指会展企业发现和吸引有条件、有资格和有能力的人员来填补会展企业的职务空缺。从会展人力资源招聘的定义可以看出，其任务就是依据科学的方法，按照一定的程序，根据会展企业现在和未来发展的需要，进行人力资源的充实和调整。会展企业为了适应经营环境的变化，提高竞争能力，需要不同的人员，招聘是补充人员的主要方法，也是保持会展企业生存与发展的重要手段。成功和有效的招聘意味着会展企业有更多的人力资源优势。有时如果不能引入急需的人员，会展企业则可能产生严重的危机。

（二）会展人力资源招聘的意义

1. 有助于改善会展企业的劳动力结构与数量

招聘活动是以会展企业战略和计划为基础，根据人力资源计划确定人员需求，并在某段时间、某个地点招聘所需要的员工。会展企业内部因工作任务变化、人员变化等各种可变因素，给会展企业带来人力资源需求和供给方面的变化，为保证会展企业目标的实现，必须及时保证招聘到所需要的人力资源数量，满足会展企业人力资源的需求。通过有目的、有计划地录用工作人员，会展企业可以控制人员类型和数量，改善人力资源结构，保证年龄结构、知识结构、专业结构、能力结构等以符合会展企业发展的整体目标。

2. 可以保障员工充分发挥自身能力

会展人力资源招聘为员工提供了一个公平竞争上岗的机会，保证每个员工都能充分发挥自身的能力。会展企业对每一位应聘者一视同仁，按照公平、公开、公正的招聘制度，遵守法律规定和承担应有的社会义务。通过会展人力资源招聘，会展企业可以发现最佳人选，减少明显不合格或不合适的人员进入会展企业，减少人员受聘后离职的可能性，帮助员工找到适合自己的工作，提高会展企业和个人的工作效率。会展人力资源招聘工作的质量对会展企业人力资源输入和引进的质量有着直接的影响，录用的人员质量高，就能够快速适应工作，能够大大提高会展企业工作效率。

3. 直接影响会展企业人力资源管理的费用

一方面，会展企业人力资源招聘是一项有成本的管理活动，高效率的招聘是会展企业通过招聘宣传，选择交通便利的招聘地点，吸引、鼓励和促进更多的申请人员应聘，以低成本为会展企业增加合格的人才。有效的招聘能保证会展企业落实计划、稳定人员，使综合效益提高。另一方面，通过招聘，实现人岗有效匹配，使得每一个员工都能在各自的岗位上发挥个人的聪明才智，降低人力资源培训费用，最大限度地提高岗位业绩，大大提高会展企业的运行管理水平，为会展企业各项工作目标的实现打下坚实的基础。

4. 有利于会展企业知名度的扩大

会展企业人力资源招聘是会展企业代表与应聘者直接接触的过程，而且通过招聘广告，使外界更多地了解会展企业。负责招聘的工作人员的工作能力、在招聘过程中对企业的介绍等，都是为会展企业树立良好的形象，从而使会展企业的知名度得到提高。

二、会展人力资源内部招聘和外部招聘

（一）内部招聘

1. 内部招聘的来源

（1）内部提升。从内部提拔一些合适的人员填补职位空缺是会展企业常用的方法。其优点是既可以迅速填补职位空缺，也给员工提供了职业发展的机会。一般而言，内部提升是有计划的，在提升之前会对候选人进行甄选评价，最后由会展企业决策层决定是否提升。

（2）工作调换。工作调换也称“平调”，是指职务级别不发生变化，但工作的岗位发生变化，一般适合中层管理人员。工作调换可以为员工提供在会展企业内从事多种相关工作的机会，拓宽视野，为员工今后的职业生涯发展或进一步提升到更高一层的职位作好准备。

（3）工作轮换。工作轮换适用于一般员工，具有周期性特点。其优点是便于有潜力的员工积累不同工作岗位的经验，减少员工因长期从事某项工作而带来的枯燥感。

（4）转岗培训。转岗培训在会展企业时常会出现，是由于个人或会展企业原因导致的员工内部待岗现象，适时对待岗员工进行培训，以等待有新的职位空缺或岗位需求时重新上岗。

2. 内部招聘的方法

（1）工作告示法。工作告示法是指在会展企业内部利用布告栏、内部报刊等形式公布招聘内部职工信息的一种方式。工作告示的内容包括工作说明书中有关空缺职位的性质、职责、所要求的资历条件、薪酬情况、直接上级、工作时间等。工作告示法主要用于吸引内部申请人，人力资源管理部门的工作包括承担全部的书面工作、负责安排用人部门对申请人进行面试，以确保挑选出最适合的申请人等。

（2）推荐法。推荐法可以用于内部招聘，也可以用于外部招聘。这是由会展企业成员将自己熟悉的人员推荐给本企业人力资源部门和用人单位的一种方法。由于推荐人对会展企业的情况和需要填补的职位空缺的情况比较了解，对被推荐人有一个初步筛选的作用，也传递给被推荐者许多相关信息。

（3）档案法。如果会展企业员工内部档案所提供的信息准确、完备，就会对员工的晋升、培训和职业发展起重要的作用，人力资源部门可以从员工的内部档案中了解现有员工的教育背景、培训、经验、技能、业绩等方面的信息，帮助用人部门寻找合适的人员补充职位空缺。

（二）外部招聘

根据信息发布和来源渠道的不同，外部来源及其招聘方式主要有广告招聘、校园招聘、个人自荐、引荐或推荐、网络招聘、职业介绍机构招聘等。

1. 广告招聘

广告招聘是指会展企业借助电视、广播、报纸、布告栏及行业出版物等媒体对空缺岗位

和新增岗位进行宣传和信息发布，以吸引求职者前来应聘。广告招聘的影响范围极为广泛，可以吸引各类人员，在职人员、无业人员、公司客户、竞争对手的员工等都可能成为会展企业的应聘者。广告招聘的特点是信息传播速度快、传播范围广，应聘人员多，会展企业选择余地大。利用广告招聘时，应明确广告的内容。在借助广告进行招聘时必须考虑两方面问题：①选用何种媒体；②如何构思广告。

2. 校园招聘

大学校园是专业人员和技术人员的重要来源，而中等专业学校、职业技术学校、技工学校等则是基层职工的重要来源。校园招聘方式五花八门，像张贴招聘广告、举办招聘会、毕业实习以及借助毕业生分配办公室来推荐，等等。利用校园招聘的最大好处是可以在很短的时间内收集到大量的求职者的信息。同时，由于校园招聘能吸引众多的专业、能力不相上下的求职者，因此，会展企业如何选择自己需要的人非常重要。校园招聘的具体步骤通常包括：①会展企业针对自身长期或短期人才需求进行招聘分析；②准备工件申请书；③挑选学校，制定招聘日程表；④进行校园面试；⑤审查候选人，并进行现场面试；⑥评价招聘。

3. 个人自荐

个人自荐是指求职者在没有得到会展企业内部人员或相关专家推荐的情况下，自己直接向存在岗位空缺的会展企业提出求职申请的一种方法。就个人自荐者而言，他们中的大多数人已经作好到会展企业工作的充分准备，并确信自己能够适应和满足空缺岗位的要求。这是会展企业获取优秀人才的一种有效方法。这种方法的成本很低，缺点是由于个人自荐等待时间较长，当出现空缺时他们可能已经找到其他工作。

4. 引荐或推荐

它是指会展企业员工及会展企业外人员或相关专家等以口头或书面的形式向用人单位介绍和推举合格人选的一种方法。这种方法的优点是：①会展企业和应聘者双方能迅速了解，从而节约大量招聘费用；②所引荐或推荐员工的素质往往较高。缺点是：①容易形成小帮派、小团体，导致裙带关系盛行；②人员选择面相对狭窄。为避免上述问题，会展企业在招聘过程中，应严格按照招聘程序和岗位要求进行严格把关，同时应尽可能地扩大推荐范围。

5. 网络招聘

随着计算机和网络技术的发展，网络招聘越来越引起用人会展企业的极大关注。网络招聘是利用计算机及网络技术支持全部的招聘过程。与其他传统招聘方式相比，网络招聘以其效率高、信息量大、传播广、成本低、沟通容易、不受时空限制等优点而著称。当然，网络招聘也有其不足之处，如信息的可信度不高、保密性不好、网站之间互相复制、用人方与求职方的感性认识不够，这些问题都有可能带来网络招聘的失败，甚至会引发人们对网络招聘的不信任。

6. 职业介绍机构招聘

职业介绍机构是会展企业进行人员外部招聘的另一种有效途径。常见的职业介绍机构有两类：一类是公共服务机构；另一类是私人服务机构。如各种类型的职业介绍所、普通劳动力市场和人才交流中心等。这种招聘方式的优点是：应聘者面广；录用后员工不易形成裙带关系。缺点是：因对求职者个人信息或对用人单位信息了解不够，导致用人单位招不到合适人选，或者求职者找不到合适的岗位。

三、会展人力资源招聘测试方法

（一）笔试

它是通过让应征者在试卷上笔答事先拟好的试题，然后依据解答的正确程度或成绩进行测评的方法。根据招聘的需要，有时对被试者的知识广度作全面的了解，有时可能对知识的深度作深入的了解，但有时又可能对被试者的知识结构作必要的了解，以全面了解被试者掌握知识的水平。笔试的优点表现在：①试卷内容涵盖面广，容量大，对基本知识、技能和能力的测试信度和效度较高；②笔试可以对大量的应聘者同时进行，测评效率高；③成绩评定比较客观，考试材料可以保存以备待查，体现公平原则。笔试的缺点在于，不能全面地考察应试者的工作态度、品德修养以及管理能力、口头表达能力和操作技能等。

（二）面试

面试是一种经过精心设计，在特定场景下以面对面的交谈与观察为主要手段，由表及里测评应试者有关素质的一种方式。与其他测评形式相比，面试具有的相对独特之处在于：①面试内容灵活，针对性强。面试内容因个人背景、在面试中的表现，以及工作岗位的不同而不同。②面试是双向沟通的过程。面试是主试与应试者之间的一种双向沟通，应试者的回答及行为表现与主试人的评判直接相连。③面试信息的复合性。面试中，主试通过面对面的观察，综合现场情况对应试者即时评价。④面试判断的直觉性。面试的判断不是仅仅依赖于主试严谨的逻辑推理与辩证思维，往往包括很大的印象性、情感性与直觉判断等特点。

（三）心理测试

1. 能力测试

能力测试分为普通能力测试、特殊能力测试和成就测试。普通能力测试主要是测试应聘者的思维能力、想象力、记忆力、推理能力、分析能力、数学能力、空间关系能力及语言能力等。特殊能力测试用于对特定能力或才能的测试，多用于测量个人在音乐、美术、体育、机械等方面的特殊才能，常用的方法有斯特龙伯格灵敏度测验（Stromberg Dexterity Test）、明尼苏达操作速度测验（Minnesota Rate of Manipulation）等。成就测试主要测试应聘者经过某种正规教育或训练之后已经具备的有关工作的能力水平。

2. 个性测试

个性测试用以了解被测试者的情绪、性格、态度、工作动机、品德、价值观等方面。通过个性测试可以寻求应聘者的性格特征和工作要求的匹配。个性测试主要有影射法、个性品质问卷调查法和兴趣盘存法等。

（1）影射法。影射法是让受测者看过一项不明的刺激物，如图片、墨迹等之后，要求他们诠释其意义或观察他们有何反应。

（2）个性品质问卷调查法。个性品质问卷调查法是通过让应聘者对个性品质调查表中的问题进行回答，依据得分统计来判断应聘者的个性品质倾向。

（3）兴趣盘存法。兴趣盘存法是将应聘者的兴趣和各种人士的兴趣作一比较，判断应聘者适合从事什么工作。

（四）评价中心测评

评价中心是指通过创设一种逼真的模拟管理系统或工作场景，将应聘者（若应聘者过多，可经筛选后进行）纳入该环境系统中，采用多种评价方法进行集体评价，然后从中甄选出合格人员的过程。评价中心测评的主要形式：

（1）文件筐测验。该方法要求应试人在 2～3h 内处理一批随机排列、杂乱的文件，内容涉及请示报告、上级指示、统计资料和报表、投诉等与工作有关的各种资料，处理完后还要求应试者对问题的处理方式作出解释。

（2）无领导小组讨论。无领导小组讨论是指将应试者按一定的人数编为一个小组，不确定会议主持人，不指定重点发言，不布置会议议程，不提出具体要求，根据主试人提出的真实或假设材料，如有关文件、报表等，就某一指定题目进行自由讨论，要求小组能形成一致意见，并以书面形式汇报。其目的在于考察被测试者的表现，尤其是看谁会从中脱颖而出，成为自发的领导者。

（3）管理游戏。管理游戏通常是要求应试者共同完成一项具体的管理实例，主试者根据每个应试者在完成任务的过程中所表现出来的行为来测评被试者的素质。

（4）角色扮演。在一个模拟的人际关系环境中，设计一系列尖锐的人际矛盾与人际冲突，要求被试者扮演某一角色并进入角色情境去处理各种问题和矛盾。这种方法主要用于评价角色扮演者协调人际关系的技巧、情绪的稳定性和情绪的控制能力、随机应变能力，以及处理各种问题的方法和技巧等。

◆［拓展阅读 12-1］

会展人才素质的标准

会展是一个系统，会展的复杂是内容上的复杂，一个会展从业人才，应该是复合型人才，是高素质的、有实战经验的、有创意的，实际操作能力和良好的理论素养缺一不可。会展业人才素质的标准主要有：

1. 宽泛的知识理论素养

所谓知识理论素养，是指会展专业人才所必须具备的会展相关知识。它构成了会展人才培养的基本内容。专业会展人才需要掌握各方面的知识，主要包括以下几个方面的内容：①会展方面的知识，如会展业发展的历史、现状与趋势以及会展相关法规等；②经济学和管理学方面的知识，如经济学、会计学、市场营销等；③技术方面的知识，如现场各种仪器设备的操作等；④艺术方面的知识，如展台设计、展台装饰等。只有如此，会展专业人才才能具有广泛的市场适应性，才能胜任多种类型的会展活动。

2. 独特的策划创新能力

作为策划者，会展人才要有创新能力，能不断开发新主题，赋予展会项目新的元素。纵观国内外知名展会的成功经验，无外乎“常办常新”，而这些源源不断的“新”又来自会展策划营销人员的独特策划创意能力。可见，独特的策划创新能力是会展对专业人才，尤其是设计策划人才的较高要求。

3. 严密的组织管理能力

管理在会展产业链中处于核心重要位置，展会的现场、安保、清洁、交通、人流、物流、财务、客户、品牌、危机以及信息技术的有效运转都离不开科学的管理，较强的组织管理能力是会展企业或会展活动得以正常运行的保障。

4. 娴熟的沟通协调能力

任何一个会展活动都是一个繁杂的项目，因此对于会展从业人员来说，需要其具有娴熟的交际沟通能力，要能做到内外、上下、左右有效沟通。

5. 强烈的服务意识

会展业属于服务行业，要为各类参展商、观展者提供各种服务。不仅包括推广宣传、参展招募、观众组织、项目营销等必需的服务内容，还包括法律、科技、信息等方面的援助。会展活动成功的关键是使每一位服务对象获得满意的体验，这就要求会展专业人才具备较高的服务意识和较强的服务能力。

（资料来源：陈律．浅论会展人才素质的培养与开发［J］．考试周刊，2012（6）：149-150，根据原文略有修改）

第二节 会展人力资源培训

一、会展人力资源培训的内涵及意义

（一）会展人力资源培训的内涵

会展人力资源培训是指会展企业为了提高劳动生产率和个人对职业的满足程度，直接有效地为会展企业生产、经营服务，从而采取各种方式对会展企业各类人员进行的教育培训活动。每一个会展企业都需要有受过良好训练并具有丰富经验的人去运作，从而保证会展企业在会展市场竞争中立于不败之地。如果会展企业的员工不能胜任会展企业发展对人才素质能力日益提高的需求，那么会展企业及时对现有员工加强培训，提升员工的知识、技能及其适应性就显得异常重要。

（二）会展人力资源培训的意义

作为会展人力资源管理的一项基本职能活动，人力资源培训是会展企业人力资源实现增值的一条重要途径。随着人力资源对价值创造的贡献率进一步提高，人力资源的这种价值增

值对会展企业来说非常重要。通过开展会展人力资源培训，能提高会展企业运营管理的效益，获得竞争优势，具体体现在以下方面：

（1）能提高会展企业人力资源的职业能力。会展市场的发展对会展人力资源提出越来越高的要求，仅仅靠专门的、正规的学校教育越来越难以满足要求，员工除了经过实际工作的锻炼外，还必须通过必要的培训，才能成为名副其实的专门人才，也就是说会展人力资源培训的直接目的就是要发展员工的职业能力，使其更好地胜任现在的日常工作及未来的工作任务。会展人力资源培训不仅让员工学会知识共享，创造性地运用知识来提高个人的能力，还为其取得更好的工作绩效创造了条件，也为员工提供了更多的晋升和较高收入的机会。

（2）有利于会展企业获得竞争优势。会展人力资源培训就是不断培训与开发高素质人才，以获得竞争优势。尤其是人类社会步入以知识经济资源和信息资料为重要依托的新时代，智力资本已成为获取生产能力、竞争力的关键因素。培训着眼于提高人力资源的素质和能力，而人力资源正是会展企业最根本、最主要的竞争优势。现代会展企业的竞争主要依靠知识密集型的人力资本。会展人力资源培训是创造智力资本的途径，所以，会展企业要在激烈的竞争中立于不败之地，就必须重视培训。

（3）满足员工实现自我价值的需要。在现代会展企业中，员工的工作目的更重要的是实现“高级”需要——自我价值的实现。培训不断教给员工新的知识、新的技能、新的管理方式，使其调整自己的思路、行为和习惯，以适应或接受具有挑战性的工作与任务，掌握竞争的主动权，实现自我成长和自我价值，这不仅能使员工在物质上得到满足，而且能让员工获得精神上的成就感。

二、会展人力资源培训的实施程序

会展人力资源培训是一项系统工程，要精心设计，遵循科学的程序。会展人力资源培训一般包括4个阶段，即培训需求分析、制订培训计划与准备、培训实施、评价培训结果。

（一）培训需求分析

1. 培训需求分析的内容

培训过程的第一步就是确定人力资源培训的具体需要，也就是要进行培训需求分析。培训需求分析包括以下3个层次：

（1）组织分析。组织分析是在会展企业层面展开的，它包括两个方面的内容：一是对会展企业未来的发展方向进行分析，以确定会展企业今后的培训重点和培训方向，如果一个会展企业的目标是要提高员工的服务意识和服务水平，那么培训活动也必须与这一目标相吻合；二是对会展企业的整体绩效作出评价，找出存在的问题并分析问题产生的原因，以确定会展企业目标的培训重点。通过组织分析，可以确定在会展企业层面需要进行什么样的培训。

（2）任务分析。一旦组织分析确定了培训的目标，就需要对具体的工作任务进行分析。任务分析的主要对象是会展企业内的各个职位，通过任务分析要确定各个职位的工作任务，各项工作任务要达到的标准，以及成功完成这些任务所必需的知识、技能、个性和态度方面的条件。任务分析最主要的目的就是用于确定新员工的培训需求，这里的新员工不仅指会展企业新近招聘录用的员工，还包括那些到新的职位任职的员工。

（3）人员分析。人员分析是针对员工来进行的，它包括两方面的内容：一是对员工个人的绩效作出评价，找出存在的问题并分析问题产生的原因，以确定解决当前问题的培训需求；二是根据员工的职位变动计划，将员工现在的状况与未来的职位要求进行比较，以确定解决将来问题的培训需求。通过人员分析，要能够确定出会展企业中哪些人员需要接受培训，以及需要接受什么样的培训，重点是评价员工实际工作绩效以及工作能力。

2. 培训需求分析的方法

（1）绩效分析法。即通过绩效考核发现会展企业成员个人或部门在绩效上的差距，分析造成绩效差距的原因，然后探讨解决问题的办法。其中有些问题是可以通过培训解决的，这就形成了培训的需求；有些问题不是培训能够解决的，这就需要寻找其他的办法。

（2）调查分析法。即通过对会展企业成员进行访谈或问卷调查直接了解他们对培训的要求。那些具有普遍性的要求就形成了会展企业培训的有效需求。

（3）会展企业整体分析法。这种分析法通常是前瞻性的，即从会展企业战略、会展企业文化、会展企业整体经营计划出发，分析这些方面对人员观念和技能的要求，然后把这种要求与会展企业员工的观念和技能现状进行对比，针对差距制定培训对策。

（二）制订培训计划与准备

制订培训计划并进行相应的准备是决定培训成败的重要工作。这一阶段主要包括以下内容：

（1）确定培训目标。培训目标要建立在培训需求分析基础之上，这种目标有助于帮助员工理解为什么他们需要培训与培训活动为会展企业和个人带来的预期收益。

（2）确定使员工接受培训的准备工作。常见的准备工作包括：确保员工有充分的自信，增强学习动机；使其了解培训的收益；明确培训目标；评审员工理解培训项目所必需的认知能力以及必要的阅读和书写能力、培训讲师选择、培训资料等。

（3）准备或创造有利于培训的学习环境和条件。除了教室桌椅、教学设备、道具外，良好的学习条件还包括有效的培训管理。

（4）确保培训成果转化。

（5）选择培训方法。

（三）培训实施

培训实施是培训的组织者和参加者共同实现培训目标的过程。培训实施的执行力是决定培训有效性的重要因素之一。在培训实施的过程中，培训组织者和培训参加者都要定期回顾培训，对达成目标的程度进行评估，培训的组织者应该根据评估的结果以及受训人员的反馈对培训计划进行及时必要的调整。也就是说，培训需求分析与培训计划做得再好，如果在实践中得不到有效执行，也没有什么意义。因此，培训实施是整个培训过程中的实质性阶段。在培训计划的实施过程中具体落实包括挑选培训师，确定教材与教学大纲，安排培训时间、场地、设施等一系列环节。培训工作人员在培训实施过程中要随时准备处理各种应急突发状况，并且要做好课间的服务工作，耐心解答培训学员的各种疑问。培训实施是针对不同的培训项目而言的，不同的项目需要工作人员从事不同的工作内容和工作流程。

（四）评估培训结果

评估培训结果是对培训结果进行总结和测定，可以对已经结束或正在实施的培训计划作出一个合理评价。通过评估可以了解某一培训项目是否达到了原定的目标和要求，也可以观察受训人技能的提高或受益程度，而不仅仅是判断培训目标的实现程度。对于培训结果的评估，主要包括以下4个层面：

（1）反应层面。即课程结束时学员对培训项目的主观评价。该层面需要评估以下几个方面：内容、讲师、方法、材料、设施、场地、报名的程序等。

（2）学习层面。即检查培训的学习结果，了解学员在知识、技能等方面学到了什么。该层面主要的评估方法有：考试、演示、讲演、讨论、角色扮演等。

（3）行为层面。即学员的工作行为方式有多大程度的改变。该层面的评估主要有观察、主管的评价、用户的评价、同事的评价等方式。

（4）结果层面。即评估学员行为的变化是否积极地影响了会展企业的结果，有多少积极的结果是培训引起的。该层面把会展企业或学员的上司最关注的，并且可量度的指标，如业务数量和质量是否提高、费用是否降低、员工士气是否提升、成本是否降低等，与培训前进行对照。

三、会展人力资源培训的具体方法

1. 讲授法

讲授法属于传统的培训方式，也是培训中最常使用的一种方法。主要是由培训者讲授知识，受训者记忆知识，中间穿插一些提问之类的交互作用方式。显然讲授法是一种以培训师为中心的教学方式，它所传递知识信息的性质、知识重点、供给量和速率等均取决于处于主导地位的培训师。这种方法的优点是，有利于受训者系统地接受新知识，较易掌握和有利于控制学习的进度，操作方便，成本比较低，可以同时对一大批受训人员进行培训，便于培训者控制整个过程，常被用于一些理念性知识的培训。缺点是单向信息传递，反馈效果差，没有练习的机会，不适用于技能的培训，而且效果取决于培训师的演讲水平。

2. 视听技术法

随着现代化管理进程的加快，会展企业规模也在迅速扩大，为了适应大量员工的培训和再培训的需要，许多会展企业开始采用比现场授课更生动有效的视听技术培训方法。视听技术法通过现代视听技术（如投影仪、DVD、录像机等工具）对员工进行培训。会展企业可以自制或购买培训用的视听资料。优点是运用视觉与听觉的感知方式，直观鲜明；可以进行异地培训，从而节约旅行成本；可以对不同的对象重复使用而不增加成本。但学员的反馈与实践较差，且制作和购买的成本高，内容易过时。它多用于会展企业概况、传授技能等培训内容。运用视听技术法时需要注意以下内容：播放前要清楚地说明培训的目的；根据讲课的主题选择合适的视听教材；要以放映的内容鼓励受训者发表感想，或让他们就如何将这些知识、方法应用到工作中去进行讲座，讨论后培训师应做重点总结或运用具体方法告诉受训者。

3. 讨论法

这种方法是由培训者和受训者共同讨论并解决问题的一种培训方法。讨论法既可以培训者为中心，也可以受训者为中心，灵活性较大。讨论法按照费用与操作的复杂程序又可分成一般小组讨论与研讨会两种方式。研讨会多以专题演讲为主，中途或会后允许学员与演讲者进行交流沟通。优点是信息可以多向传递，与讲授法相比反馈效果较好，但费用较高。而小组讨论法的特点是信息交流时方式为多向传递，学员的参与性高，费用较低。多用于巩固知识，训练学员分析、解决问题的能力及人际交往的能力，但运用时对培训教师的要求较高。这种方法的缺点是，为了保证讨论效果，参与的人数不能太多；不利于对基本知识和技能的系统掌握；讨论过程中容易偏离主题，因此对主持人的要求较高。

4. 案例研讨法

案例研讨法通过向培训对象提供相关的背景资料，让其寻找合适的解决方法。案例分析法的优点是，在对特定案例的分析、辩论中，受训人员集思广益，共享集体的经验与意见，有助于他们将受训的收益在未来实际业务工作中思考与应用；案例大多来自现实，通过对案例的分析，有助于解决类似的实际问题；案例分析强调个人的独立思考，对培训者的依赖程度较低，因此有助于培养受训人员独立分析问题、解决问题的能力；费用低，反馈效果好。近年的培训研究表明，案例、讨论的方式也可用于知识类的培训，且效果颇佳。这种方法的缺点是，案例的收集和提炼往往比较困难，案例虽来自现实，但又不能是现实的直接反映，需要经过加工；对培训者的要求也比较高。

5. 角色扮演法

角色扮演法是指在模拟的人际关系情景中，设计一系列尖锐的人际矛盾和人际冲突，要求受训者扮演某一角色并进入角色情景去处理各种问题和矛盾，看受训者是否符合角色的身份和素质要求，使他们真正体验到所扮角色的感受与行为，以发现和改进自己的工作态度和行为表现。这种角色常包括上级、下级、同事或客户等。通过角色间的交往和互动，培训参训者从多角度、全方位考虑问题的思维能力和处理临时矛盾的应变能力。由于信息传递多向化，这种培训方式反馈效果好、实践性强、费用低，多用于人际关系能力的训练。

6. 管理竞赛法

管理竞赛法，首先是模拟实际的工作情境，向几组受训的管理人员提出一些假设的管理问题，如关于招展计划、营销战略、员工调配或新立会展项目等问题。在每个问题中，呈现管理人员一些有关信息，如流动资金状况、劳动力成本、服务方式变化等情况。然后把管理人员组织起来，在组内选出一位负责人，对如何解决问题作出决策。该法的优点是为受训的管理人员提供了一种学习机会，同时又不必担心实际情况下较差的决策所带来的恶果；能使受训的管理人员在较短的时间内学到在实际工作中多年才能积累的经验；竞赛具有戏剧性及反馈的客观性，对受训者来说增加了内在激励。该法也存在局限性，有时受训者也会作出一些急功近利或不切实际的决策。

7. 计算机网络培训法

多媒体工具、网络技术的发展为会展企业人力资源培训工作提供了新的、便捷的手段。会展企业通过利用网络工具将文字、图片及音像等培训资料放在网上，从而形成一个计算机网络资料馆、网上课堂。计算机网络培训法是近年来流行的一种新型的计算机网络信息培训方式，投入较大，但这种方式使用灵活，符合分散式学习的新趋势，节省学员集中培训的时间与费用。这种方式信息量大，新知识、新观念传递优势明显。计算机网络培训法突破了传统培训的固有模式，打破了培训的时间和空间限制，培训者和受训者不必面对面地进行培训，特别为实力雄厚的会展企业所青睐，也是培训发展的一个重要趋势。

第三节　会展人力资源绩效考核

一、会展人力资源绩效考核的内涵及功能

（一）会展人力资源绩效考核的内涵

会展人力资源绩效考核就是指会展企业对员工在一个既定的时期内对会展企业的贡献作出评价的过程。员工绩效考核要从员工工作成绩的数量和质量两个方面对员工在工作中的优缺点进行系统的描述。绩效考核涉及观察、判断、反馈、度量、组织介入以及人们的感情因素，是一个复杂的过程。正确理解会展人力资源绩效考核的内涵，需要注意以下 4 点内容：①绩效考核是一项管理活动，是由制定绩效目标、围绕绩效目标的经常性沟通、绩效评价和绩效反馈等环节所构成的系统过程。②绩效考核的目的是为了改善人员的工作绩效并最终提高会展企业的整体绩效。③绩效考核是人力资源管理的一项重要职能，但它不仅仅是人力资源管理部门的责任。因为会展企业各部门的管理者最了解自己部门人员的工作情况，所以绩效考核是会展企业各级管理者的责任。④绩效考核必须有一个事先确定的时间周期，必须借助一定的方法才能有效完成。

（二）会展人力资源绩效考核的功能

绩效考核之所以是会展企业人力资源管理中不可缺少的重要环节，是因为它自身具备以下功能：

（1）控制功能。通过绩效考核，会展企业可以对各个成员的工作状况进行评价，了解其完成任务的数量、质量等信息，为各项人力资源管理提供一个客观而公平的标准，并依据这个考评的结果决定晋升、奖惩、调配、培训等，这样就会使会展企业形成按标准办事的风气，使各项管理工作能够按计划进行，实现既定的愿景和目标。

（2）激励功能。考评能产生一定的心理效应，起到激励、督促和导向的作用。考评无论对成绩突出者还是对落后者，都会起到鞭策他们尽心尽责，完成会展企业所交给的任务的

作用。工作符合要求者和贡献突出者，由于受到肯定和奖励而受到鼓舞，会继续朝好的方向努力；落后者，会把自己与工作要求和先进分子进行比较，在以后的工作中加以改进。客观公正的绩效考核可以激发员工的积极性，形成员工你追我赶的积极效果，促进会展企业员工更加积极、主动、规范地完成绩效目标。

（3）开发功能。绩效考核是按已定的绩效标准进行的，考评结果显示的不足之处就是员工的培训需求。管理者可以据此制订有针对性的培训计划，达到提高员工素质的目的。同时，通过考评，对员工各方面的情况有详尽的了解，根据员工的长处和特点决定培养方向和使用办法，以提高员工某方面的技能，充分发挥员工的长处，促进个人的发展。

（4）沟通功能。现代绩效考核特别强调沟通的功能，例如，对会展企业目标的一步步分解，需要上级与下级之间、主管与员工之间进行沟通，达成共识，使目标变成约束会展企业与员工个人之间关系的契约；在绩效的推进过程中，又需要上下级之间的沟通，主管人员需要密切注意绩效的进展情况，发现存在的问题，并进行有针对性的沟通和辅导；考评结束后，管理者把考评结果反馈给被考评的员工，听取他们的申诉和看法，这有利于增进相互之间的了解与信任，解决管理中存在的一些问题，找出改进与提高的办法，实现双赢。

二、会展人力资源绩效考核的内容

会展人力资源绩效考核的对象、目的和范围复杂多样，因此，考核的内容也较复杂。但就其基本方面而言，主要包括德、能、勤、绩4个方面。

1. 德

德是指人的政治思想素质、道德素质和心理素质。德的标准不是抽象的，而应随着不同时代、不同行业、不同层级而有所变化。例如，中国公民基本道德规范——“爱国守法、明礼诚信、团结友善、勤俭自强、敬业奉献”。在改革开放的今天，德的一般标准是坚持党的基本路线，坚持集体主义价值观，富有使命感、责任心和进取精神，遵守职业道德，遵纪守法。

2. 能

能主要是指员工的业务知识和工作能力，即从事本职工作所必须具备的知识、基本能力和应用能力，一般包括文化知识、专业知识、政策业务水平、语言表达能力、文字表达能力、分析判断能力、组织管理能力、预见反应能力、适应耐久能力、计划开拓能力等。

3. 勤

勤主要反映出员工的工作态度和本岗位上的进取精神，一般可通过4个方面表现，即组织纪律性、工作积极性、责任感、出勤率。

4. 绩

绩主要从最终经济效果和社会效果出发评价员工工作贡献的大小、能力强弱和水平高低。业绩已成为绩效考核的重点。业绩涉及3个方面：规定任务的完成情况（包括数量和质量）、创造性和工作效率。

三、会展人力资源绩效考核的方法

会展人力资源绩效考核常用方法有以下列几种：

1. 360度绩效考核法

360度绩效考核法是指从员工自己、上司、直接部属、同事甚至客户等各个角度来了解员工个人的绩效沟通技巧、人际关系、领导能力、管理能力等。通过这种全方位、立体化的绩效考核方法，被考核者不仅可以从自己、上下级、客户处获得多种角度的反馈，也可以从这些不同的反馈中清楚地知道自己的不足、长处与发展需求，使以后的职业发展更为顺畅。360度绩效考核主体构筑的是一个评价绩效的全新视野，它是多评价主体的一种极端类型，尤其是加入了客户，强化了被评价者的服务意识，同级和下级的存在又使被评价者不得不顾及团队的整体感觉。

2. 记录考核法

这种方法操作简单，它要求评价者记录下每个员工的强项、弱项、潜力等，老员工、老师、同事的考核记录对员工在提薪、晋升等方面起到举足轻重的作用。这种由相互熟知的人通过口头或书面的形式呈现出来的真实、客观的信息较其他复杂的方法同样也具有说服力。通过记录考核法可以迅速、准确地捕捉到员工的优缺点、长处和短处，因而可以根据员工的薄弱环节，有针对性地进行培训，为个人的职业生涯规划提供参考和研究基础。

3. 行为观察量表法

行为观察量表法是通过设定一系列与工作绩效有关的有效行为，并划分出行为出现的频率尺度，评价者对照尺度衡量被评价者工作中出现各种行为的频率，从而达到评价其工作绩效目的的一种绩效考核方法。由一定数量的员工或核心管理者与来自各阶层领导组成的评估小组共同对员工工作绩效进行评价。该量表是通过员工亲自参加的职务分析建立的，因此，在使用中评定比较明确；行为观察量表也有效地定义了职务的标准，为认识人事选择预测源提供了客观依据。

4. 评级量表法

这种方法并未放弃记录考核法，而是更稳定、更可靠。一般来说，采用这种方法，主要是在一个等级表上对业绩的判断进行记录。这个等级被分成几类，常用诸如杰出、优秀、一般或是不满意这些形容词来评价。根据不同的工作性质，它的考核因素也会作出相应的变化，但一般都包括对个性特征评价，例如诚信和合作精神。

5. 关键事件法

关键事件法是评价通过平时观察，记录下在特定时间内被评价的各种有效行为和无效行为，以备对其进行评价时使用的绩效评价辅助方法。关键事件法要求保存最有利和最不利的工作行为的书面记录。当一种行为对部门的效益产生无论是积极的还是消极的重大影响，管理者都应把它记录下来，并把这些资料提供给评价者用于对员工进行绩效评价。虽然它在认定员工特殊的良好表现和劣等表现方面是十分有效的，而且对于制定改善不良绩效的规划也是十分方便的，但其缺点在于如果考察期较长，则基层主管的工作量较大。此外，由于每一关键事件可能都会对绩效评估结果产生重大的影响，因而要求管理者在记录过程中不能带有主观色彩，必须始终如一地坚持客观、全面、精确的原则，这在实际操作过程中往往很难做到。

6. 目标管理法

目标管理法是指在目标管理中，员工同他们的部门经理共同参与目标的建立，在如何实现目标方面，经理给予员工一定的自由度，参与目标建立，使得员工成为该过程的一部分。作为一种有效的反馈工具，目标管理法是通过员工知道期望于他们的是什么，从而把时间和精力投入到最大程度实现重要的组织目标的行为中去。从公平的角度来看，目标管理较为公平，因为绩效标准是按相对客观的条件来设定的，因而评分相对没有偏见。尽管目标管理法使员工的注意力集中在目标上，但它没有具体指出达到目标所要求的行为；绩效标准因员工不同而不同。

7. 强迫选择量表法

强迫选择量表一般由 10 ~ 20 个组构成，每组又由 4 个行为描述项目组成。在每组 4 个行为描述项目中，要求评定者分别选择一个最能描述和最不能描述被评者行为表现的项目。强迫选择量表法用来描述员工的语句中并不直接包含明显的积极或消极内容。评价者并不知道评价结果到底是高还是低或是中等，这就避免了趋中倾向、严格或宽松变化等评价误差。其缺点在于：评价者会试图猜想这些选项的倾向性，并根据自己的理解进行评定。此外，设计量表需要花费大量的财力和时间，且由于难以把握每一项选项的积极或消极成分，因而所得到的数据很难在其他管理活动中得到应用。

第四节　会展人力资源激励

一、会展人力资源激励的内涵及作用

（一）会展人力资源激励的内涵

激励（Motivation）既是一个心理学的概念，又是一个管理学的概念。许多学者都曾对这一复杂的概念下过定义，例如，激励涉及行为是怎样发端，怎样被赋予活力而激发，怎样延续，怎样导向，怎样终止，以及在所有一切进行过程中，该有机体呈现出何种主观反应（琼斯）。激励就是此时此刻对行动的方向、强度与持续性的直接影响（阿特金森）。激励是通过高水平的努力实现企业目标的意愿，而这种努力以能够满足个体的某些需要为条件（罗宾斯）。

这些定义虽表述角度不同，但都包含一些相同的要素。为进一步理解激励的内涵，需要注意以下几点：

（1）研究激励是为了寻找能最有效地调动员工积极性的方法。研究人力资源激励的目

的是为管理者提供一类理论框架，它告诉管理者是什么因素在导致员工的特定行为。在此基础上，管理者可以有针对性地采取相应措施，将下属的行为引导到有利于会展企业目标实现的方向上来，并以最小的代价获得最高的效率。

（2）激励的作用过程是一个心理过程，它涉及人类行为的产生，但这一过程是难以直接测定的。例如，两名能力相仿的员工工作态度和工作绩效各异，一名员工工作态度认真，且绩效远高于另一名员工，我们会认为这名员工受到了另一名员工没有受到的激励。至于这些激励具体是什么，它们是如何起作用从而导致员工行为的，我们无法直接测出。所以我们一般是以人们的行为和态度来考察激励水平的。

（3）激励的内容包括：人的行为是由什么因素激发并赋予活力的；什么因素把人们已被激活的行为引导到一定的方向上去；这些行为将以何种强度进行下去；这些行为如何保持与延续。激励代表了行为的方向、幅度与持续期三者间的关系。

综合上述观点，简单地说，激励就是决定个人行为的方向、幅度和持续期的心理过程，这一过程受来自于个体内部的力量及作用于个体的外部力量的综合影响。

（二）会展人力资源激励的作用

1. 可以有效地提高工作效率

通过构建合理的激励机制，可以使员工保持工作的有效性和高效性，激发员工的创新能力，同时使会展企业充满活力和竞争力。管理者的工作就是有效地把员工的动机引向会展企业目标。例如，在1960～1980年，日本的生产率增长差不多是美国的3倍。在寻找差别原因的过程中，美国人以为是日本人采用了更先进的技术和使用了更多机器人的结果，但事实证明并非如此，他们发现真正的原因是日本企业管理所激发出的普通员工的积极性与主动性。对人真诚的尊重，丰厚的退休金、集体人寿保险以及优惠的医疗保健等待遇很好地激励了员工的工作热情，从而极大地促进了工作效率的提高。

2. 可以充分地调动和挖掘人的内在潜力

通过激励可以使会展企业把所需的人才吸引过来，并长期为会展企业工作。同时，激励也使员工最充分地发挥其技术和才能，变消极为积极，保持工作的有效性，进一步激发创造性和革新精神，满足其胜任感、成就感、荣誉感等内在需要，从而出色地完成会展企业的工作目标。哈佛大学的 William James 教授就曾发现，一般情况下，员工仅需发挥出20%～30%的个人能力，就足以保住饭碗而不被解雇；如果受到充分的激励，其工作能力能发挥出80%～90%，其中，50%～60%的绩效差距是激励的作用所诱导出来的。由此可见，恰当的激励机制对员工积极性的调动有着极为重要的影响。

3. 可以促进会展企业形成良好的组织文化

会展企业的重要管理职能是对人力、物力和财力3大资源的有效管理，要想做到有效的管理，除了要拥有财政资本资源外，更重要的是拥有人力资源，以及让这些人力资源在会展企业中发挥更大的作用。科学的激励方法使管理者能区别对待各种表现的员工，形成“好人更好，一般学好，差者变好”的局面，从而使每个员工行为的实际结果与会展企业目标相一致。通过激励，可以提高会展企业员工的整体素质，杜绝不良文化，形成健康的、有利于会展企业生存和发展的组织文化。

二、会展人力资源激励的类型

1. *物质激励与精神激励*

从内容上进行划分，激励可分成物质激励与精神激励两种类型。物质激励就是以满足人们的物质需要出发，对物质利益关系进行调节，从而激发人们的劳动热情。物质激励多以加薪、奖金和福利的形式出现，除了物质上的需要外，人类还有精神上的追求，如自尊心、荣誉感等积极向上的心理。在物质需要获得基本满足的情况下，精神上的追求就往往上升为人们的主导需要。精神激励就是从满足人们的精神需要出发，通过对人们的心理状态的影响来达到激励的目的。精神激励多以授予荣誉称号、颁发奖状、开会表扬、宣传事迹等形式出现，它作为满足人们精神需要的一种重要手段，有着激发作用大、持续时间长久、影响范围广等特点。物质激励与精神激励在激发人的积极性的目标上是一致的，但作用对象是不同的。前者作用于人们的生理方面，是对人们物质需要的满足；后者作用于人们的心理方面，是对人们精神需要的满足。在激励工作中，两者相辅相成、缺一不可。要强调物质激励与精神激励相结合，并逐渐转向以精神激励为主。

2. *外激励与内激励*

从形式上进行划分，激励又可分成外激励与内激励两种类型。外激励就是运用环境条件来制约人们的动机，以此来强化或削弱各种行为，进而提高工作意愿。外激励多以行为规范的形式出现，通过建立一些措施和制度，鼓励或限制某些行为的产生。比如设立合理化建议奖，用以激发工作人员的创造性和革新精神；建立岗位责任制，对失职行为予以限制。而内激励则是通过启发性诱导的方式，激发人的主动精神，使他们的工作热情建立在自觉自愿的基础上，充分发挥出人的内在潜力。内激励多表现为进行思想教育工作，教育者本着晓之以理、动之以情、消除误会、融通感情的原则，使受教育者得到启发和触动，真正从思想上提高认识，树立起工作的信念。当然人们思想的转化、认识的形成要有一个过程，需要一定的时间，所以内激励不能操之过急，否则就会违背人的认识规律和心理活动变化规律，使内激励失去作用。从两种激励的表现形式看，外激励表现出某种程度的强迫性，内激励带有自愿自觉性特征。在激励工作中，要结合运用这两种激励类型，从不同角度来加强激励的效果。

3. *正激励与负激励*

从性质上进行划分，激励可分为正激励与负激励两种类型。俗话说："小功不奖则大功不立，小过不戒则大过必生"。正激励是当一个人的行为表现符合社会的需要时，通过奖赏的形式来强化这种行为，以达到调动工作积极性的目的。负激励则是当一个人的行为不符合社会需要时，通过制裁的方式，来抑制这种行为，从反方向来实施激励。正激励与负激励作为激励的两种不同类型，都是对人的行为进行强化，不同之处只是在于取向相反。正激励起正强化的作用，是对行为的肯定，表现为奖赏与鼓励；负激励起负强化的作用，是对行为的否定，表现为批评与制裁。正激励与负激励不仅直接作用于个人，而且会间接影响其周围的人，通过树立正面的榜样和反面的典型，造成一种环境压力，可以使小到一个集体，大到整个社会形成一种良好的风气，从而达到激励先进、鞭策后进的目的。

三、会展人力资源激励的方法

激励是以人的需要为突破口的，它通过满足员工的需要来激发其工作的积极性。但是，人的需要又是复杂多样的，这就决定了激励的方法也必须是多种多样的。管理者必须根据不同的对象，灵活地采取不同的激励方法，把握不同的激励力度。激励的方法主要有以下几种：

1. 目标激励

目标一般是指那些通过奋斗能够获得的成就或成果。适当适度的目标是激励工作的前提。现实表明，当人们受到富有挑战性目标的刺激时，就会迸发出极大的工作热情。一个领导者如果能够适时适当地提出目标，不仅能极大地激发下属的工作热情和积极性、创造性，而且能够统一员工的思想和行动，使员工向着一个共同目标努力奋斗。

2. 参与激励

在管理行为中，通过使会展企业员工参与管理行为，能够增加他们对会展企业的关注，进而把会展企业目标变成个人的追求，变成会展企业成员乐于接受的任务，使个人在实现会展企业目标的过程中获得成就感。因为人都是有一定的志向和抱负的，是愿意为自己所追求的事业做出努力的，并在这种过程中获得精神上的满足。参与激励就是建立在这种心理基础之上的。

3. 物质激励

物质需要和物质利益不仅是个人维持生存的基本条件，而且是个人在各方面获得发展的前提。物质激励就是要通过满足个人物质利益的需要，来激发人们的积极性和创造性。当然，在各种激励手段中，物质激励是处于较低层次的，具有一定的局限性。一般来说，当个人物质利益得到适当满足后，人们在精神方面的需求就会占主要地位。这时，就应该因势利导加强精神激励。

4. 荣誉激励

荣誉激励实质上是一种精神激励。它是对为会展企业存在和发展作出过较大贡献的人给予一定的荣誉，并将这种荣誉以特定的方式固定下来。这样，不仅可以给这些获得荣誉的人以激励，而且也可以对其他会展企业成员产生激励作用。荣誉激励具有巨大的感召力和影响力，甚至可以促使人们为获得某项特殊的荣誉而自愿献身。所以，荣誉激励可以成为管理者激励员工的一个重要手段。

5. 感情激励

同事之间，特别是管理者与被管理者之间的相互信任、相互支持的感情是一种巨大的精神力量，这种力量不仅可以使人们结成一个坚强的战斗集体，而且能极大地激发每个人的积极性和创造性。因为信任和支持能使人产生尊重感、亲密感、荣誉感和责任感，能够使人把自己的前途和命运与会展企业的前途和命运紧密联系在一起，从而产生为会展企业努力工作的积极性和创造性。

6. 强化激励

强化激励包括正强化和负强化。正强化是通过对员工的某种行为给予肯定和奖赏的，使其巩固保持，发扬光大，如日常生活中的表扬、奖励等就属于正强化。负强化是通过对员工的某种行为给予否定和惩罚，使其减弱、消退，如批评、惩处、罚款等就属于负强化。管理者可以通过物质奖励和精神奖励的方式强化那些符合会展企业目标的行为和通过惩罚等方式削弱那些不符合会展企业目标的行为。正强化和负强化是相对而言的，负强化可以增强正强化的功能，而不进行正强化本身也是一种负强化，一种行为如果在多次出现时都得不到应有的奖励，就会自然地减弱和消失。

7. 数据激励

数据激励是一种通过数据对比的方式把先进与落后反映出来，以鼓励先进、激励后进的做法。心理学家认为，明显的数据对比，能够使人产生明显的印象，激发强烈的感想。这是因为，人都是有自尊心的，数据激励正是基于人们的这种自尊心，将存在于人们之间的工作成果上的差别以数字的形式鲜明地表现出来，从而实现对人们行为的定向引导和控制。

8. 工作激励

通常，管理者在运用激励手段时，总是把着眼点放在员工取得的绩效上，根据他们的行为结果进行奖励或惩罚，以求实现对下一次行为产生激励作用。其实，激励也是可以融入到日常工作之中的。也就是说，根据会展企业成员的能力、水平、性格、爱好、特长等各方面的特点，分配给他们适当的工作，也可以激发他们的工作热情，起到激励的作用。

◆［拓展阅读 12-2］

会展企业知识型员工激励策略

1. 构建学习型组织，促进知识型员工个体成长

在以知识为基础的知识经济时代，知识是创造财富的根本动力。作为会展企业知识型员工，其自身的优势主要体现在所掌握的扎实的知识。为适应当今知识大爆炸时期的工作岗位对会展企业知识型员工的知识诉求，会展企业知识型员工需要不断加强学习来掌握最新的知识和信息，把不断学习渗透到工作之中，不断提高自身的能力，因此会展企业知识型员工非常看重会展企业能否给他们提供知识增长的机会。学习型组织理论就是在知识经济时代应运而生的一种管理理论。通过构建学习型组织来提升会展企业知识型员工素质和再造人才的竞争优势。学习是组织的基本职能。学习不仅包括接受现有知识，还包括创造出新知识等。以知识为基础，注重创新，充分发挥会展企业每位知识型

员工的创造性，形成一种弥漫于整个会展企业的学习氛围。把工作与学习融为一体，实现不断超越自我。通过加强组织学习，会展企业知识型员工的价值不断增值，从而改变会展企业知识型员工的行为方式和个人能力的不断提高，最终使会展企业具有适应变革的能力，保证绩效的提升。

2. 引进多元化的价值要素分配

按要素分配是指在市场经济条件下，要素的使用者根据各种要素在经营过程中发挥的贡献的大小，按照一定比例，对要素的所有者支付相应的报酬的一种分配方式。在价值创造与价值分配的关系处理上，应根据价值创造去规范价值分配。如何将技术、知识、管理等多元要素参与分配，以形成有效激活会展企业知识型员工潜在能量的机制？除了提供具有竞争力的薪酬激励外，还应以非经济性报酬、个人成长和工作成就为激励重点。采用多元化价值分配要素，需要给予知识型员工更多的发展机会、参与决策、个人成长的空间、职位权力、信息分享、更有趣的以及多样的工作活动、长期回报等各种收益。当然，引进多元化的价值分配要素，需要强调和提高知识要素参与分配的比重，其本质就是要让人力资本的价值显性化，从而最大化地实现会展企业知识型员工的知识价值。多元化的价值分配要素将满足知识型员工对工作、生活、身体、心理等各方面所产生的不同种类的需求。

3. 实施弹性工作制，设计富有挑战性的工作

弹性工作制是指在完成规定的工作任务或固定的工作时间长度的前提下，员工可以灵活地、自主地选择工作的具体时间安排，制订弹性的工作计划，以代替统一、固定的上下班时间的制度。会展企业知识型员工是知识经济时代出现的新型工作群体，他们从事的是富有创造性的思维活动。在个人特质、心理需求和行为方式上与非知识型员工具有不同的特点，他们喜欢独自工作的自由和更具张力的工作安排。弹性工作制具有不错的激励效果，包括弹性工作时间、在家办公等多种方式。弹性工作制的实施能充分调动知识型员工的积极性，激发他们的工作热情和创造性，有利于会展企业知识型员工在复杂的创造性工作中进行有效的自我调节，使管理方式更为人性化、柔性化，激励知识型员工的创新精神。同时，作为社会中高素质、高层次人才的知识型员工，对知识、个体和事业的成长有着持续不断的追求，更注重自我价值的发现和提升，希望得到社会和其他人的承认和尊重。因此，单调乏味的重复性劳动无法让知识型员工释放自己的知识能量和心理能量。应从工作本身出发，赋予他们富有挑战性、创造性的工作，满足他们自我实现的需要以及不断在挑战中超越自我的人生追求。

4. 做好会展企业知识型员工的职业生涯管理

职业生涯管理是由会展企业主导、个体参与来共同实施的，针对职业决策的匹配、职业历程的规划、职业策略的实施、职业发展的促进等一系列活动的总和。它是一种基于满足会展企业和个人需要基础之上的新的人力资源管理手段。职业锚理论认为，拥有

不同职业锚的个体所具有的职业价值观、职业目标、职业需求各有不同，其对应的职业发展以及职业生涯管理也各有所异。而且现代组织的结构越来越趋向于扁平化，会展企业知识型员工晋升的阶梯和空间减少，会展企业知识型员工的职业发展可能更早地进入高原期。这就要求会展企业必须充分考虑处于不同职业生涯阶段的知识型员工的需求特点，并根据需求的不同进行有针对性的激励。职业生涯规划与管理已成为提高员工满意度、促进工作绩效、降低人才流失率的有效途径。会展企业必须以知识型员工的职业生涯规划为起点，以会展企业知识型员工在职业生涯发展的不同阶段的需求为基点，有针对性地设计适合会展企业知识型员工本人的职业发展通道，不断开发会展企业知识型员工的潜能，发挥其专业特长，这对激励员工个人和实现会展企业发展都具有重要意义和作用。

5. 培育优秀的会展企业文化，构建和谐的工作环境

会展企业文化是会展企业管理中最持久的驱动力和约束力，是会展企业赖以存在的精神支柱和获得竞争优势的重要武器之一。优秀的会展企业文化是人们精心设计和培育的结果。优秀的会展企业文化能产生巨大的激励作用，增强会展企业中知识型员工的凝聚力和向心力。会展企业管理中的文化含量越大，其成员的行为规范程度和行为自控能力与自觉性就越强。优秀的会展企业文化氛围，如受尊重的文化氛围，锐意进取、不断创新的文化等，常常能产生一种激励机制，使会展企业知识型员工从内心深处产生一种动力，形成一种激励。因为任何物质激励都会遇到边际效率递减的问题，所以会展企业需要依靠会展企业文化等非物质的手段来激励知识型员工，为会展企业的发展提供新的动力。另外，会展企业知识型员工是知识资本的所有者，他们大多从事创造性劳动。创造性劳动客观上要求比较宽松的工作环境，如办公环境比较安静，工作过程相对独立等，而且还需要有便于获取知识和信息、及时传递、处理各种信息的必要设施。因此，会展企业营造一个心情愉悦、宽松和谐的工作环境，搭建一个能使员工尽情施展才华的舞台，是促使会展企业知识型员工的潜能得到充分发挥的一个重要条件。和谐的工作环境是会展企业知识型员工的核心职业诉求之一。

（资料来源：姜仁良，魏琳．浅议知识型员工的激励机制构建［J］．科技管理研究，2011（6）。根据原资料略有改动）

本章小结

会展人力资源招聘是指会展企业发现和吸引有条件、有资格和有能力的人员来填补会展企业的职务空缺的活动。会展人力资源招聘具有以下作用：有助于改善会展企业的劳动力结构与数量；可以保障员工充分发挥自身能力；直接影响会展企业人力资源管理的费用；有利于会展企业知名度的扩大。会展人力资源有内部招聘和外部招聘两种方式。内部招聘的来源渠道有：内部提升、工作调换、工作轮换、转岗培训。内部招聘的方法有：工作告示法、推

荐法、档案法。外部来源及其招聘方式主要有广告招聘、校园招聘、个人自荐、引荐或推荐、网络招聘、职业介绍机构招聘等几种方式。会展人力资源招聘测试方法有：笔试、面试、心理测试、评价中心测评。

会展人力资源培训是指会展企业为了提高劳动生产率和个人对职业的满足程度，直接有效地为会展企业生产、经营服务，从而采取各种方式，对会展企业各类人员进行的教育培训投资活动。会展企业通过开展人力资源培训，能提高员工的职业能力、有利于会展企业获得竞争优势、满足员工实现自我价值的需要。会展人力资源培训一般包括4个阶段，即培训需求分析、制订培训计划与准备、培训实施、评价培训结果。会展人力资源培训的具体方法有：讲授法、视听技术法、讨论法、案例研讨法、角色扮演法、管理竞赛法、计算机网络培训法。

会展人力资源绩效考核就是会展企业对员工在一个既定的时期内对会展企业的贡献作出评价的过程。会展人力资源绩效考核的功能有：控制功能、激励功能、开发功能、沟通功能。会展人资源绩效考核的内容主要包括德、能、勤、绩4个方面。会展人力资源绩效考核常用方法有以下列几种：360度绩效考核法、记录考核法、行为观察量表法、评级量表法、关键事件法、目标管理法、强迫选择量表法。

激励就是决定个人行为的方向、幅度和持续期的心理过程，这一过程受来自于个体内部的力量及作用于个体的外部力量的综合影响。会展人力资源激励的作用有：可以有效地提高工作效率、可以充分地调动和挖掘人的内在潜力、可以促进会展企业形成良好的组织文化。根据不同的标准，会展人力资源激励的类型可以分为：物质激励与精神激励、外激励与内激励、正激励与负激励。会展人力资源激励的方法有：目标激励、参与激励、物质激励、荣誉激励、感情激励、强化激励、数据激励、工作激励。

复习思考题

1. 会展人力资源内部招聘和外部招聘各有哪些方式？
2. 会展人力资源招聘测试的方法有哪些？
3. 简述会展人力资源培训的程序。
4. 会展人力资源培训的具体方法有哪些？
5. 会展人力资源绩效考核的方法有哪些？
6. 会展人力资源激励的方法有哪些？

案例分析

案例分析一　南京市会展业呼唤“人才支撑”

记者从日前召开的“南京部分高校与会展企业人才对接会”上了解到，我市目前会展人才缺口在1万人左右，而每年相关专业“地产”毕业生仅一两千人，经教育部批准的本地两高校会展专业去年才开始招生。

会展业人士认为，“卡”住会展业发展脖子的，不仅仅是会展人才数量上的不足，还源自于高校理论与企业实践之间的“裂缝”。

1. 尴尬！会展办没招到会展专业公务员

“2007年，市会展办公务员招聘，一网撒下去，居然扑了个空。”南京市会展办主任尹文说，招不到人的原因是，报名条件必须是会展专业本科。当时，呼啦啦来了60多个报名者，竟然一个会展专业的都没有。眼看着其他单位公务员招聘即将进入面试阶段，市会展办的公务员招聘却因为报名者不符合条件，早早偃旗息鼓。

“次年招聘时，我们思量再三，最终换了报名条件——经济管理专业即可。结果，2个职位800多人抢。”尹文说，会展专业人才的匮乏，从中可见一斑。

2. 缺口在1万人，每年“地产”相关专业毕业生仅一两千

“南京从事会展业务的企业有380家，全市从业人员不足8000人，这8000人大多没有经过正规的会展专业培训，更不是会展专业出身。从企业反映的情况来看，南京的会展人才缺口超过1万人，而且逐年递增。”市会展办主任助理殷春和告诉记者。

他说，会展人才是复合型人才，需要懂经济、会经营、会核算……但是目前会展业的人才培养状况，和产业发展态势严重脱节。

南京虽然教育资源丰富，高校林立，但仅有两所高校经教育部批准开设了会展专业，招生名额很少，如2011年，南京工业大学该专业只有30人左右的招生指标，南京艺术学院也只有38人左右。

如果将全市有会展培养方向或是学科和会展有交叉渗透的高校算进来，也就10多所。但他们的会展教育，有的侧重艺术设计教育，有的是旅游专业下设了会展课程，虽然和会展搭一点边，但培养的不是会展业最缺的复合型人才。所有毕业生加起来，每年也就一两千人，和人才缺口相距甚远。

3. 会展“人才荒”是全国普遍现象

南京市会展办的人士透露，会展是一个新行业，会展专业更是高校的新鲜学科。因此，“人才荒”是全国会展业发展遇到的普遍问题，即便是北京、上海、广州也不例外。据某会展专业杂志的调查，上述三大会展城市会展专业人才岗位需求与求职者的比例为：上海10:1、北京8:1、广州8:1。

以上海为例，为了缓解会展人才缺乏的压力，上海市会展行业协会甚至和高校共同创办了华东师范大学上海会展学院，上海师范大学、上海对外经贸大学等也有相关专业，但是毕业生供应上海当地都不够用。

企业需要什么样的会展人才？

成为一个出色的会展人，需要具备什么样的素质？在对接会上，记者采访了南京部分会展企业。

4. 会展设计：要的是工程师，不是艺术家

南京思德会展服务有限公司成立于1994年，是南京最早的会展企业之一。该公司设计总监刘剑说，会展设计属于创意行业，很多人因此有误区，认为会展设计师，就是那种“不善言辞、特立独行、充满自我”的人。其实，好的会展设计师往往需要“忘记自我”。

他说，会展设计是商业设计，最终目的是实现销售，会展设计师应该是满足客户需求的工程师，而不是艺术家。会展设计师特别要强调的是对客户的服务意识和交流能力。“很多才出校门的大学生做设计，作品出来自我感觉很好，可如果不是客户想要的，一切都白做。”

作为企业代表，刘剑特别希望南京成立专业的教育机构，常态化开展岗前培训、课题研讨等，为会展企业储备实用性人才。

5. 策展人：要有“无中生有、白日做梦”的勇气

亚洲户外展、教育装备展……这些年，南京国展中心自办的展会规模越做越大，有的还做出了国际影响力。但南京国展中心总经理张建说，想招到合适的策展人并不容易。

他说，策展是个创新加激情的职位，需要“无中生有、白日做梦”的勇气和创意。当年，国展中心“吃螃蟹”率先办了亚洲户外展，之后国内其他城市跟风又办了七八个类似的展览。这样的大环境下，策展人必须不断创新，才能做潮流引领者，也唯有不断创新，才能让自己的先发优势稳固下来。他说，策展在很多高校是边缘性学科，但其实它是一门综合性学科，从业者要熟知经济走势，具备一定会计知识，会交际，懂英语。

“为了行业的良性发展，会展企业也需要为这个专业的学生创造实践机会。”昨天，银都奥美公司的负责人表示。据其介绍，银都奥美近年来在南京师范大学、南京林业大学等设立了实习基地，目前公司30%的骨干员工来自于这些院校。

（资料来源：http：//njrb. njdaily. cn/njrb/html/2012-05/15/content_11363. htm）

案例思考题：

1. 结合上述案例，你认为在进行会展专业人才招聘时，作为招聘单位应作哪些准备？
2. 结合上述案例，你认为会展运营管理人员应具有哪些素质和能力？

案例分析二　会展教育需培养有特色的全才

刚刚送走了2013年史上“最难就业季”，转眼又进入11月，2014年高校毕业生的“就业战役”开始打响。

11月17日，广州市首届会展达人专场招聘会（以下简称会展招聘会）在广东工业大学举办，来自中山大学、广州大学、广东轻工职业技术学院等三四百名应届毕业生，与

82 家会展企业进行了面对面沟通，以期找到心仪的工作。

然而，记者通过采访毕业生、教师和企业负责人发现，不少应届生眼高手低、知识层面仅仅停留在理论说教上，这与注重实际操作能力和细节的会展企业对人才的需求显然不相符。事实上，会展企事业单位需要的是会展销售、沟通服务、平面设计、展台设计和项目策划等都能做的全才，并且希望毕业生本身要有自身特长。

1. 眼高手低，毕业生“心气高”

“怎么都是招聘电话销售和展台搭建的？怎么基本上没有招聘会展策划的？”转了一圈，来自广东工业大学的毕业生小李没投出几份简历。

小李告诉记者，电话销售和展台搭建的工作太累了，且起薪低，一般仅有 2000 元左右，他实在不想从事这种工作。

事实上，记者从会展招聘会上获悉，和小李一样，不少毕业生，尤其是本科学历的毕业生都有类似想法，他们认为辛辛苦苦读了 4 年书，学习了经济学、国际贸易、管理学、统计学、英语等专业课，就应该去办公室做管理工作，怎么能从电话销售或展台搭建做起呢？

一位不愿具名的媒体人曾向记者讲述了一个耐人寻味的真实故事：一个刚刚毕业的学生到某展装公司工作，经常被派到展台搭建现场。由于时常要和农民工一起吃饭，他无法忍受，不到一个月就辞了职。

“这个毕业生连基本的价值观都错了，怎么可能做好工作呢？”上述媒体人向记者感叹道，其实，目前这种状况并不是个别现象，而是普遍现象。

2. 一员难求，企业需要有耐心、能吃苦的人才

“随着业务的拓展，我们今年将招聘销售专员、策划师、会展设计等若干人才。”广州市誉博会展服务有限公司总经理周俐宏表示，现在最缺乏的是有耐心、能吃苦的人才，比如很多大学生都做不好电话销售这一最基础、最辛苦的工作。

周俐宏说：“曾经到我们公司实习的高校学生优点是理论基础扎实，从前期的设计到后期的施工都比较出色，还能较好地理解客户的需求。但同时存在着一定的缺点，即动手实践能力不足，还有待提升。”

一位不愿具名的企业负责人则告诉记者，他们在此次招聘会上发现，不管是会展策划与管理专业，还是会展经济与管理专业，所培养的学生大都不符合企业的要求，需要从头培养。

“这对于自身也正在摸索、发展节奏极快的企业而言，显然有些力不从心。”上述负责人说。

近年来，中国会展业发展迅速，短短几年的时间，已经走过了欧美发达国家几十年的发展之路，因此会展专业人才缺口极大。

正因如此，进入新世纪以来，不少院校开设了会展教育专业，会展人才培养也如火如

茶地展开。

《全国会展本科专业统计分析报告》数据显示，目前全国实际从事会展本科专业教学的高校达52所，主要集中于长三角、珠三角和环渤海湾地区。随着会展本科专业开设数量的不断增加，总体招生数量快速扩张。从2004年只有上海师范大学和上海对外贸易学院共招生145人，到2012年全国共54个学校招生2947人，达到2004年的20倍，9年间总计招生1.3365万人。

一边是会展业快速发展所带来的大量人才缺口，一边是院校所培养的毕业生成倍增长，为什么还会造成企业招聘不到合适的人才呢?

周俐宏分析认为，学校所培养的学生由于眼高手低、实操能力不强、综合运用能力欠缺等，大部分都不符合企业的用人需求。

3. 校企合作，培养有特色的全才

对于当代大学生普遍眼高手低和不能吃苦的问题，周俐宏建议，学校应该提前让学生了解职位情况，让其有心理准备，以缩短企业和毕业学生的“磨合期”。

广州汇博会展服务有限公司总经理周武行则认为，优秀的毕业生应该具有良好的心理承受能力和一定的电话销售技巧，才能在职业发展中更快得到晋升。

事实上，各大高校也正在探索培养符合企事业单位所需人才的道路。

广东交通职业技术学院营销管理系副教授高南林告诉记者，在会展教育中，为了能够更好地跟企业要求契合，他希望学生最好是电话销售、平面设计和展台设计等都能做。对于学校而言，要多举办真实的会展项目，使学生在其中得到锻炼；而企业则应多提建议，让学校更好地培养符合要求的人才。

谈到校企对接时，广东工业大学经贸学院的岳鹄老师说，为了更好地培养学生，学校做了很多努力：首先，经常请校外的专家到校举办讲座；其次，学校为会展专业的学生召开了行业观摩周，让学生能在实际展会中学习；最后，学校还经常与企业开展相关的对接交流。

（本报记者：范丽敏，通讯员：林奕全，资料来源：http：//www.chinatradenews.com.cn/html/huizhanzixun/2013/1119/2711.html）

案例思考题：

1. 结合上述案例，你认为会展企业都需要什么样的人才?
2. 该案例给我们怎样的启示?

第十三章

会展客户关系管理

本章提要

会展客户关系管理是会展市场需求和管理理念更新的需要，是会展企业管理模式和核心竞争力提升的内在要求。第一节阐述了会展客户关系管理的内涵，分析了会展客户关系管理的对象，梳理了会展客户关系管理的核心思想，明确了实施会展客户关系管理的意义。第二节深入分析了会展客户关系管理的内容和流程。第三节研究了会展客户关系管理的技术支持，列举了会展客户关系管理软件系统的特点。

学习目标

1. 理解会展客户关系管理的内涵。
2. 了解会展客户关系管理的对象。
3. 掌握会展客户关系管理的核心思想。
4. 了解实施会展客户关系管理的意义。
5. 熟悉会展客户关系管理的内容和流程。
6. 掌握会展客户关系管理的技术。
7. 熟悉会展客户关系管理软件的特点。

第一节　会展客户关系管理的内涵和意义

一、会展客户关系管理的内涵界定

（一）客户、关系及客户关系的定义

要理解会展客户关系管理，首先要界定客户的内涵，如果不将客户的范围认识清楚，就难免要造成对会展客户关系管理认识上的模糊和争论。在我国，客户一词原本是对寄居本地而无田地、无房产的外来户的称谓，是“主户”的对称。柳芳《食货记》云：“人逃役者浮

寄于闾里，县收其名，谓之客户。”随着西方企业管理实践的发展，于20世纪初，企业家们开始采用客户的概念，并赋予客户为“顾客”“购买者”的意思。随着客户关系地位的逐步扩展，供应商或服务商越来越乐于为他们服务，迎合他们的需求，以换取由现金和持续性业务体现的价值。对英文中的“Customer”，中文有两种翻译，即“顾客”和“客户”，前者主要是传统意义上的消费者，即购买商品的人；而后者的意义则更为广泛，是指所有与企业有互动行为的单位或个人。因此，从营销和客户关系管理的角度看，客户的概念更为准确，即客户指的是购买企业产品或服务的顾客，同时也可泛指企业的内部员工、合作伙伴、价值链中上下游伙伴甚至竞争对手等，所以客户关系管理的客户不仅仅是消费者，还包括与企业经营有关的任何客户。客户资源是企业生存与发展的战略资源，是维持企业运营的根本保证。

中文的“关系”是指“事物之间相互作用、相互影响的状态”或者“人和人、人和物之间的某种性质的联系”。英文中Relationship这个词的含义是“两个人或两组人之间其中的一方对另一方的行为方式以及感受状态”。“关系就是生产力”，这个来自企业实践的论断在儒家文化环境中有着非常深厚的根基和含义。与客户保持持续的盈利性关系，在企业经营发展中成为重中之重。按照对关系的理解要点，便可以推理出对“客户关系”的理解：①企业同客户的行为和感觉是相互的，关系的双方无所谓谁大谁小的问题；②客户对企业有好的感受便更有可能触发相应的购买行为，相互强化和促进之后便可以产生良好的客户关系；③如果客户购买企业产品后有了很坏的感受，那么就有可能停止未来的购买行为，从而导致关系破裂或关系消失的结果（只有在产品供不应求的卖方市场，客户才有可能维持这种“无奈的关系”。）；④如果一个潜在客户对企业有好感，但从没有向企业购买过什么东西，那么这个客户和这个企业之间不存在关系。企业与客户之间既是买卖关系，也是利益关系、伙伴关系，而且互为客户关系。

（二）会展客户关系管理的定义和理解

客户关系管理（Customer Relationship Management，CRM）的理论基础来自于西方的市场营销理论，最早产生于美国，概念由Gartner Group提出，随后得到快速发展。客户关系管理的出现和发展体现了企业管理领域的两个重要发展趋势：一个是企业的管理从以产品为中心的模式向以客户为中心的模式转变；另一个是企业管理的视角从“内视型”向“外视型”的转换。关于营销强调与客户建立长期的真诚的双赢关系，而不是单纯的交易关系。关系营销的目的是通过提升客户价值来提高客户满意度，核心是营造客户忠诚。这些理论是指导企业客户关系管理的理论基础。

对于客户关系管理的界定，目前有很多的定义，问题的关键在于什么是客户关系管理的本质，只有明晰这个问题，才能给出一个恰当的内涵界定。通过归纳总结学者们对客户关系管理的定义，可以将其理解为理念、机制、技术3个层面。正确的理念、机制是客户关系管理实施的指导，信息技术是客户关系管理系统成功实施的手段和方法。

（1）客户关系管理是一种先进的经营管理理念。作为一种管理理念，客户关系管理起源于关系营销学，产生和发展在美国。近几十年来，关系营销学的理论和方法极大地推动了西方国家工商业的发展，深刻地影响着企业经营观念以及人们的生活方式。客户关系管理以客户为中心，视客户为企业最重要的资源，通过深入的客户分析，不断发现客户需求，并通过企业完善的服务，使客户的需求得到最充分的满足，以此来建立和巩固企业与客户长期的关系，确保企业的可持续发展等，这些都是该理念的核心所在。

（2）客户关系管理是一种旨在改善企业与客户之间关系的新兴管理机制，主要集中在市场营销、销售实现、客户服务和决策分析等企业与客户发生关系的业务领域。它一方面通过企业对业务流程的全面管理来优化资源配置，降低企业成本，缩短销售周期；另一方面通过提供更快捷、周到和优质的服务来吸引和保持更多的客户，增加市场份额。关心客户，实现双赢，不仅仅在于关注客户关系，更在于能够理解与客户之间的主要的价值创造杠杆，发现真实的利润机遇，将客户关系转变为双方价值的增加。

（3）客户关系管理是一整套解决方案。在实践中，客户关系管理是一种专门的管理软件和技术。它集合了很多当今最新的科技发展，包括互联网和电子商务、多媒体技术、数据仓库和数据挖掘、专家系统和人工智能、呼叫中心等。客户关系管理软件将当今先进的信息化技术与企业经营管理模式、营销理念紧密地结合起来，为企业的销售、客户服务以及营销决策提供了一个集成化的解决方案。客户关系管理系统作为企业面向客户的信息管理平台，为企业经营活动的开展提供支持和保障。

综上所述，本书认为，会展客户关系管理是指会展主承办方从理念、机制、技术3个层面，通过战略定位、组织结构设计、工作流程优化、技术支持系统等工作，都以会展客户为中心来协调和统一与会展客户的交互行动，不断探究客户需求和行为偏好，达到保留有价值客户，挖掘潜在客户，赢得客户忠诚，并最终获得客户长期价值，是一种以培养客户满意度和忠诚度为目的的经营理念和商业管理策略。

二、会展客户关系管理对象

从总体上说，会展客户主要有组展商、参展商、观众和会展场馆。但从更广的范围讲，会展客户关系管理不仅仅是会展企业与客户之间的交流，它也为会展企业、客户和合作伙伴之间共享资源、共同协作提供了基础。因此，会展客户关系管理对象包括了以下各主体及其相关内容：

（1）参展商管理。参展商可分为本年签约参展商、潜在参展商、未审核参展商、历史参展商等。参展商管理包括对参展商的缴费情况如广告费款项、活动运输款项、租赁款项等进行统计，对参展商的经营产品项目、投入金额、展位数量、地区等情况进行统计。

（2）专业观众管理。对观众也要按一定标准进行分类登记，并对观众的情况，如职业、专业观众企业性质、经营产品项目、入场情况、来源等进行统计分析。

（3）供应商管理。供应商包括会展场馆、酒店、租车公司、鲜花供应商、公关公司、物流运输公司、展示设计公司、广告公司等。

（4）合作伙伴管理。合作伙伴主要有主办单位、协办单位、支持单位、开幕嘉宾、媒体等。会展客户关系管理为会展企业与合作伙伴之间共享资源、共同协作提供了基础。

（5）内部员工管理。它主要涉及人事管理，因为内部员工是会展客户关系管理系统的用户，其中包括权限管理、业务流程过程中的绩效考核等。

三、会展客户关系管理的核心思想

会展客户关系管理的管理思想是一种强调客户导向的管理思想，对会展企业与客户发生的各种关系进行全方位管理，并实现客户导向的业务运作模式，强调过程控制。

1. 以客户为中心

会展客户关系管理带给我们的是一种先进的管理思想和管理方法。尤其是基于互联网技术的电子商务，正在改变着各个会展企业的经营模式，彻底改变了会展企业、客户和合作伙伴之间的关系，同时也带来了更为激烈的竞争。以往通过会展产品差别来细分市场从而创造会展企业的竞争优势变得越来越困难，会展企业已经认识到客户个性化需求的重要性，会展活动运营以客户为中心，从而满足客户的个性化需求。因此在会展市场竞争中，谁能把握住客户的需求，谁就能吸引新客户、保持老客户，在竞争中处于不败之地。客户满意能够形成长期的合作关系，能够实现客户和企业的“双赢”。这就要求会展企业树立以客户为中心的运营管理模式，而会展客户关系管理成功实现了这一转变。

2. 以客户关系为纽带

会展客户关系是指会展企业与客户发生的所有关系的总和。它是会展企业与客户之间通过相关活动积累形成的，对增进了解、加强合作、促进交易有着重要的意义。为开拓、建立和稳定客户关系，会展企业必须考虑和分析如下问题：如何才能准确地了解和把握客户的个性化需求？所有的竞争对手都在不遗余力地争取新客户，但现有老客户通常也蕴藏着巨大的商机，如何才能使两者兼顾？如何建立畅通的客户反馈通道？也就是说对有关客户资料的分析及利用能显示出强大的生命力，为会展企业管理决策起到重要的作用。由此，会展客户关系管理实质上就是一个识别客户关系、分析客户关系、保持客户关系以及恢复客户关系的过程。良好的客户关系更是会展企业与客户联系的纽带。

3. 以客户关怀为手段

国际上一些非常权威的研究机构，经过深入的调查研究以后得出了这样一个结论：“2/3的客户离开供应商是因为供应商对他们的关怀不够”，“没有留不住的客户，只有不会留客的商家”。会展客户关系管理需要特别强调会展企业通过不断地对客户实施各种关怀措施以建立和维持稳定的客户关系。客户关怀活动不仅包含在从服务购买前、购买中直到购买后的全部过程中，而且往往还需要会展企业将关怀送到客户日常生活的方方面面。具体到会展客户关系管理系统设计中，例如，对用户的联系人进行客户关怀的任务建立、预设置，系统到时提醒；同时系统提供批处理功能，例如，客户关怀信函模板、群发邮件、短消息、信封打印等。在网络时代，对客户的关怀就体现得更为重要，主要体现以下几个方面：①让客户更方便（Convenient）；②对客户更亲切（Care）；③个性化（Personalizcd）；④立即反应（Real- time）。

4. 以客户数据为基础

数据是指客观事物的各种属性值。在会展客户关系管理中，它是指体现在会展客户对象身上的各种属性。实施会展客户关系管理需要从不同来源获取大量的数据，既包括会展企业内部的客户数据，又包括从会展企业外部取得的客户对象的自然属性数据、态度数据、生活方式数据、财务数据和调查数据等。会展客户关系管理的实施是以客户数据为基础的，通过全面了解客户基本概况、行为状况，客户利润率分析、销售渠道分析、商业活动分析等，对客户数据缺失进行替换补充及跟进分析，为客户关系分析提供翔实的资料准备。也就是说通过客户数据的收集和分析，才能对客户有一个充分的了解，为会展企业在适当的时间、地点，给客户提供它所需要的产品及服务，从而有效地建立客户关系。它强调对客户数据的全面收集、集成、分析与利用。客户关系的识别、客户关系分析、客户关系的保持及客户关系的恢复，都需要以客户数据作为基础。

5. 以客户价值为依据

客户是会展企业生存和发展的基础，会展企业的竞争能力、服务水平、服务意识的高低决定了它为客户创造价值的能力。客户价值是指客户对会展企业的价值，它不单是指客户直接购买而为会展企业带来的利润贡献，而应该是指客户为会展企业创造的所有价值的总和。以客户价值为依据的客户关系管理模式就是立足于全面升级客户价值，通过对目标市场的研究和分析来定位客户差异化需要，并有针对性地满足客户的“需求缺口”，由此延伸到为客户创造价值，建立与客户价值增值服务相配套的管理制度、信息采集分析系统、技术服务平台，会展企业各部门协同作战，形成整体合力，以服务客户价值增值为根本出发点，通过在个性化服务基础上的一种高质化的综合服务体系构建，为客户创造价值。建立会展企业对客户价值的评判标准，同时按客户价值管理客户和客户关系，根据不同价值的客户制定对应的客户满意策略。

四、实施会展客户关系管理的意义

1. 提高工作效率

（1）会展客户关系管理系统通过整合会展企业的全部业务环节和资源体系，能使会展企业的运营效率大大提高。资源体系的整合，实现了会展企业范围的信息共享，使得业务处理流程的自动化程度和员工的工作能力大大提高，使得会展企业的运作能够更为顺畅，资源配置更为有效。

（2）会展客户关系管理系统可以提高与客户的外部沟通效率。系统具有多种与客户外部沟通的渠道，包括电话、传真、网络、信函、邮件等，这种多样化的沟通方式可以极大地覆盖企业的整个客户群，提高与客户的外部沟通效率。客户无论以何种方式、何种频率与会展企业联系，会展企业都会以统一形象来面对客户，而不会因为客户选择的渠道不同或不同的客户代表而带来差异化的消费体验。

（3）会展客户关系管理系统可以提高与客户直接接触的效率。由于客户关系管理建立了客户与会展企业打交道的统一平台，整合了市场、销售、服务环节的流程，使客户与会展企业的点对点接触可以完成多项任务，因此办事效率大大提高。

2. 降低运营成本

会展客户关系管理是通过管理和保持会展企业与客户之间的良好关系，持续实现企业价值和客户价值最大化的一种新型双赢的营销理念，同时也是为了实现这一理念的计算机支持系统。在会展客户关系管理理念下，计算机支持系统的预见性、和谐性、高效性，使会展企业能够全面调节与客户的关系，保持并发展与客户的长期关系。会展客户关系管理基于工作流引擎实现市场、销售和服务等业务流程的闭环运作和统一，提高整体效率，降低运营成本。会展客户关系管理系统大大改变了会展企业的管理方式和业务流程，减少营销环节，降低营销成本。同时会展客户关系管理的运用使得团队营销的效率和准确率大大提高，服务质量的提高也使得服务时间和工作量大大降低，这些都无形中降低了会展企业的运作成本。另外，精确的过程管理和绩效考核，将有效地降低会展招商、招展成本，从而从整体上降低会展企业的运营成本。

3. 提升核心竞争能力

详细而灵活的客户信息，即有关客户及其爱好的信息和良好的客户关系本身是很难复制的。会展客户关系管理将成为一种核心的竞争能力，通过正确的工具、技术和应用，可以为会展企业提供“看得见的优势”。

（1）有效实施会展客户关系管理战略，能够从营销智能化、销售自动化、客户管理高效性这三个方面来提高会展企业的实力。同时，会展企业可以针对客户的需求将客户数据信息分类，从而设计出更能满足客户需求的产品和服务，并以客户喜爱的方式提供给他们。会展企业可以通过数据挖掘等数据采集工具来完成分类和客户喜好信息的收集工作，并通过分析技术进一步发现和更好地了解客户的类型和趋势，这将为会展企业建立起一个战略性竞争优势。

（2）个性化服务是增强竞争力的有力武器，会展客户关系管理系统可以提高为客户创新服务的效率，以客户为中心并为客户提供最合适的服务，并因此为所实施的会展企业带来在同行业中的竞争优势，即客户关系管理的竞争壁垒优势。

4. 增加会展企业利润

会展企业通过加强客户关系管理，既可以提供更快速和更周到的优质服务，以吸引和保持更多的客户，又可以实现对业务流程的全面管理，从而降低会展企业的成本。

（1）通过整理分析客户的历史交易资料，强化与客户的密切关系，以提升客户再次参与会展企业所承办的展会。

（2）会展客户关系管理向客户提供主动的客户关怀，根据客户需求和服务历史提供个性化的服务，在知识库的支持下向客户提供更专业化的服务，加上严密的客户投诉跟踪，这些都成为会展企业改善服务的有力保证。

（3）对会展营销线索的跟进能力的提升，对会展合作伙伴的管理更加透明，对客户关怀和对客户投诉的处理，大大促进了客户满意度的提升，这些都将推进会展企业的营销效果，为增加会展企业利润提供了坚实的基础和可靠的保证。

第二节　会展客户关系管理的内容和流程

一、会展客户关系管理的内容

（一）会展客户分析

会展客户分析是会展客户关系管理的基础性工作。会展企业对客户分析的目的是具体了解会展企业的客户的构成和需求，及时定位合适的目标客户，并有的放矢地发展双方互动关系、制定服务策略。会展企业为了能够给客户提供满意的服务，必须先了解其需求，并且这也是会展企业进行客户关系管理的基本工作。会展企业在对客户进行分析时，首先要明确哪些是企业的主要客户，根据其企业类型、购买行为进行归类，并对他们对会展活动的不同需求等都要充分了解。例如，建立专业观众数据库，详细记录观众的各种资料，如年龄、职务、喜好、购买动机、购买意向等。在此基础上，会展企业再将这些客户的基本信息进行归类、整理并分析这些客户需求差异对会展企业利润的影响等，同时将这些获取的信息和整理的结果纳入客户关系资料中，以拓展会展企业的现实和潜在客户资源，为会展企业今后的市场发展拓展空间。

（二）会展客户信息交流

客户信息交流是指会展企业通过各种途径与客户进行有关会展活动信息的交流。会展企业在会展活动举办前期、中期和后期都需要与客户进行信息交流，以能够更好地了解并满足客户需求。

1. 会展前期的客户信息交流

会展企业在举办会展前期，与客户的信息交流很重要，主要是与参展商、专业观众之间的信息交流。会展企业在这一阶段的主要客户工作就是吸引参展商前来参展，吸引专业观众前来观展。参展商参加会展除了提升企业形象和促进销售外，还希望通过参加会展来获取行业的相关信息；专业观众观展的目的是了解行业情况或者获取相关的知识。因此，会展企业应及时向参展商和专业观众传递其感兴趣的展会信息，如参展商的贸易目标客户、展示方式等信息。会展企业在传递信息之后还应及时获取参展商和专业观众对这些信息的感兴趣程度，同时也要求会展企业根据参展商需求作出某种承诺，以尽可能地降低参展商的参展风险，并将相关承诺传达给客户，以达到更好的购买效果。会展企业除了需要与参展商、专业观众交流信息，还应该将会展的举办信息传达给相关媒体，然后再将会展信息通过媒体发布给目标消费者，也可以通过媒体有效实现提高会展企业和参展商的知名度。

2. 会展举办期间的客户信息交流

展会举办期间，会展企业要提供一系列服务，包括：会展场地服务（如规划、装饰、指示牌、工程、保安、保洁等），会展开幕、现场、会议服务，参展商、观展商服务，撤展服务等。因为展中服务是与客户面对面的服务，会展企业所做的一切都呈现在客户眼皮底下，要让客户满意，这是个绝好的机会；如果不能把握这个机会，则很可能失去客户。因此，会展企业在考虑提供特别的展中服务时应注重服务的灵活性和创新性。对于那些经常参加会展的客户，如果总是提供千篇一律的服务项目及展位视觉效果，会影响他们参展的积极性，所以会展企业在展位设计、服务内容或形式上要不断创新。当然，创新要以满足客户的需要为准，而不是一些花哨无用的资源浪费；否则，会适得其反。例如，在观众的管理上，以前是对所有观众售票，导致观众减少，参展商有意见；后来就免费邀请一些专业观众前来观展，扩大影响力。同时，展会期间应主动与客户沟通，感谢客户的参展，咨询客户的建议及意见，并认真记录；如遇到客户有额外的要求或不满，绝对不能借故推迟，即使不属于本企业的服务范围，也要努力帮助客户解决问题，如果有些问题当场解决不了，必须通过各种方式跟进、解决，直到客户满意为止。

3. 会展结束后的客户信息交流

会展企业在展会结束后，应及时对展会举办情况进行总结，与参加会展的客户及时沟通，了解他们对展会的意见并对他们的参与表示感谢。会展企业在展会结束后与客户联系及沟通的方式和内容有很多，但都要基于两点：真诚，追求人性化与个性化的统一。真诚体现在，无论客户是处于顺境还是处于逆境，都应给予鼓励和支持；人性化即提供亲切、自然、灵活的服务，同时使其服务对每一类客户都有所不同，能够在激烈的竞争中取胜。例如，有的会展企业会由会展高层管理人员亲笔签署回信，对他们提出的意见及建议表示感谢，并采取相应的措施；有的会展企业还会定期举办一些联谊及相关活动，并邀请重要客户包括相关媒体、政府官员、专家等参加，请客户对企业进行指导和评价；有的会展企业对客户的重要活动如企业成立纪念日、新产品研发成功、主要联系人过生日等，都会打电话或寄贺卡表示祝贺。

4. 会展客户档案管理

会展客户档案管理是很重要的信息管理工作，是会展企业客户关系管理中的一项经常性工作，很多会展企业的客户关系管理都是从建立客户档案入手的。会展企业在与客户业务交往过程中会产生很多的文档资料，包括销售活动中产生的合同或协议等资料、营销活动中产生的业务产品宣传资料和技术方案宣传资料等。在会展客户档案管理中，首先要明确会展客户档案的基本内容，如姓名、年龄、职业、所处企业类型等，并根据档案管理对象的具体情况采用科学的方法进行分类。其次是选择建立档案的形式。目前，国内外企业建立档案的形式主要有3种类型：客户名录、顾客资料卡以及最新发展形势——顾客数据库。这些不同类型的客户档案各有特点，无论选择哪一种档案形式，都需要解决如何收集信息以建立档案及不断丰富更新档案的问题。收集信息的目的是为了利用信息，所以客户资料的分析与利用是更为重要的。根据管理决策的需要，一般需要进行客户构成分析、客户信用分析和客户对企业的利润贡献分析。数据库营销是客户资料分析与利用的最新发展，其实质是把顾客数据库变成企业营销活动的中心，而不是资料存储器。开展数据库营销，不仅大大提高了企业客户关系管理水平，也对企业的各种营销活动产生显著影响。

5. 客户反馈管理

对于会展企业所做的一切营销努力，客户总会作出有意识或无意识、主动或被动的反应，这就是客户反馈。客户反馈对于衡量会展企业承诺目标实现的程度、测试会展企业各种营销策略的有效性、及时发现在为顾客服务中还存在的问题等方面具有重要作用。因此，客户反馈管理是客户关系管理中的一项必不可少的工作。对于任何企业来说，要真正做到顾客满意，都必须充分认识客户反馈对企业决策的重要意义。掌握和利用客户反馈的具体途径，及时收集客户反馈，以此作为制定各种企业决策的重要依据。投诉是客户反馈的主要途径，如何正确处理客户的意见和投诉，对于消除顾客不满、维护客户利益、赢得顾客信任都是十分重要的。

二、会展客户关系管理的流程

客户关系管理是一个能够用于储存信息、分析信息的数据库。会展客户关系管理必须依赖于一个客户信息完整、准确、翔实的数据采集和分析系统，通过对这些客户信息的深入挖掘和有效措施的制定，能够成功地将这些客户信息转化为客户关系，为会展企业赢得市场、培育忠诚客户、维护良好的客户关系、发掘新客户搭建一个真实、有效率的平台。

（一）以分析客户需求为切入点，寻找商机

要做好会展客户关系管理，首当其冲需要认真研究客户信息，进而发现、定位客户的需要，并以客户的市场需求作为举办会展活动的内在动力。它需要通过会展客户信息收集、会展客户类型划分、会展客户需求预测来完成。

1. 会展客户信息收集

会展企业对目标客户需求和偏好的全面了解，必须有前期大量的关于客户信息的采集，从而通过对客户信息的深入分析来服务于会展企业和服务决策。因此，会展企业进行客户信息持续收集和不断及时更新客户信息是会展客户关系管理的最基础的工作。会展企业需要采取各种途径和方法来收集会展客户市场中各个客户的信息，例如，通过互联网、专业机构、市场考察、行业协会、企业网站、新闻报道等。收集客户的全面信息，全方位、深层次、多角度地掌握客户资料。收集的信息越全面、越准确，将会为后续的会展客户关系管理和决策打下坚实的基础。会展企业将这些客户详细信息输入到会展客户关系管理软件中，供会展企业各类型、各层次的管理人员使用。

2. 会展客户类型划分

准确的会展客户类型划分是会展企业有效地实施客户关系管理的基础。可把客户从陌生到忠诚这一过程会出现的5种状态分别划分为潜在客户、目标客户、准客户、成交客户、忠诚客户。会展客户类型划分的目的在于更精确地回答谁是我们的客户，客户到底各有什么样的需求，会展企业应该怎么去吸引客户，怎么去重点保持哪些客户，应该如何迎合重点客户的需要等实际问题。会展企业对收集到的客户信息进行全面深入分析，并将之划分为不同的类别，在此基础上准确定位各类型的客户需求以及他们的市场行为模式，以客户需求为基点建立客户与会展企业之间的互动关系模式。从竞争的角度看，一个真正有效的客户关系管理系统可以对客户进行逐级细分，发掘目标客户。同时，根据已经选定的会展的主题，从已有的客户关系分类中选择符合会展主

题的客户进行针对性营销。

3. 会展客户需求预测

会展客户需求预测是指通过深入挖掘已经收到的客户信息来准确把握客户的市场需要，在衡量客户能为会展企业带来多大价值的基础上，分析客户对会展企业提升的产品消费的潜力及其对会展企业的长期价值，再结合即将举办的会展来预测客户期望实现的目标，如通过参展达到宣传推介产品的目的、能达到多少订单、能否扩大市场占有率及赢得更多的客户等。通过客户需求预测，适时把握客户的需求变化趋势，明确哪些需要是客户的真正需求，并努力满足这种需求，因为一旦明确了会展客户的真正需求所在，后期的任务就是如何具体实施的技术性问题了。会展企业以客户的需求来预测本次展会的市场商机及应该采取的相应规避措施等。

（二）拟定和推行差异化的客户服务方案

通过上述分析可知，客户的类型可以说千差万别，客户的需求也各不相同，即使是同类的客户，他们希望通过参展来实现的需求目标也各不相同。因此，应针对不同客户的类型及其具体需求来拟定符合客户需要的差异化的客户服务方案，并具体执行落实所设计的“个性化服务”“差别化服务”“亲情化服务”“标准化服务”。因为客户参展的首要目的就是满足自己的需要，如果不能满足自己的需要他就可能选择不参展，所以要针对客户的参展需求来安排对他们的服务及延伸需要，帮助他们通过参展来达成自己的目的，这是会展企业客户关系管理的重要任务。在这一流程阶段，会展企业的主要职责就是通过个性化的服务满足目标客户的具体要求，向目标客户提供各项他所需要的会展服务项目，提升目标客户参展的效率和效益。

（三）以有效的反馈机制为基点建立互动型客户关系

建立一个有效的反馈机制能够促使会展企业和目标客户之间建立快速、顺畅的沟通途径，为真正“想客户之所想，急客户之所急”搭建一个重要平台，在此基础上双方的互动才能变成现实。这是会展客户关系管理的实质性阶段，对会展企业和目标客户来说都非常关键。在与目标客户的互动中，会展企业可能更精准地把握到客户参展的需求内容及其对参与展会的意见和建议，这一方面能更好地去完善和修正会展服务的方式和内容，另一方面也能更有针对性地去服务目标客户，从而在服务满意度上提升客户关系开发和维护的深度，为后续的客户关系维护奠定坚实的基础。

（四）全面评价客户服务的效果，调整和创新服务方式和内容

这是会展客户关系管理流程的最后一个阶段，也是下一个循环的起点。通过对会展客户关系管理各个工作流程中的绩效进行全面评价，有利于会展企业发现自身服务中存在的不足以及深入了解客户的真正需要，为牢固会展企业与目标客户之间的关系提供解决方案。一方面，会展企业以事先拟定的客户服务项目及目标为评估的标准，以会展企业和目标客户之间互动反馈的数据为基本依据，全面衡量评价会展企业在展前、展中及展后各阶段的会展客户服务目标达到的效果，了解目标客户对会展企业服务方式和内容方面的要求，并据此及时修正和创新下一轮客户关系管理服务方案。

◆［拓展阅读13-1］

认识展会客户关系的生命周期

客户与展会的关系看起来纷繁复杂，但实际上基本都遵循“客户关系生命周期”的变化规律。所谓“客户关系生命周期”，是指客户与展会的关系所能维持的时间，也是客户对展会从不熟悉到熟悉、从不信任到信任、再从信任到不信任的变化过程。这一过程的具体变化规律一般如下：

一、培育阶段

展会通过市场细分，确定目标客户群，并通过市场调查识别目标客户的需求，然后针对这些需求采取有效的营销手段吸引他们对展会的注意，使目标客户逐步对展会产生一种认知。在此阶段，展会与客户之间并没有发生真正的接触，客户基本都是通过各种信息渠道来了解展会，展会则是通过各种营销渠道和手段来培育客户与展会的关系。对展会来说，客户此时只是“潜在客户”；对客户来说，该展会也只是他们可选择参加的众多目标展会之一，展会与客户之间的关系还很脆弱。在这一阶段，展会的宣传推广等营销手段和口碑传播至关重要，它们的好坏直接影响客户对展会的抉择，影响到展会与客户关系的进一步发展。

二、确认阶段

通过展会的宣传推广等营销手段和行业口碑传播，客户在持续认知展会的基础上开始考虑是否参加该展会。客户通过对参加该展会所期望获得的价值和准备付出的成本的评估，决定是参加该展会还是参加其他同类展会。一旦客户决定参加该展会，那么潜在的客户就变成了现实的客户；直到客户参加该展会，客户与展会之间的关系才算得到了初步确认。

三、信任阶段

客户刚开始参加某一个展会，很多时候他可能只是出于一种尝试，他对该展会还并不是特别信任，他必须通过自己的亲身经历来增强自己对该展会的判断：该展会是否值得参加？要得到这一答案，客户往往要尝试着一次或几次参加该展会后才能得到。如果参加展会以后，客户已经完全信任该展会能实现自己参加展会的目标，那么他就会成为展会的忠实客户，展会与客户之间的信任关系就得以建立。

四、弱化阶段

客户的需求和参加展会的目标是随着时间的变化而不同的，除非展会能不断创新以不断满足客户的需求，否则，客户在参加几次展会之后必然会发现展会已经对自己没有吸引力了，参加展会的所得很小而成本却很大，这时，他们对展会就会由信任变为不信任。一旦客户对展会产生不信任，客户与展会的关系就将开始弱化。

五、消失阶段

一旦客户与展会的关系开始弱化，如果展会不及时采取补救措施，那么该关系就会继续弱化，当这种弱化的客户关系达到客户不能容忍的临界点时，客户就将不再参加展会，这时，客户就会流失，展会与客户的关系就将基本结束；如果采取了展会的客户挽留措施，客户还是难以挽回，那么，展会就将失去该客户，展会与客户的关系就将消失。

（资料来源：华谦生．维护客户关系的N种方法［J］．中国会展，2005（23）：38-40）

第三节　会展客户关系管理的技术支持和软件系统特点

一、会展客户关系管理的技术支持

会展客户关系管理在宏观、中观和微观3个层次上分别表现为办展机构的现代展会经营管理战略、“以客户为中心”的展会营销战略和一套客户关系管理（CRM）应用软件系统。从这种意义上讲，会展客户关系管理的技术支持来自3个方面：会展企业经营管理战略支持、会展企业营销战略支持和CRM应用软件系统支持。

（一）会展企业经营战略支持

传统的会展企业战略仅仅考虑外部环境变化中的威胁和机会，结合会展企业自身的资源优劣来寻求战略、环境、资源的协调一致，会展企业被动地随着环境的变化而调整战略，使企业战略具有一定的滞后性，对会展企业发展不利。会展客户关系管理系统的建立，势必要突破传统业务流程、原有组织结构、资源配置等方面的问题，只有得到会展企业经营战略的支持，才能有助于会展客户关系管理系统有效集成组织内的各种资源，推动客户管理系统的有效实施。基于客户关系导向的会展企业战略支持，强调战略中的客户需求因素，将会展企业内部资源条件与外部环境因素结合起来考虑，通过预测环境和客户需求变化的趋势，能主动改变旧环境，创造新的市场机遇，引导客户和竞争者的行为。办展机构要将会展客户关系管理上升到企业发展的战略高度对待，要像支持会展招展和招商一样大力支持和倡导开展会展客户关系管理工作，让所有员工都有客户关系管理的意识，并制定相关的行为准则，让员工遵守和切实执行，减少在企业业务流程、具体操作和管理控制等方面的阻力。没有会展企业经营管理战略支持，CRM应用软件系统将仅仅是一个工具而已，它对改变企业的会展经营和客户掌控策略的帮助将十分有限。

（二）会展企业市场营销战略支持

市场营销是个人和集体通过创造，提供出售，并同别人交换产品和价值，以获得其所需所欲之物的一种社会和管理过程。市场营销战略是企业市场营销部门根据战略规划，在综合考虑外部市场机会及内部资源状况等因素的基础上，确定目标市场，选择相应的市场营销策略组合，并予以有效实施和控制的过程。会展企业要将会展客户关系管理的理念融合在会展企业营销战略里，并在具体执行时贯彻实行。只有这样，会展企业才能与客户进行有效的沟通，并通过各种营销手段为客户提供个性化的服务，满足客户的特别需求。基于提高客户关系价值的会展企业市场营销战略，能够及时调整和适应外界环境的变化，通过明确和制定与自身资源、能力相匹配的客户需求定位，进而通过各种可行的方法向客户提供“个性化”“一对一”的会展服务项目，从而在提升客户价值的基础上，维护与客户的稳定、持久的关系。因此，没有会展企业营销战略的支持，会展客户关系管理将无法达到其预期目标。

（三）会展企业客户关系管理应用软件系统支持

上述会展企业经营战略支持和营销战略支持是一种管理理念支持，这是会展客户关系管理成功的必要条件，会展企业客户关系管理软件不等于会展企业客户关系管理理念，它是先进管理理念的反映和体现，它吸纳了当今先进的软件开发技术、会展企业经营管理模式、营销战略理论与技巧。但会展客户关系管理的实现离不开信息技术的支持。没有信息技术的支撑，会展客户关系管理只能停留在早期的关系营销和关系管理阶段，同时，如果没有相应的应用软件系统的支持，会展客户关系管理的效率将难保证，管理理念的贯彻落实也成为一句空话。因此，办展机构应有一套符合公司实际的会展客户关系管理应用软件系统，这套软件系统必须具备：①一个强大的客户数据库，能将有关客户的数据集成在这个数据库中，客户数据能及时更新删补，敏感数据能得到有效保护；②较强的数据聚类分组分析功能，能按办展机构的要求和展会的行业特色对有关客户信息进行聚类分组分析；③较强的数据挖掘功能，能从大量繁杂的客户数据中探寻出有用的客户信息；应用软件的使用符合一般展会的办展业务和服务流程，能促进该流程的合理化和规范化。会展客户关系管理应用软件系统是会展客户关系管理实现的重要工具，它只有符合办展机构的会展运营和客户掌控战略才能发挥更好的作用。

总之，会展客户关系管理不仅仅是有一套 CRM 应用软件系统就能解决问题的，还必须有经营和营销战略的支持。从战略角度上看，会展客户关系管理将客户看成是一项重要的会展企业资源，通过完善的客户服务和深入的客户分析来提高客户的满意度和忠诚度，从而吸引和保留更多有价值的客户，最终提升会展企业的利润；从战略角度上看，会展客户关系管理将最佳的商业实践与数据挖掘、数据仓库、网络技术等信息技术紧密结合在一起，为会展企业的销售、客户服务和决策支持等领域提供了一个自动化、智能化的解决方案。

二、会展客户关系管理软件系统的特点

会展客户关系管理，首先是一种以“客户为中心”的管理理念，其次是一套 IT 系统，将“以客户为中心”的思想变成一个操作性很强的客户关系管理软件系统，以此集成和自动化会展企业的销售、营销和客户服务流程。一个优秀的会展客户关系管理软件系统，应该能够很好地处理客户的数据，具有平台、接触、运营和商业智能 4 大层面的功能，具体来说，包括客户管理、联系人管理、时间管理、潜在客户管理、销售管理、营销管理、电话营

销和客户服务等，有的软件还包括了呼叫中心、合作伙伴关系管理、商业智能、知识管理和电子商务等。通常来说，会展客户关系管理软件系统具有如下特点：

1. 灵活的工作流管理

工作流是指把相关文档和工作规则自动化地安排给负责特定业务流程中的特定步骤的人。会展客户关系管理软件系统提供的工作流模块具有功能强大、使用灵活和操作简单等特点，为跨部门的工作提供支持，使这些工作能无缝、动态地衔接。例如，通过会展客户关系管理的工作流模块，使得会展客户关系管理提供的服务不再局限于服务部门，而是立足于全局，不但可以接受到客户对产品或对服务的意见和建议，也可以不断听到他们对企业各部门存在的问题的意见或建议反馈，这样可有效帮助会展企业发现自身存在的问题，从而进一步改善内部管理。工作流管理就像是一个贯穿于各个应用系统的纽带，使各个系统部门连接并融会贯通，从而有效集成内部应用。会展企业客户关系管理的工作流管理还体现在客户端应用的整合上，能够将关键业务数据送达到需要的目的地，或者从各个目的地中取用数据资源。

2. 功能齐全的客户智能分析

客户智能是创新和使用客户知识，帮助会展企业提高优化客户关系的决策能力和整体运营能力的概念、方法、过程以及软件的集合。一般来说，会展客户关系管理软件系统有专门的业务职能模块，它包括市场智能、销售智能和客户智能3大模块，以客户智能为重点，注重分析客户的消费行为和生命周期，为会展企业及时调整市场方向提供服务。利用客户智能，可以收集和分析市场、销售、服务和整个企业的各类信息，对客户进行全方位的了解，从而理解会展企业资源与客户需要之间的关系，增强客户的满意度，实现获取新客户、支持交叉销售、保持和挽留老客户、发现重点客户、支持面向特定客户的个性化服务等目标。例如，会展企业可以结合收集的客户信息，对某一类客户群的消费行为进行分析，这就要求会展客户关系管理的分析工具可以从多个数据库中找出有用的数据并形成一个数据区块，在此基础上，会展企业可以分析某类客户的消费行为，找出他们的行为特征。

3. 完善的应用系统安全技术

会展客户关系管理软件系统应具备一套完善的应用系统安全技术，包括系统的多项身份认证、权限策略、授权机制、数据加密以及数字签名等技术。它既是帮助会展企业组织管理客户关系的方法和手段，又是一系列实现销售、营销、客户服务流程自动化的软件技术系统。会展客户关系管理软件系统在给会展企业客户关系管理提供了一个很好的管理平台的同时，也使得会展企业在客户关系管理项目实施过程中，如果没有考虑到数据的安全，可能会导致不少机密信息的外泄。确保客户信息安全以及避免将相关信息流失到竞争对手那里是软件系统的一项非常重要的技术职责。

4. 支持网络应用

在支持会展企业内外的互动和业务处理方面，网络的作用越来越大，这使得会展客户关系管理系统的网络功能变得越来越重要。利用会展客户关系管理系统中的数据分析管理功能，可以清楚了解会展企业网站的点击率、访问量，还可以借助于综合的业务操作流程和客户合作流程去推广自己的网站。以网络为基础的功能既包括对外的一些应用（如网络自主服务、自主销售等），也包括对内的一些应用（如销售自动化、智能代理等）。为了使客户和会展企业的业务和管理人员都能方便地了解应用系统的功能，需要提供标准化的网络浏览器，使得用户只需很少的训练或不需训练就能使用。另外，业务逻辑和数据维护是集中化的，这就减少了系统的配置、维持和更新的工作量，因此还可以大大减少基于互联网的系统配置费用。

会展客户关系管理软件系统是帮助会展企业实施“以客户为中心”的管理模式的重要载体。通过会展客户关系管理软件，会展企业可以集成前台、电话、电子邮件和短信息等多种渠道，把客户在接触、交付及服务方面的信息在各个部门之间进行共享，并以此为基础，对客户进行分析，把客户的需求进行归纳，据此对客户群体进行分类，从而采取个性化的“一对一”的营销和服务，为保障会展活动的高效营运及“提高客户满意度、降低客户流失率”提供坚实的保障。

◆[拓展阅读13-2]

客户关系管理软件系统功能模块

客户关系管理软件系统则是利用互联网和电子商务、多媒体技术、数据仓库和数据挖掘、专家系统和人工智能、呼叫中心等现代信息技术，将最新的客户管理理念转化为企业管理工具的应用软件。构建先进的展会客户关系管理（CRM）系统一般需要建立以下几个主要功能模块：

一、集中统一的数据中心

按数据库设计相关规范和标准设计出合理的数据结构模型，建立与各业务主题密切相关的数据中心数据库，规范数据的标准，建设标准代码库，将各业务系统产生的业务和客户数据统一存储在数据中心数据库，并建立后续数据更新维护机制，实现业务系统的全面集成和客户数据全面共享，为展会的各种应用提供基础数据支持。

二、功能强大的业务应用系统

将展会的各种核心业务转移到网上，实现业务流程化和流程信息化管理，如新闻发布、客户管理、展务管理、会议管理、项目对接、采购对接、网上办证、志愿者管理、门禁管理、成果统计等业务信息管理子系统。

三、智能化的客户服务中心

客户服务中心应实现客户信息的一站式查询、管理和服务，各部门协同处理客商提出的各种需求，系统引入呼叫中心的设备和电话呼入弹屏、电话外呼管理等功能。客户电话呼入后，根据客户档案自动比对快速定位客户信息，并弹出客户的详细信息，帮助工作人员识别客户。展会业务实行集中统一审核，能办理和解决客户提出的所有问题。

系统还提供客户邀请、客户互动、客户分析等功能。系统可在分类搜索的基础上，筛选满足条件的客户，通过电话、传真、手机短信、电子邮件、信件、集成互动工具等营销方式，建立并保持与客户的日常批量联络互动关系，提高客户的忠诚度。系统支持批量发送电子邮件、短信、传真功能，并能够接收和保存客户反馈的短信回复与邮件回复，能够根据发送结果自动对相应的无效联系方式进行标注、停用等处理。系统能记录客户需求申请，与业务相关的需求可通过《业务需求单》的方式转接至相关的部门或业务应用子系统处理，并对客户申请进行跟踪反馈。系统保存与客户的互动、服务内容，可无限制自定义客户的分类（标签），方便搜索与营销。

四、灵活多样的数据挖掘中心

数据中心海量的历史数据中蕴含着大量有价值的资料数据，根据业务需要，通过对数据的加工、分析、处理，对数据中心现有数据进行展前、展后、历届、多角度多维度深度分析，辅以图表呈现和自动推送，为办展机构提供决策工具和依据。系统应支持按数据模型自动生成报表，可选择的报表展显方式有数据列表、柱状图、饼图、曲线图等多种灵活方式，可按报表展示结果导出图文。查看实时业务开展情况，及时发现问题，帮助判断最有价值的客户，留住老客户，找出客户的需要并满足他们的需要，在挖掘商机的同时，为快速决策提供科学、准确的依据，从而提升整体的决策能力和竞争力。

五、个性化的客户自助服务中心

客户自助服务中心是在全面实行会员注册制的基础上，提供给客户自助管理的在线服务平台。客户登录客户自助服务中心，可在线更新客户基本信息、查看展会通知公告和新闻动态、资料表格下载，在线预订展位、发布会员新闻或产品信息、报名参加大会举办的论坛研讨会等各类活动以及证件办理等业务，并能跟踪审批结果、查询在线咨询投诉、在线留言等。

六、配置灵活的权限管理系统

对整个系统平台的用户和角色进行管理，角色权限分为菜单功能权限与数据权限两部分，实现统一的用户身份识别。

（资料来源：吴世庆. 浅析展会客户关系管理系统的构建［J］. 无线互联科技，2013（8）：206）

本章小结

会展客户关系管理是指会展主承办方从理念、机制、技术 3 个层面，通过战略定位、组织结构设计、工作流程优化、技术支持系统等工作，都以会展客户为中心来协调和统一与会展客户的交互行动，不断探究客户需求和行为偏好，达到保留有价值客户，挖掘潜在客户，赢得客户忠诚，并最终获得客户长期价值的目的，是一种以培养客户满意度和忠诚度为目的的经营理念和商业管理策略。

会展客户关系管理对象包括参展商、专业观众、供应商、合作伙伴、内部员工等。会展客户关系管理的核心思想有：①以客户为中心；②以客户关系为纽带；③以客户关怀为手段；④以客户数据为基础；⑤以客户价值为依据。实施会展客户关系管理的意义为：①提高工作效率；②降低运营成本；③提升核心竞争能力；④增加会展企业利润。

会展客户关系管理的内容包括：①会展客户分析；②会展客户信息交流：会展前期的客户信息交流；会展举办期间的客户信息交流；会展结束后的客户信息交流；客户档案管理；客户反馈管理。会展客户关系管理的流程为：①以分析客户需求为切入点，寻找商机；②拟定和推行差异化的客户服务方案；③以有效的反馈机制为基点建立互动型客户关系；④全面评价客户服务的效果，调整和创新服务方式和内容。

会展客户关系管理的技术支持包括会展企业经营管理战略支持、会展企业营销战略支持和 CRM 应用软件系统支持。会展客户关系管理软件系统特点有：①灵活的工作流管理；②功能齐全的客户智能分析；③完善的应用系统安全技术；④支持网络应用。

复习思考题

1. 如何理解会展客户关系管理的内涵？
2. 会展客户关系管理的对象有哪些？
3. 实施会展客户关系管理有什么意义？
4. 会展客户关系管理的内容有哪些？
5. 阐述会展客户关系管理的流程。
6. 会展客户关系管理的技术支持有哪些？
7. 会展客户关系管理软件系统有哪些特点？

案例分析

案例分析一　会展多元化服务与会展客户满意度

阅读下面的案例后，请回答问题。

材料一：德国纽伦堡会展公司的服务战略

(1) 组织结构上——成立专门的服务部在纽伦堡会展公司。会展服务部是最年轻的一个部门，成立于2002年。进行这种组织结构上的改革，目的有二：①方便参展商，提高效率。过去没有专门部门时，诸多的会展服务项目全是分散的，由不同的公司提供。参展商在需要服务时，必须多头接洽，费时费力。而现在会展服务部每两年会根据服务业绩、客户的意见等，与所有的服务提供方分别签订转包合同。而参展商则只需同服务部一家接洽即可。这种做法既方便了参展商，又对服务提供方的服务质量有了监督和控制。②利润因素。各会展公司热衷参展商服务的另一层现实原因就是获取利润。参展商参展需要诸多方面的服务，这便是巨大的市场和商机。会展公司是近水楼台，当然不能放过。会展本身在广告、公关等方面都有大量的开支。因此以展养展，以参展商服务部分的利润来支持会展本身也很重要。

(2) 服务手段上——建立“会展商店”，提供全托、半托、单项、特例等多种形式灵活的服务产品，让参展商任意选择、组合，如同购买普通商品那么方便。

(3) 按服务种类区分大类，以不同的颜色加以区别。印制新的参展商服务手册，一目了然。每个会展项目都有一本相当完整、全面的参展商服务手册，里面包括了十分详尽的服务征订表，包含各个方面。黄色的页面印制的是展位搭建服务，包括标准展位、自搭展位（网上展位设计软件）、道具租赁、媒体设备租赁、花卉图案等；红色的页面印制的是运输交通物流服务，包括展品运送、餐饮、安全、清洁、停车、废品销毁、公共交通等；蓝色页面印制的是技术类服务，包括水、电、压缩空气、冰箱制冷、悬挂、通信等；绿色页面印制的是市场营销方面的服务，包括举办研讨会、举办各类仪式、室内外广告、特别广告、联络、摄影、组织等。

(4) 专业人员按项目组成服务小组，其特色是专业小组、服务小组、项目小组横向纵向有机结合。横向专业组和服务组按照为参展商服务的4大方面又分为4个小组，分别负责展位搭建、技术支持、运输物流以及市场营销。而专业组的4小组又分别和服务组中的不同部分结合成项目小组，每个项目小组又分别负责本年度内纽伦堡会展公司要举办的所有项目，这样纵横交错形成一个有机整体。

(5) 设立服务热线、传真和电子邮箱。无论参展商需要哪方面的服务，或对其中哪方面有疑问，只需记住一个号码或一个电子邮件地址，便可以得到满意的答复。

材料二：为协助参展商充分利用主办方提供的贯穿展前、展中、展后各阶段的推广宣传平台、最大限度地实现其参展目的，中国国际全印展组委会于2005年11月17日在上海波特曼丽嘉大酒店举办“会展营销重组研讨会”。该研讨会主要向参展商介绍了两个方面的展会营销手段：①如何通过全印展官方网站提供的虚拟会展、业务配对及电子展讯等服务最大限度地在展前寻求、管理销售机会与潜在客户？②如何在成功的展会上高调亮相，通过电视墙等强势宣传手段让自己从众多参展商中脱颖而出，增加自己展位的参观人流？

全印展组委会还与与会的参展商分享了有关展会观众的一些有趣数据，如56%的观众更喜欢通过互联网与参展商沟通；76%的观众用互联网来搜索展会信息和制订参观计划；18%的新观众是通过互联网获取展会信息的；展前的网络营销活动可将观众的质量提高46%；展前推广活动可将销售机会的实现率提高50%。

此外，全印展组委会还向与会的参展商介绍了利用手机短信条码进行观众邀请和吸引现场人气的最新应用及趋势，令与会者大开眼界。

（资料来源：浙江省2010年7月高等教育自学考试会展客户关系管理试题）

案例思考题：

组展商应如何提高会展客户的满意程度？

案例分析二　汉诺威信息技术展的服务管理

为了使观众有更多的机会进入各展厅，更好地满足参展商与客户洽谈和交易的需求，2002年汉诺威信息技术展展期从7天增加到8天。同时，组织者规定不满15岁的参观者只能在周日与展会最后一天参观，其他时间则谢绝进入，为的是把更多的参观机会留给专业人士，残疾人还可以享受到半价的优惠待遇。

展会组织者还提供了极为便捷的交通服务。组织者为展会修建了一个可容纳1150辆汽车的多层停车场和一座可以直通展会场馆及东侧停车场的30m宽的天桥。此外，有轨电车可直接从汉诺威火车站到达会展中心，两条郊区路线分别可到达会展中心的北边和东边。由于展馆面积太大，主办者还特意在27个展馆间开通了几条免费巴士路线，以方便参观者乘坐，不同的路线还用不同的颜色标在站牌和车窗上，以方便搭乘。

为了方便参展商，这次展会还特别提供了网上的在线预订服务，参展商可以通过互联网快速方便地预订展会的相关服务信息，从而为展前的准备工作节省了大量的时间。展会还特设参展服务中心（ASC），在展会举办前和举办期间为参展商提供综合服务，帮助其解决有关安全保卫、停车、会议室、办公区、技术和通信服务等方面的问题。

同时，展会的现场组织工作也有条不紊。各展馆间、每个展馆的各个展位间的设计布局合理，十分有利于参观。展会餐饮的安排也合理、方便，参观者既可以在各个展馆内部专门开辟的正规餐厅享用精美的快餐，也可以到展馆外不远处的各种风味餐厅慢慢品味佳肴。

（资料来源：牟红．会展服务管理［M］．北京：机械工业出版社，2007）

案例思考题：

结合案例分析会展企业如何培养忠诚的会展客户。

参考文献

[1] 安世民，安运杰，李映霞，等．组织行为学［M］．北京：北京大学出版社，中国林业大学出版社，2008．
[2] 白世贞，陈化飞，孟凡胜．会展服务外包管理［M］．北京：化学工业出版社，2012．
[3] 常云．大型会议组织与管理［M］．北京：中国商务出版社，2011．
[4] 陈家栋，谢浩萍，胡云燕．会展接待实务［M］．北京：旅游教育出版社，2006．
[5] 陈建国，雷鸣，赵志强．会议管理实务［M］．大连：大连理工大学出版社，2012．
[6] 陈鲁梅，王飒，吕志元．会展策划与管理［M］．北京：化学工业出版社，2013．
[7] 陈天祥．公共部门人力资源管理及案例教程［M］．北京：中国人民大学出版社，2011．
[8] 陈志平，刘松萍，余国扬．会展经济学［M］．北京：经济科学出版社，2005．
[9] 程爱学，徐文锋．会展全程策划宝典［M］．北京：北京大学出版社，2008．
[10] 戴昌钧，许为民．人力资源管理［M］．天津：南开大学出版社，2001．
[11] 丁萍萍．会展实务［M］．北京：高等教育出版社，2009．
[12] 董克用，叶向峰．人力资源管理概论［M］．北京：中国人民大学出版社，2003．
[13] 冯丹．展览现场管理［M］．北京：中国劳动社会保障出版社，2007．
[14] 葛红岩，施剑南，王桂华，等．会议组织与服务［M］．上海：上海财经大学出版社，2011．
[15] 龚平，赵慰平，张敏，等．会展概论［M］．上海：复旦大学出版社，2011．
[16] 龚维刚，陈建国．会展实务［M］．上海：华东师范大学出版社，2007．
[17] 谷再秋，潘福林．客户关系管理［M］．北京：科学出版社，2009．
[18] 胡平．会展管理概论［M］．上海：华东师范大学出版社，2007．
[19] 胡平．会展营销［M］．上海：复旦大学出版社，2009．
[20] 胡平．会展运营与管理［M］．北京：旅游教育出版社，2007．
[21] 华谦生．会展营销［M］．广州：广州出版社，2010．
[22] 黄彬．展览策划与组织［M］．杭州：浙江大学出版社，2013．
[23] 黄向，李正欢．会展管理——原理、案例［M］．广州：暨南大学出版社，2009．
[24] 江志君．充分认识展会开幕式的作用［EB/OL］．http：//www.cnena.com/news/bencandy-htm-fid-13-id-46791.html.
[25] 李桂华，唐丽颖，孔春梅．人力资源管理［M］．北京：中国金融出版社，2005．
[26] 李和中，常荔．公共部门人力资源开发与管理［M］．武汉：武汉大学出版社，2007．
[27] 李怀祖，韩新民，等．客户关系管理理论与方法［M］．北京：中国水利水电出版社，知识产权出版社，2006．
[28] 李靖．管理心理学［M］．北京：科学出版社，2006．
[29] 李倩春．会议实务［M］．北京：对外经济贸易大学出版社，2011．
[30] 李燕萍，余泽忠，李锡元．人力资源管理［M］．武汉：武汉大学出版社，2002．
[31] 李悦，李平．产业经济学［M］．大连：东北财经大学出版社，2002．
[32] 李志飞，余纯，李江敏．会展服务管理［M］．武汉：武汉大学出版社，2013．

[33] 李志刚，马刚，刘金凤．客户关系管理理论与应用［M］．北京：机械工业出版社，2012.
[34] 梁春燕，李琳．会议组织与服务［M］．北京：北京大学出版社，2010.
[35] 林红，蔡纯一．厦门市重大展会市场化运作探讨［J］．厦门特区党校学报，2008（3）.
[36] 刘大可．展览会组织与经营［M］．北京：中国人民大学出版社，2012.
[37] 刘萍，胡斌．会展策划师：国家职业资格三级［M］．北京：中国劳动社会保障出版社，2009.
[38] 刘松萍，李晓莉．会展营销与策划［M］．北京：首都经济贸易大学出版社，2011.
[39] 刘松萍，杨铭德．会展市场营销［M］．北京：中国商务出版社，2009.
[40] 刘晓杰，杜娟．会展服务［M］．北京：化学工业出版社，2009.
[41] 刘勇，徐峰，赵咏梅．会展服务与管理［M］．北京：化学工业出版社，2012.
[42] 刘在云，田玲．客户关系管理理论与实践［M］．北京：清华大学出版社，北京交通大学出版社，2010.
[43] 马刚，李洪心，杨兴凯．客户关系管理［M］．大连：东北财经大学出版社，2008.
[44] 马勇，冯玮．会展管理［M］．北京：机械工业出版社，2006.
[45] 马勇，王春雷．会展管理的理论、方法与案例［M］．北京：高等教育出版社，2003.
[46] 莫志明．会展项目策划与管理［M］．北京：机械工业出版社，2011.
[47] 牟红．会展服务管理［M］．北京：机械工业出版社，2007.
[48] 潘文波．国外展览业发展趋势及对中国展览业的启示［J］．中外会展，2006（5）.
[49] 庞华．会展服务管理［M］．北京：清华大学出版社，2012.
[50] 庞华．会展运营与服务管理［M］．天津：南开大学出版社，2010.
[51] 强南囡．客户关系管理［M］．成都：西南财经大学出版社，2013.
[52] 任国岩，骆小欢．会展组织与管理［M］．北京：高等教育出版社，2004.
[53] 任浩．公共组织行为学［M］．上海：同济大学出版社，2006.
[54] 商务部服务贸易和商贸服务业司．2012 年中国会展业发展报告［EB/OL］．http：//fms. mofcom. gov. cn/article/tongjiziliao/201307/20130700198063. shtml.
[55] 沈佳乐，徐飚，钟铮．会议实务［M］．北京：高等教育出版社，2013.
[56] 施谊，张义，王真．展览管理实务［M］．北京：化学工业出版社，2008.
[57] 时巨涛，马新建，孙虹．组织行为学［M］．北京：北京师范大学出版社，2008.
[58] 史国祥．会展导论［M］．天津：南开大学出版社，2009.
[59] 水延凯．社会调查教程［M］．北京：中国人民大学出版社，2010.
[60] 苏悦．会展基础［M］．北京：对外经济贸易大学出版社，2011.
[61] 孙柏英，祁光华．公共部门人力资源开发与管理［M］．北京：中国人民大学出版社，2004.
[62] 孙萍，张平．公共组织行为学［M］．北京：中国人民大学出版社，2006.
[63] 潭红翔，季永青，杨媛坤．会议运营管理［M］．重庆：重庆大学出版社，2007.
[64] 潭红翔．会展策划实务［M］．北京：对外经济贸易大学出版社，2007.
[65] 唐少清，魏士洲．会展运营管理［M］．北京：机械工业出版社，2007.
[66] 唐少清．现代会展操作实务［M］．北京：清华大学出版社，北京交通大学出版社，2008.
[67] 滕宝红．会议管理实操细节［M］．广州：广东经济出版社，2006.
[68] 童以鸿，石含洲．会议组织与服务［M］．北京：科学出版社，2011.
[69] 王宝华，王宝石．人力资源管理［M］．北京：机械工业出版社，2004.
[70] 王保伦．会展经营与管理［M］．北京：北京大学出版社，2006.

[71] 王春雷，陈震．展览会策划与管理［M］．北京：中国旅游出版社，2006.
[72] 王春雷，陈震．展览项目管理：从调研到评估［M］．北京：中国旅游出版社，2012.
[73] 王锦珍．2012 年中国展览业发展态势与前景展望［EB/OL］．http：//www. ccpit. org/Contents/Channel_350/2013/0118/353695/content_353695. htm.
[74] 王瑞成，成海涛．会议组织与活动策划［M］．武汉：华中科学大学出版社，2013.
[75] 吴国存，李新建．人力资源开发与管理概论［M］．天津：南开大学出版社，2001.
[76] 吴开军．基于产业链视角的会展业和旅游业战略联盟研究［M］．南昌：江西人民出版社，2013.
[77] 吴良勤，陈建国．会议组织与管理［M］．北京：中国劳动社会保障出版社，2011.
[78] 吴杨．会展策划师：基本知识［M］．北京：中国劳动社会保障出版社，2008.
[79] 武邦涛，柯树人．会展项目管理［M］．北京：北京大学出版社，2010.
[80] 向阳，强月霞，龙新辉，等．会议策划与组织［M］．重庆：重庆大学出版社，2010.
[81] 肖庆国，武少源．会议运营管理［M］．北京：中国商务出版社，2008
[82] 徐全忠．政府组织行为学［M］．北京：对外经济贸易大学出版社，2010.
[83] 许传宏，郑耀星，胡林．会展策划与组织［M］．北京：高等教育出版社，2010.
[84] 许传宏．会展服务管理［M］．北京：北京大学出版社，2010.
[85] 薛莉．展览业发展的国际经验及其对中国的启示［J］．世界经济与政治论坛，2003（6）.
[86] 闫蓓，贺学良．会展策划实务［M］．北京：高等教育出版社，2012.
[87] 杨劲祥．会展实务［M］．大连：东北财经大学出版社，2011.
[88] 杨顺勇，施谊，刘飞跃，等．会展项目管理［M］．上海：复旦大学出版社，2012.
[89] 俞华，朱立文．会展学原理［M］．北京：机械工业出版社，2005.
[90] 庾为．会展业管理模式的国际经验与启示［J］．商业时代，2009（6）.
[91] 袁亚忠，曾玲芝，陈辉．会展企业管理［M］．广州：中山大学出版社，2010.
[92] 曾华．会展场馆管理［M］．北京：机械工业出版社，2009.
[93] 张健康，任国岩．会展概论［M］．北京：高等教育出版社，2004.
[94] 张健康．会展学概论［M］．杭州：浙江大学出版社，2013.
[95] 张捷雷，邬燕，于斌．会展管理实训教程［M］．南京：东南大学出版社，2009.
[96] 张金祥．会展实务［M］．重庆：重庆大学出版社，2007.
[97] 张敏．中外会展业动态评估年度报告［M］．北京：社会科学文献出版社，2013.
[98] 张玉明．会展服务管理［M］．广州：广州大学出版社，2010.
[99] 赵曼，陈全明．公共部门人力资源管理［M］．北京：清华大学出版社，2005.
[100] 赵秋成．公共部门人力资源管理［M］．大连：东北财经大学出版社，2006.
[101] 赵玉甡，沈和江．现代会展理论与实务［M］．北京：对外经济贸易大学出版社，2013.
[102] 赵志强，杨群欢，吴军飞，等．会议管理实务［M］．北京：中国人民大学出版社，2011.
[103] 镇剑虹，吴信菊．会展策划与实务［M］．上海：上海交通大学出版社，2005.
[104] 郑建瑜．会议策划与管理［M］．天津：南开大学出版社，2008.
[105] 朱沁夫，雷春．会展策划与管理［M］．哈尔滨：哈尔滨工程大学出版社，2012.
[106] 竺乾威，邱柏生，顾丽梅．组织行为学［M］．上海：复旦大学出版社，2013.
[107] 邹玲芳．提升河北城市文化内涵的几点思考［J］．经济论坛，2008（24）.
[108] 邹树梁．会展经济与管理［M］．北京：中国经济出版社，2008.